Uwe Wesel

Recht, Unrecht und Gerechtigkeit

Von der Weimarer Republik bis heute

mit Beiträgen von
Jutta Limbach, Marcel Reich-Ranicki,
Arno Surminski, Wolfgang Ullmann

und einem Anhang
zur Entwicklung des Rechtsschutzes
in Deutschland von
Wieland Kurzka, Michael Pantner,
Andreas Schiller

Verlag C. H. Beck München

Verlag C. H. Beck im Internet:
beck.de

ISBN 3406 5035 43

Wilhelmstraße 9, 80801 München
Satz: Kösel GmbH & Co. KG
Wartenseestr. 11, 87435 Kempten
Druck: aprinta Druck GmbH & Co. KG
Senefelderstr. 3–11, 86650 Wemding

Umschlag: Christiane Rauert, München

Gedruckt auf säurefreiem, alterungsbeständigem Papier
(hergestellt aus chlorfrei gebleichtem Zellstoff)

„Tradition heißt nicht, Asche verwahren,
sondern eine Flamme am Brennen halten."
Jean Jaurès

Warum dieses Buch entstanden ist

Der Wunsch nach Gerechtigkeit ist ein Grundbedürfnis des Menschen. Wer etwas als ungerecht empfindet, will sich dagegen auflehnen. Doch was ist Gerechtigkeit? Welche Rolle spielt dabei das geltende Recht und die Rechtsprechung? Wie kann das subjektive Gerechtigkeitsempfinden zu „seinem Recht" kommen?

Unser Unternehmen, die D.A.S., feiert in diesem Jahr sein 75-jähriges Bestehen. Von der Gründung bis heute haben wir uns direkt und indirekt mit diesen Fragen beschäftigt. Die Kernleistung ist Rechtsschutz für unsere Kunden, und der Slogan ist unser Credo: Wir wollen, dass Sie Ihr Recht bekommen! So stellen wir unser Arbeitsfeld zu diesem Jubiläum in den Mittelpunkt und lassen die Entwicklungen der vergangenen 75 Jahre in einem Buch plastisch werden.

Wir freuen uns, dass wir für diese Aufgabe Uwe Wesel gewinnen konnten, dessen „*Geschichte des Rechts*" uns sehr beeindruckt hat. Er zeigt uns, welchen Weg Recht, Unrecht und Gerechtigkeit seit der Weimarer Republik genommen haben. Kurze Beiträge von Jutta Limbach, Marcel Reich-Ranicki, Arno Surminski und Wolfgang Ullmann zu einzelnen Themen veranschaulichen spezielle Aspekte. Ihnen allen gilt unser Dank.

Das Buch vermittelt auch einen Eindruck, wie wichtig ein funktionierendes Rechtssystem für die gesamte Gesellschaftsordnung ist. Nur mit ausgewogenen Normen, die alle Bürger berücksichtigen, ist ein friedliches Miteinander möglich. Dass dies kein statisches System sein kann, ist ebenso einleuchtend. Globalisierung und moderne Technologien, neue Formen des sozialen Miteinanders und veränderte Kommunikationsformen stellen den Gesetzgeber vor immer neue Aufgaben. Dabei muss die Würde des Menschen oberster Leitsatz sein, das zeigt uns die wechselhafte deutsche Geschichte.

Vor diesem Hintergrund hat sich die D.A.S. in 75 Jahren ihren Platz erarbeitet. Mit seinem Rechtsschutz bietet das Unternehmen wichtige Produkte, die Chancengleichheit für jedermann schaffen, indem sie die finanziellen Barrieren auf dem Weg zum guten Recht verschwinden lassen. Chancen für den Schwachen gegen den Starken, für den Einzelnen gegen Institutionen. Rechtsschutz ist damit nicht nur ein sozialpolitischer Auftrag, sondern auch ein Beitrag zu mehr Gerechtigkeit. Dem fühlen wir uns als Marktführer in Europa verpflichtet.

Neben den Betrachtungen zur juristischen Entwicklung von Weimar bis heute wird im Buch die Geschichte des Rechtsschutzes in Deutschland erzählt. Auch in diesem Teil haben wir Wert darauf gelegt, dass die notwendigen Informationen mit Leichtigkeit beim Leser ankommen. Dass dabei die fachliche Seite dem einen oder anderen Rechtsschutz-Spezialisten zu kurz gekommen sein mag, ist verständlich. Dies war nicht Ziel der Ausarbeitung.

Dank gebührt allen, die an dem Buch mitgeholfen haben. Es war nicht immer leicht, an die Informationen zu gelangen, häufig genug schier unmöglich. Leider ist in der Vergangenheit auch vieles verloren gegangen. So geschehen in den vierziger Jahren durch die Kriegsereignisse. Die D.A.S. wurde mehrfach ausgebombt und verlor dadurch historisch relevantes Material. Es wurde aber auch viel vernichtet durch mangelndes Verständnis und Gespür für historische Betrachtungen.

Es ist der Wunsch des Vorstandes, dass das Jubiläum als Ausgangspunkt für eine mutige Entwicklung in der Zukunft verstanden wird. Zahlreiche Herausforderungen werden in den kommenden Jahren bewältigt werden müssen. Die Innovationsgeschwindigkeit wird zunehmen. Möge die erfolgreich gemeisterte Vergangenheit Motivation für die Zukunft sein.

München, im März 2003

Wulf Nibbe
Vorsitzender des Vorstands
der D.A.S. Rechtsschutz-Versicherungs-AG

Inhalt

Recht, Unrecht und Gerechtigkeit

von *Uwe Wesel*

I. Weimarer Republik 1

Das Stinnes-Legien-Abkommen, der Rat der Volksbeauftragten und die Vereinbarung Ebert-Groener (S. 1) – Rätesystem oder demokratische Republik: die Weimarer Verfassung (S. 6) – Recht, Unrecht und Gerechtigkeit (S. 11) – Rudolf Stammler und Gustav Radbruch: Rechtsphilosophie in der Weimarer Zeit (S. 15) – Arbeitsrecht und soziales Mietrecht (S. 17) – Männer und Frauen (S. 21) – Strafrecht (S. 24) – Hitlers Richter (S. 29) – Zivilrecht (S. 34) – Der Dampfpreisfall (S. 35) – Der Preußenschlag (S. 38)

II. Der Staat Adolf Hitlers 47

Die Machtübergabe (S. 47) – Die Machtexpansion (S. 49) – Der Reichstagsbrandprozess (S. 53) – Gleichschaltung und Anpassung: die Justiz (S. 57) – Eine Zweizimmerwohnung in Schöneberg (S. 60) – „Diskriminierendes Arbeitsrecht" von *Arno Surminski* (S. 62) – Recht und Rechtswissenschaft (S. 64) – Carl Schmitt zum Beispiel (S. 67) – Die Strafrechtsexplosion (S. 71) – Der Fall Leo Katzenberger (S. 74) – Die Pflicht, für das Recht einzustehen: Lothar Kreyssig (S. 76) – Der Unrechtsstaat (S. 79)

III. Recht im besetzten Deutschland 81

Die Stunde Null (S. 81) – Besatzungsrecht und deutsches Recht (S. 85) – Der Nürnberger Prozess (S. 86) – Fall 3 (S. 89) – Entnazifizierung (S. 92) – Richter in Ost und West (S. 95) – Die Teilung Deutschlands (S. 97)

IV. Deutsche Demokratische Republik 101

Gruppe Ulbricht (S. 101) – Karl Polak und die Verfassung der DDR (S. 104) – Die neue Justiz (S. 109) – Der Hund der Familie S. (S. 113) – Sozialistisches Strafrecht (S. 116) – Waldheimer Prozesse (S. 119) – „Recht in den Händen totalitärer Politik" von *Wolfgang Ullmann* (S. 121) – Werdauer Oberschüler (S. 125) – Der Fall Wiebach (S. 127) – Die Auflösung des Zivilrechts (S. 130) – Die Babelsberger Konferenz und das Verwaltungsrecht (S. 132) – Gerechtigkeit und Recht und Unrecht (S. 135)

V. Bundesrepublik 135

Bonn ist nicht Weimar: das Grundgesetz (S. 141) – „Die Grundrechte – eine Erfolgsgeschichte" *von Jutta Limbach* (S. 145) – „Männer und Frauen sind gleichberechtigt" (S. 150) – Die Hüter der Verfassung (S. 156) – Das Lüth-Urteil (S. 159) – „Mein Leben" von *Marcel Reich-Ranicki* (S. 161) – Justiz und

Anwaltschaft (S. 162) – Entwicklungen im Zivilrecht I (S. 167) – Das Kind als Schaden (S. 167) – Entwicklungen im Zivilrecht II (S. 168) – Dr. Hjalmar Schacht & Co. (S. 170) – Der Herrenreiter-Fall (S. 172) – Arbeitsrecht und soziales Mietrecht (S. 173) – Entwicklungen im Strafrecht I (S. 176) – Der Brei-Fall (S. 180) – Entwicklungen im Strafrecht II (S. 180) – Der Türkenmord-Fall (S. 181) – Politische Justiz (S. 183) – Die kopernikanische Wende im Verwaltungsrecht (S. 188) – Der alte Mann und die Miete (S. 189) – Das Verwaltungsrecht entwickelt sich weiter (S. 191) – Freiheitsrechte und Sicherheitsrechte (S. 193) – Die Öffnung nach außen: Europarecht (S. 197) – Gerechtigkeit und Recht und Unrecht (S. 203)

VI. Wiedervereinigung 209

Die friedliche Revolution (S. 209) – Die Einheit Deutschlands (S. 212) – Die Rechtseinheit (S. 216) – Treuhandgesetz und Vermögensgesetz (S. 220) – Der Honecker-Prozess: ein Staat vor Gericht (S. 222) – Vergangenheitsbewältigung durch Recht und Akten (S. 227)

VII. Ausblick 233

75 Jahre Rechtsschutz in Deutschland
Ein Stück Gerechtigkeit für jeden

von *Wieland Kurzka*, *Michael Pantner*, *Andreas Schiller*

Die Stunde Null des Rechtsschutzes (S. 239) – Rechtsschutz kommt nach Deutschland (S. 241) – Rechtsschutz in der Bundesrepublik (S. 245) – Rechtsschutz und Haftpflicht, ein potenzieller Interessenkonflikt? (S. 251) – Des Kunden freie Anwaltswahl (S. 252) – Dreiecksbeziehung Versicherer, Anwalt, Kunde (S. 253) – Rechtsschutz muss bezahlbar bleiben (S. 255) – Die sozialpolitische Dimension der Rechtsschutzversicherung (S. 256) – Das Geheimnis des Erfolgs von Rechtsschutz in Deutschland (S. 257)

Anhang

Die D.A.S.-Chronik 261
Literaturnachweis 278
Abbildungsnachweis 293
Zu den Verfassern 295
Namen- und Sachverzeichnis 297

Recht, Unrecht und Gerechtigkeit
Von der Weimarer Republik bis zur Gegenwart

von Uwe Wesel

I. Weimarer Republik

Das Stinnes-Legien-Abkommen, der Rat der Volksbeauftragten und die Vereinbarung Ebert-Groener

Die Oberste Heeresleitung weiß es schon seit Mitte August 1918. Der Krieg war verloren. Spätestens seit Anfang Oktober wissen es alle Verantwortlichen in Berlin und überlegen, wie es weitergehen soll. Kaiser Wilhelm fährt vorsichtshalber schon mal ins Hauptquartier seiner Truppen im belgischen Spa. Zu Hause machen die Großindustriellen den Anfang, die Angst haben vor einer kommunistischen Machtübernahme nach dem Muster der russischen Revolution von 1917. Denn die geistert auch durch die Köpfe von Linksradikalen in der USPD, der Unabhängigen Sozialdemokratischen Partei. Die Industriellen wissen, dass sie sich auf die Regierung nicht verlassen können. Die ist selbst in Gefahr, beseitigt zu werden. Die Regierung, das ist der letzte vom Kaiser ernannte Reichskanzler Prinz Max von Baden, ein liberaler und vernünftiger Mann, der in dieser fast hoffnungslosen Situation aber politisch geschwächt ist. Auch auf die große Masse der Bürger können die Industriellen sich nicht stützen. Es sind zwar viele, aber sie haben keine einheitliche Organisation. Also bleibt für die Industrie nur ein einziger Bundesgenosse, die organisierte Arbeiterschaft, die Gewerkschaften, und zwar die so genannten freien, die sozialdemokratischen, die sie bisher bekämpft und nicht anerkannt hatten. Die haben inzwischen viereinhalb Millionen Mitglieder und weiter starken Zulauf. Ihre Führer sind Mitglieder der SPD, der gemäßigten Mehrheitssozialdemokraten, die ebenfalls Angst haben vor dem Chaos, das die Bolschewisten nach der Oktoberrevolution in Russland angerichtet haben ein Jahr vorher, Angst vor Gewaltherrschaft, Arbeitslosigkeit und Hunger. Das wollen sie ihren Mitgliedern ersparen. Es gibt tatsächlich gewisse Gemeinsamkeiten zwischen Industrie und Gewerkschaften.

Abb. 1 (links)
Carl Legien, Radierung von Max Liebermann, 1920.

Abb. 2 (rechts)
Hugo Stinnes bei einem Spaziergang in Berlin, 1920.

Anfang Oktober treffen sich Vertreter der Eisen- und Stahlindustrie in Düsseldorf und Hugo Stinnes erhält den Auftrag, mit den Arbeiterführern zu verhandeln. Er war damals der erfolgreichste deutsche Industrielle und im Gegensatz zu vielen seiner Kollegen kein Feind der Arbeiter, ihnen im Gegenteil äußerlich eher ähnlich, ein kräftiger Mann, der keinen Wert legte auf feine Manieren und luxuriöses Leben und sich meistens in schlecht sitzenden, einfachen Anzügen bewegte. 25 Jahre lang hatte er sich ein Riesenimperium aufgebaut mit Kohlenhandel und Schifffahrt, Bergbau, Eisen und Stahl, Elektrizitätswerken, Druckereien und Hotels. Er war der richtige Mann, dem auch die anderen Industrieverbände folgten.

An der Spitze der Gewerkschaften stand Carl Legien, Drechslergeselle, aufgewachsen in einem Waisenhaus, wie Stinnes ein kleiner und gedrungener Mann und unermüdlicher Arbeiter, der dem Gegner imponierte durch Intelligenz, Sachlichkeit und die Kraft seiner

Rede. Seit 30 Jahren war er Vorsitzender der Generalkommission der deutschen Gewerkschaften – dem Vorläufer des DGB – und Präsident des Internationalen Gewerkschaftsbundes. Auch er konnte darauf vertrauen, dass die einzelnen Gewerkschaften hinter ihm stehen würden. Zwei Jahre später – kurz vor seinem Tod – hat er noch den erfolgreichen Generalstreik der deutschen Arbeiter organisiert gegen den Putsch von Rechtsradikalen um Wolfgang Kapp und Walther von Lüttwitz, die die demokratische Regierung in Berlin stürzen wollten.

Sie verhandeln in Berlin im Hotel Continental am Bahnhof Friedrichstraße, sieben oder acht Männer auf jeder Seite, bei den Unternehmern Ernst von Borsig, Walter Rathenau und Carl Friedrich von Siemens, unter denen um Carl Legien auch Adam Stegerwald von den christlichen Gewerkschaften. Auf manches einigt man sich schnell. Die Anerkennung der Gewerkschaften, die Gültigkeit von Tarifverträgen und die Bildung einer paritätisch besetzten Arbeitsgemeinschaft, die das Funktionieren der deutschen Wirtschaft sichern soll auf der Grundlage des Privateigentums der Unternehmer und mit sozial angemessenen Regelungen für die Arbeitnehmer. Auch eine gemeinsame

Abb. 3 Revolution in Berlin, Soldaten und Matrosen am Brandenburger Tor.

„Verwaltung des Arbeitsnachweises" wird vereinbart, Vorläufer unserer Arbeitsämter, und ein Anspruch aller Kriegsteilnehmer auf Wiedereinstellung in ihren alten Betrieb.

Dann werden die Verhandlungen überrascht von der Revolution, die am 9. November 1918 die Hauptstadt erreicht, auf deren Straßen Riesendemonstrationen stattfinden, denen sich die Soldaten aus den Kasernen anschließen. Arbeiter- und Soldatenräte werden gebildet. Im Hotel hört man die Schüsse von Kanonen und Maschinengewehren. Das stärkt die Position der Gewerkschaften. Der Widerstand der Unternehmer nützt nun nichts mehr. Eine Forderung nach der anderen müssen sie akzeptieren, auch die am meisten umstrittene nach dem Achtstundentag. Hier gab Walter Rathenau den Ausschlag, Direktor der AEG. Er sagt seinen Unternehmerkollegen, der Widerstand sei zwecklos. Dafür hätten die Gewerkschaften seit 30 Jahren gekämpft und es sei keine Frage, dass sie am Tage ihres Sieges das Recht hätten, die Erfüllung dieser Forderung zu verlangen. Dann gab es keinen Widerspruch mehr. Auch die Einsetzung von Betriebsräten wird vereinbart für Unternehmen mit mehr als 50 Beschäftigten. Insgesamt ein vernünftiger Sozialpakt, in dem die deutschen Arbeiter auf die Revolution verzichtet haben zugunsten erträglicher Arbeitsbedingungen. Bald ist es Stinnes-Legien-Abkommen genannt worden nach den beiden wichtigsten Repräsentanten der Unternehmer und Arbeiter, unterschrieben am 15. November 1918, sechs Tage nach der Revolution und offizieller Gründungstag der künftigen „Zentralarbeitsgemeinschaft", einer Sozialpartnerschaft freier Verbände ohne staatlichen Zwang als Sozialverfassung der neuen Demokratie.

Ähnlich war es auf dem Weg zur politischen Verfassung. Reichskanzler Prinz Max von Baden erklärte am 9. November die Abdankung des Kaisers, ohne genau zu wissen, ob der das wirklich wollte. Wilhelm II. fuhr am nächsten Tag vom Hauptquartier in Belgien ins niederländische Exil. Dann übergab Max von Baden sein Amt dem Parteivorsitzenden der SPD, Friedrich Ebert. Politisch richtig, staatsrechtlich falsch. „Herr Ebert, ich lege Ihnen das Deutsche Reich ans Herz." Ebert ist überrascht und zögert. Philipp Scheidemann steht neben ihm, Fraktionsvorsitzender der SPD im Reichstag, flüstert schnell: „Ach was, sag einfach ja."

Zwei Stunden später hat Scheidemann am Schloss die Republik ausgerufen, um den Linksradikalen in der USPD zuvorzukommen, ohne vorher mit Ebert zu sprechen, der die Wahl – ob Republik oder weiter Monarchie – der von der SPD geplanten Nationalversammlung über-

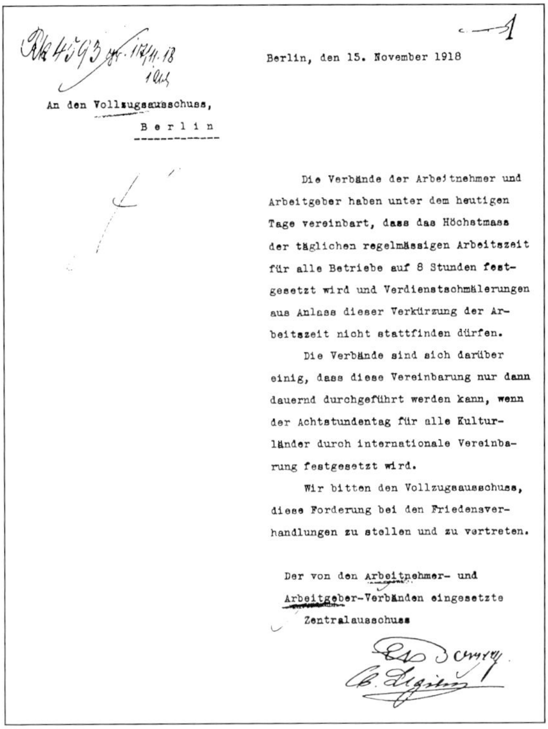

Berlin, den 15. November 1918

An den Vollzugsausschuss,

Berlin

Die Verbände der Arbeitnehmer und Arbeitgeber haben unter dem heutigen Tage vereinbart, dass das Höchstmass der täglichen regelmässigen Arbeitszeit für alle Betriebe auf 8 Stunden festgesetzt wird und Verdienstschmälerungen aus Anlass dieser Verkürzung der Arbeitszeit nicht stattfinden dürfen.

Die Verbände sind sich darüber einig, dass diese Vereinbarung nur dann dauernd durchgeführt werden kann, wenn der Achtstundentag für alle Kulturländer durch internationale Vereinbarung festgesetzt wird.

Wir bitten den Vollzugsausschuss, diese Forderung bei den Friedensverhandlungen zu stellen und zu vertreten.

Der von den Arbeitnehmer- und Arbeitgeber-Verbänden eingesetzte Zentralausschuss

Abb. 4
Das Stinnes-Legien-Abkommen mit den Unterschriften von Stinnes und Legien.

lassen wollte. Dann bildete sich am selben Tag vor dem Hintergrund des Drucks der Arbeiter- und Soldatenräte als Übergangsregierung der Rat der Volksbeauftragten, drei von der SPD – darunter Ebert und Scheidemann – und drei von der USPD, am nächsten Tag bestätigt vom Großberliner Arbeiter- und Soldatenrat. Die SPD war dabei nicht ohne Hintergedanken, hatte nämlich die berechtigte Hoffnung, in der vereinbarten Versammlung aller deutschen Arbeiter- und Soldatenräte die Mehrheit zu haben bei der Abstimmung über die Frage, ob eine Räterepublik errichtet werden soll oder eine parlamentarische Demokratie. Ebenfalls am 10. November wird das abgesichert in einem Telefongespräch zwischen Ebert und dem liberalen General Groener, der kurz vorher von Prinz Max noch schnell als Nachfolger des rechtsradikalen Generals Ludendorff zum neuen Chef der Heeresleitung ernannt worden war. Sie einigen sich darauf, dass mit der Einberufung einer Nationalversammlung möglichst schnell wieder gesetzmäßige Zustände kommen und die Linksradikalen der USPD gestoppt werden sollen, wofür Groener der Regierung der Volksbeauftragten mit Ebert als de facto Reichskanzler die Unterstützung des Militärs zusichert. Also statt früher „Gegen Demokraten helfen nur Soldaten" jetzt die Parole „Unsere Soldaten helfen Demokraten".

Diese beiden Abkommen, Stinnes-Legien und Ebert-Groener, stehen am Anfang der Weimarer Republik und haben die Weichen gestellt und verhindert, dass das Deutsche Reich ins Chaos geraten ist mit einer kommunistischen Räterepublik. Die linksradikalen Revoluzzer antworteten darauf später mit dem Vorwurf des Verrats an der Revolution. „Wer hat uns verraten? Sozialdemokraten." Ein Vorwurf, den die SPD auch von der anderen Seite hören musste, von der bürgerlich-konservativen und von den eigentlichen Verlierern des Kriegs, den ehemaligen Generälen Hindenburg und Ludendorff. Die Dolchstoßlegende, der Verrat am siegreichen Vaterland. Die Sozialdemokraten hätten durch ihre revolutionären Aktionen in der Heimat das auf dem Schlachtfeld unbesiegte Frontheer von hinten erdolcht. Hugo Stinnes und Carl Legien, Friedrich Ebert und Wilhelm Groener durften das zu Recht anders sehen.

Rätesystem oder demokratische Republik: die Weimarer Verfassung

Am 16. Dezember 1918 beginnt in Berlin der „Reichskongress der Arbeiter- und Soldatenräte Deutschlands". Er soll entscheiden, ob eine Räterepublik errichtet wird nach sowjetischem Vorbild – wie es die Linksradikalen in der USPD wollen, die sich bald Spartakisten nennen und wenig später die KPD gründen – oder eine parlamentarische Demokratie mit einer Verfassung, die beschlossen werden soll von einer Nationalversammlung – das Ziel der SPD. Mehrere Hundert Delegierte diskutieren lang und heftig und beschließen am 19. Dezember mit großer Mehrheit, „dass die Wahlen zur Nationalversammlung am Sonntag, dem 19. Januar 1919 stattfinden sollen". Die Würfel sind gefallen. Die SPD hat richtig taktiert. Kurz vor der Wahl noch ein letztes Aufbäumen im blutigen Berliner Spartakusaufstand, bei dem Karl Liebknecht und Rosa Luxemburg ermordet werden von Soldaten, die eingesetzt waren gegen die Aufständischen auf Befehl des sozialdemokratischen Reichswehrministers Gustav Noske, der einiges voraussah, aber nicht solche Brutalitäten. „Einer muss ja den Bluthund machen", hatte er vorher gesagt.

Die Wahlen sind für die SPD erfolgreich gewesen und enttäuschend zugleich. Sie wurde stärkste Partei mit 38 Prozent, hatte aber mit der

Abb. 5 Der Reichskongress der Arbeiter- und Soldatenräte, auf dem sich die Sozialdemokraten gegen die Linksradikalen durchsetzten, Eröffnungssitzung am 16. Dezember 1918. Auf dem Podium von links nach rechts Scheidemann, Hase, Ebert.

Abb. 6 Das Nationaltheater in Weimar, Bildpostkarte.

USPD – 7,6 Prozent – keine linke Mehrheit in der Nationalversammlung, musste zusammengehen mit der katholischen Zentrumspartei – fast 20 Prozent – und der liberalen Deutschen Demokratischen Partei, DDP, 18,6 Prozent. Das hatte starken Einfluss auf die Beratung der Verfassung. Die beginnt am 6. Februar 1919 im Nationaltheater in Weimar, weil man sich in Berlin nach dem Spartakusaufstand immer noch nicht sicher fühlte. Die Nationalversammlung handelt auch als vorläufiges Parlament, wählt Friedrich Ebert zum Reichspräsidenten und – mit der „Weimarer Koalition" aus SPD, Zentrum und DDP – Philipp Scheidemann zum Reichskanzler. Ende Februar beginnen im Plenum die Verfassungsberatungen auf der Grundlage eines Entwurfs von Hugo Preuß.

Hugo Preuß war ein brillanter Jurist und Beispiel für die Diskriminierung von linksliberalen Juden an deutschen Universitäten. Geboren in Berlin als Sohn eines sehr reichen Kaufmanns und habilitiert mit einer glänzenden staatsrechtlichen Arbeit an der Berliner Juristischen Fakultät wird er immer wieder abgelehnt als Kandidat für eine Universitätsprofessur und erst viele Jahre später Professor an der privaten Handelshochschule seiner Heimatstadt. Finanziell war die lange Zeit des Wartens kein Problem, weil er vom Vermögen seines Vaters leben konnte. Er schreibt über Gemeinde- und Staatsrecht und seine große Stunde kommt im November 1918, als Friedrich Ebert ihn zum Leiter des Innenministeriums ernennt mit dem Auftrag, die neue Verfassung vorzubereiten.

Es ist ein sehr eigenwilliger Entwurf, der Hugo Preuß zum Vater der Weimarer Verfassung gemacht hat. Bis heute wird darüber gestritten, ob sie eine der Ursachen gewesen ist für das Scheitern der ersten deutschen Republik. Der beste Teil des Entwurfs konnte nicht durchgesetzt werden, nämlich die völlige Neuordnung der Länder. Nach dem Einspruch von Ländervertretern blieb alles beim Alten, bei den 25 Territorien der bismarckschen Reichsverfassung, von denen das kleinste – Schaumburg-Lippe – noch nicht einmal 50000 Einwohner hatte und das größte – Preußen – als riesiger Koloss mit 38 Millionen von insgesamt 62 Millionen Deutschen bestehen blieb. Preuß hatte was gegen Preußen, wollte es aufteilen und das Reich gliedern in 14 „Gebiete". Das entsprach seinen zentralistischen Tendenzen für den neuen Staat, in dem die Länder nicht die große Rolle spielen sollten wie ihre Fürsten unter Bismarck und dem Kaiser. Was ihm auch in einer Hinsicht gelungen ist. Nach der Weimarer Reichsverfassung stehen die Steuern direkt der Reichsregierung zu. Sie ist nicht mehr angewiesen auf Abgaben der Länder, die bisher die Steuereinnehmer gewesen sind.

Abb. 7 Hugo Preuß.

Die Grundrechte hatte Hugo Preuß bewusst vernachlässigt. Zum einen, weil er sie in einer demokratischen Republik nicht mehr für so wichtig hielt wie in einer autoritären Monarchie, zum anderen, weil er fürchtete, die Diskussion darüber könnte in der Nationalversammlung ausufern und den Erlass der Verfassung verzögern. Deshalb haben sie später in der Weimarer Republik eher eine untergeordnete Rolle gespielt, überhaupt nicht zu vergleichen mit ihrer Entwicklung in der Bundesrepublik. Es gab auch kein Verfassungsgericht, vor dem ein Bürger Verfassungsbeschwerde erheben konnte, nur einen Staatsgerichtshof für Streitigkeiten der Länder mit der Reichsregierung oder untereinander.

Der problematischste Teil des Entwurfs war die Stellung des Reichspräsidenten. Was Hugo Preuß dazu vorgeschlagen hat, ist nur wenig verändert zentrales Element der Weimarer Verfassung geworden, nämlich ein mächtiger Mann, der wie ein Monarch ohne das Parlament den Reichskanzler ernennt, gleichzeitig Oberbefehlshaber des Heeres und ausgestattet mit diktatorischen Befugnissen für den Fall des Notstands ist. Der Reichspräsident. Eine Art Souverän, wie Carl Schmitt drei Jahre später formuliert hat, „souverän ist, wer über den Ausnahmezustand entscheidet“. Er steht mindestens gleichberechtigt neben dem Parlament, weil er wie der Reichstag direkt vom Volk gewählt wird. Eine Konstruktion, die zum Teil gute Gründe hat, zum Beispiel das Prinzip der Gewaltenteilung nach dem Vorbild der USA. Auch dort wird der Präsident vom Volk gewählt wie das Repräsentantenhaus. Beide sind gleichberechtigt, während in den üblichen westlichen Demokratien die Regierung von der Mehrheit des Parlaments bestimmt wird, mehr oder weniger identisch ist mit dieser Mehrheit und eine echte Gewaltenteilung nicht existiert. Auf der anderen Seite, die Weimarer Lösung war komplizierter. Der Reichspräsident ist nicht die Regierung wie der Präsident der Vereinigten Staaten. Er ernennt sie nur und sie kann vom Reichstag durch ein Misstrauensvotum beseitigt werden, ist also doch wieder abhängig von der Mehrheit des Parlaments. Wozu dann der starke Reichspräsident? Dazu noch sein Notstandsrecht? Der berühmte Artikel 48 der Reichsverfassung, der später ausartete in zahllose Notverordnungen des Reichspräsidenten Hindenburg, die allerdings – das muss auch mal gesagt werden – vom Reichstag hätten wieder aufgehoben werden können nach Artikel 48 Absatz 3. Wenn man es positiv sehen will, kann man von einer Machtbalance sprechen zwischen Parlament und Präsident. Die sich aber wegen unsicherer Mehrheiten und Uneinigkeit im Reichstag tatsächlich zu einer Übermacht des Präsidenten entwickelt hat. Ein endgültiges Urteil ist schwierig. Denn manche meinen wohl zu Recht, die Weimarer Republik sei nicht an dieser starken Stellung des Präsidenten gescheitert, sondern an der republikfeindlichen Haltung ihrer Bürger und ihres Personals, an dem unheilvollen Einfluss des Versailler Friedensdiktats, das ausgerechnet wenige Wochen vor dem In-Kraft-Treten der Verfassung unterschrieben werden musste – Versailles Juni 1919, Verfassung August –, und am verheerenden Einfluss der Weltwirtschaftskrise am Ende der zwanziger Jahre.

Nicht unerwähnt bleiben darf eine Besonderheit dieser Verfassung, die ebenfalls zurückgeht auf den Entwurf von Hugo Preuß. Zum ersten Mal – und im Gegensatz zum Grundgesetz der Bundesrepublik – erscheint in einer deutschen Verfassung das Wort Gerechtigkeit. In der

Präambel und im ersten Artikel des Abschnitts über das Wirtschaftsleben. Artikel 151 Absatz 1 Satz 1:

> „Die Ordnung des Wirtschaftslebens muss den Grundsätzen der Gerechtigkeit mit dem Ziele der Gewährleistung eines menschenwürdigen Daseins für alle entsprechen."

Die 15 Artikel dieses Abschnitts sind insgesamt ein Programm der Gerechtigkeit, das weit hinausgeht über den Sozialpakt der Zentralarbeitsgemeinschaft vom 15. November 1918.

Recht, Unrecht und Gerechtigkeit

„Noch immer suchen die Juristen eine Definition zu ihrem Begriffe vom Recht", schrieb Immanuel Kant 1781 in seiner „*Kritik der reinen Vernunft*". Sie suchen noch heute. Was ist Recht? Auf diese Frage erhält man von zehn Rechtsphilosophen zehn verschiedene Antworten. Wie bei anderen komplexen Begriffen. Was ist Wissenschaft? Was ist Religion? Was ist Kunst? Im Unterricht an unseren Juristenfakultäten lernt man, Recht sei die Gesamtheit aller gesetzlichen Vorschriften und der von den Gerichten angewendeten juristischen Regeln, kürzer: Recht ist die Summe aller Rechtsnormen. Sagte man schon in der Weimarer Zeit. Was auch nicht ohne Komik ist, nämlich ähnlich wie: „Warum schläfert Baldrian ein?" – „Weil Baldrian eine einschläfernde Wirkung hat." Auch die Diskussion über die Frage, was Recht ist, hat eine einschläfernde Wirkung. The proof of the pudding is in the eating, hat Friedrich Engels mal gesagt.

Interessanter wird es beim Unrecht. In der Weimarer Zeit war die Antwort noch einfach. Unrecht ist ein Verstoß gegen das Recht. Wohlgemerkt ein Verstoß, mit der Betonung auf „ein". Eine Handlung eines Täters, die gegen das Recht verstößt. Jemand begeht zum Beispiel einen Diebstahl oder bezahlt seine Schulden nicht. Dann ist er im Unrecht. Diese enge Bedeutung hat sich nach Weimar geändert. Denn dann kam Adolf Hitler und die Rechtsverwüstung der Nationalsozialisten. Der Begriff Unrecht bekam eine neue, eine zusätzliche Bedeutung. Seitdem versteht man Unrecht auch sehr viel allgemeiner. 1946 erschien in einer juristischen Zeitschrift ein Aufsatz von Gustav Radbruch, Rechtsphilosoph und Professor für Strafrecht in Heidelberg, Sozialdemokrat mit Berufsverbot von 1933 bis 1945, eine der ehrwürdigsten Erscheinungen der deutschen Rechtswissenschaft im 20. Jahrhundert. Der Aufsatz hatte die Überschrift „*Gesetzliches Unrecht und übergesetzliches Recht*". In ihm beschreibt Radbruch einige Urteile, in denen nach dem Krieg die Anwendung von Gesetzen im Sinne der Nationalsozialisten während des Krieges als Verstoß gegen allgemeine Grundsätze der Menschlichkeit und der Gerechtigkeit und deshalb als Unrecht angesehen wurde, während die Angeklagten sich auf den Grundsatz „Gesetz ist Gesetz" berufen hatten und trotzdem verurteilt wurden. Radbruch kritisiert das. Tatsächlich könne die Anwendung von Gesetzen Unrecht sein. Aber das müsse eine seltene Ausnahme bleiben. Denn der Grundsatz „Gesetz ist Gesetz" – Juristen nennen ihn Rechtssicherheit – sei auch ein Gebot der Gerechtigkeit und eines der Fundamente des Rechts. Und dann der entscheidende Satz, die „Radbruch'sche Formel":

> „Der Konflikt zwischen der Gerechtigkeit und der Rechtssicherheit dürfte dahin zu lösen sein, dass das positive, durch Satzung und Macht gesicherte Recht auch dann den Vorrang hat, wenn es inhaltlich ungerecht und unzweckmäßig ist, es sei denn, dass der Widerspruch des positiven Gesetzes zur Gerechtigkeit ein so unerträgliches Maß erreicht, dass das Gesetz als ‚unrichtiges Recht' der Gerechtigkeit zu weichen hat."

Seitdem ist anerkannt, dass es Gesetze gibt, die man nicht befolgen darf, auch ein Richter nicht, weil sie Unrecht sind. Gesetzliches Unrecht. Weil sie dem übergesetzlichen Recht einer höheren Gerechtigkeit in unerträglicher Weise widersprechen. Die Nürnberger Judengesetze von 1935 zum Beispiel, die jüdische Bürger aus der Gemeinschaft der Deutschen ausgegrenzt und sie entrechtet haben.

Diese allgemeine Bedeutung von Unrecht ist das Ergebnis einer langen Entwicklung. Sie beginnt in der Antike. Es ist die Entwicklung des Naturrechts. Am Anfang stehen die so genannten Sophisten. Hippias in einer Rede vor Philosophen in Athen um 400 v. Chr.:

> „Die Natur hat uns zu Brüdern, Freunden und Mitbürgern gemacht, nicht das Gesetz."

Woraus Alkidamas wenig später eine Schlussfolgerung zieht, die die antike Gesellschaft am radikalsten in Frage stellte:

> „Gott hat alle Menschen frei geschaffen, die Natur niemanden zum Sklaven gemacht."

Mit anderen Worten, die Gesetze über Sklaverei widersprechen dem Recht, das sich aus der Natur des Menschen ergibt, dem Naturrecht. Aber er hat nicht gesagt, sie seien deshalb unwirksam und dürften nicht befolgt werden. Er meinte nur, sie seien ungerecht, und forderte ihre Abschaffung, vergeblich, wie er wusste. Forderndes Naturrecht nennt man das ohne die radikale Steigerung bei Gustav Radbruch.

Aber auch Gustav Radbruch beschreibt noch nicht den Höhepunkt auf der nach oben offenen Richterskala des allgemeinen Unrechts. Der wird – vorläufig – 1952 formuliert. Es war Fritz Bauer, 1933 als Richter von den Nationalsozialisten entlassen, verhaftet und eingeliefert in ein Konzentrationslager, später ins Exil nach Dänemark und Schweden gegangen und seit 1950 Generalstaatsanwalt in Braunschweig, seit 1956 in Frankfurt. 1952 ist er Ankläger gewesen im Prozess gegen den Gründer der rechtsradikalen Deutschen Reichspartei Otto Ernst Remer, der die Attentäter vom 20. Juli 1944 verleumdet hatte. Sechs Jahre nach Radbruchs Aufsatz erscheint in seinem Plädoyer – wohl zum ersten Mal – das Wort vom Unrechtsstaat. Nicht nur einzelne Gesetze der Hitlerzeit seien Unrecht gewesen, sondern der ganze Staat als Zentrum von Verstößen gegen elementare Grundsätze der Gerechtigkeit.

Und was ist das, Gerechtigkeit? Die Eigenschaft einer Gesellschaft in ihrem bürgerlichen Zustand, meint Immanuel Kant sehr optimistisch 1797 in seiner *Metaphysik der Sitten*. Was nicht viel weiterhilft. Besser ist schon Aristoteles. Gerechtigkeit ist Gleichheit, hat er gesagt in seiner *Nikomachischen Ethik* etwa 60 oder 70 Jahre nach Hippias und Alkidamas. Was aber auch nicht immer stimmt, wenn ich an die Antwort meines Nachbarn denke, der mich fragte, ob mir auch ein Exemplar eines Magazins in den letzten Wochen immer weggenommen worden sei, das wir beide abonniert haben. Ich sagte ja und er: „Naja, dann ist es wenigstens gerecht."

Gerechtigkeit ist die innere Richtigkeit von Recht und das Beste, was dazu bisher gesagt wurde, stammt tatsächlich von Aristoteles. Im Übrigen gibt es dazu in der Rechtsphilosophie genauso viele unterschiedliche Antworten wie auf die Frage nach dem Begriff von Recht. Aristoteles, *Nikomachische Ethik*, 5. Buch, Kapitel 6:

> „Gerechtigkeit ist Gleichheit. Das weiß jeder und es braucht nicht bewiesen zu werden."

Ein großes Wort. Es wird schnell wieder etwas kleiner, wenn es in die Einzelheiten geht. Dann nämlich gibt es plötzlich zwei Arten von

Gleichheit und damit auch zwei Arten von Gerechtigkeit. Das ist die bis heute anerkannte Unterscheidung von ausgleichender und austeilender Gerechtigkeit, ein Gedanke, der sich schon bei seinem Lehrer Platon findet und den er genauer formuliert hat. Es gibt die arithmetische und die geometrische Gleichheit. Ihr entsprechen die ausgleichende und austeilende Gerechtigkeit. Die ausgleichende findet sich im Recht der Verträge und beim Schadensersatz, im Recht der Bürger untereinander, juristisch gesprochen im Schuldrecht. Wenn ich jemandem einen Schaden zufüge in Höhe von 1 000 Euro, muss ich ihn in derselben arithmetischen Höhe ersetzen, also Schadensersatz in Höhe von 1 000 Euro. So viel zur ausgleichenden Gerechtigkeit.

Die höhere Form der Gerechtigkeit – meint nicht nur Aristoteles – ist die austeilende. Man nennt sie auch Verteilungsgerechtigkeit. Sie hat ihren Ort im Verhältnis des Staates zu seinen Bürgern. Der Staat regelt – meistens in Gesetzen –, in welcher Weise die Bürger beteiligt werden am allgemeinen Wohlstand, an öffentlichen Ämtern, öffentlichem Einfluss und Ehrungen, und zwar „geometrisch", so dass der eine mehr und der andere weniger erhält. Je nachdem, was ihm zukommt. All animals are equal, but some are more equal than others. Da gibt es verschiedene Maßstäbe. Das kann der Adel der Geburt sein. Die Demokraten meinen, es müssten alle dasselbe erhalten. Aristoteles ist der Auffassung, es müsse nach der areté entschieden werden, was man heute am besten mit Leistung übersetzt. Nur wer was leistet, kann sich was leisten. Wenn in der Weimarer Verfassung in Artikel 151 das Wort Gerechtigkeit erscheint, ist damit noch etwas anderes gemeint, nämlich die soziale Gerechtigkeit:

> „Die Ordnung des Wirtschaftslebens muss den Grundsätzen der Gerechtigkeit mit dem Ziel der Gewährleistung eines menschenwürdigen Daseins für alle entsprechen."

Es wird nicht nur nach Leistung entschieden, auch nach Bedürftigkeit. Und dem Schwächeren muss geholfen werden gegen die Übermacht des Stärkeren, zum Beispiel im Arbeitsrecht, wie vereinbart im Stinnes-Legien-Pakt vom 15. November 1918.

Rudolf Stammler und Gustav Radbruch: Rechtsphilosophie in der Weimarer Zeit

Wer in Weimarer Zeiten nachdachte über Recht und Gerechtigkeit, der kam an Savigny nicht vorbei. Übermächtig war immer noch sein Einfluss in den Köpfen derjenigen, die im 19. Jahrhundert studiert hatten, das beherrscht war von der historischen Rechtsschule Friedrich Carl von Savignys. Da lernte man, Recht könne nur historisch verstanden werden als etwas, das in Jahrhunderten gewachsen sei als Produkt der stillen Tätigkeit eines Volksgeistes – wie die Sprache. Die habe sich ebenso organisch entwickelt und ganz allmählich. Rechtsgeschichte stand im Zentrum, besonders die des römischen Rechts seit dem deutschen Mittelalter, das die Grundlage geworden ist des Bürgerlichen Gesetzbuches von 1900. Rechtsgeschichte hatte die Rechtsphilosophie verdrängt, das fortschrittliche Naturrecht, das vorher 200 Jahre das Feld beherrscht hatte mit seiner Forderung nach Freiheit und Gleichheit.

Der erste ernsthafte Widerstand gegen die Vorherrschaft der historischen Rechtsschule kam von Rudolf Stammler, der seit 1885 Professor in Halle war, später in Berlin. Er versuchte eine Neugründung der Rechtsphilosophie gegen die Rechtsgeschichte. Rudolf Stammler war ein Liberaler. Auf wen gründete er also seine Rechtsphilosophie? Auf den Philosophen der bürgerlichen Freiheit, auf Immanuel Kant. Dessen Freiheit sollte der Entwicklung des Menschen zu höchster Moralität dienen. Dafür brauchte Kant die Unterscheidung von Sein und Sollen, die Stammler übernahm. Er wollte nicht nur wissenschaftlich feststellen, wie das Recht ist, sondern auch, wie es sein soll. Damit stellte er wieder die Frage nach der Gerechtigkeit. Denn das Recht soll gerecht sein. Recht, das gerecht ist, nannte er „richtiges Recht". Sein Lehrbuch der Rechtsphilosophie – zuerst erschienen 1922 – spielte in der Weimarer Zeit eine große Rolle, gab aber letztlich keine Antwort auf die Frage nach der Gerechtigkeit. Er verhedderte sich – sehr wissenschaftlich – in komplizierten logischen Konstruktionen, so dass für die Gerechtigkeit nur noch blieb, was er Harmonie nannte. Aus der Harmonie der Menschen untereinander ergibt sich, dass man den anderen achten muss und ihn nicht ausschließen darf aus der menschlichen Gemeinschaft. Immerhin. Hätten die Nationalsozialisten sich daran gehalten, würden ungeheuerliche Grausamkeiten verhindert worden sein.

Gustav Radbruch – 20 Jahre jünger – ist Stammlers rechtsphilosophische Fortsetzung. Auch er unterscheidet zwischen dem Recht, wie es ist, und dem, wie es sein soll. Hat aber im Gegensatz zu Stammler erkannt, dass man auf logischem Weg nicht zu einer Antwort darauf kommt, wie es sein soll, also was gerecht ist. Er weiß, dass Konservative darüber andere Vorstellungen haben als Liberale und Liberale wieder andere als Sozialisten. Er war politischer als Stammler, damals der einzige Professor des Rechts, der Mitglied der SPD gewesen ist. Also, er sieht, dass es verschiedene Möglichkeiten der Beurteilung von Gerechtigkeit gibt und sich wissenschaftlich nicht entscheiden lässt, was gerecht ist. So kommt er – das ist seine Erfindung – zu einem „Wertrelativismus". Er lässt einfach die verschiedenen Meinungen – über das, was gerecht ist – gleichwertig nebeneinander stehen. Man kann das tolerant nennen oder liberal. Heute würde man von Pluralismus sprechen. Also Werterelativismus bei der Frage nach der Gerechtigkeit. Vielleicht auch in der Hoffnung, dass es eines Tages doch noch ein Minimum an Übereinstimmungen gibt. Deshalb steht für ihn die andere Frage im Vordergrund, nämlich wie das Recht ist. Das Sein des Rechts, nicht sein Sollen. Das ergibt, was man Positivismus nennt, nämlich eine an den exakten Naturwissenschaften orientierte Methode, die – angeblich – nur beschreibt, was von vornherein vorgegeben – lateinisch: positum – ist. Ohne dass es hier – angeblich – Unterschiede geben kann zwischen Konservativen, Liberalen und Sozialisten in der Bewertung dessen, was vorgegeben ist. Dazu gehört der Satz „Gesetz ist Gesetz", ohne Rücksicht auf die Gerechtigkeit. Juristen nennen das Rechtssicherheit. Also Gustav Radbruch, Rechtsphilosophie, 3. Auflage 1932 – die Erfahrungen der Hitlerzeit hatte er noch nicht gemacht –, Seite 83:

> „Für den Richter ist es Berufspflicht, den Geltungswillen des Gesetzes zur Geltung zu bringen, das eigene Rechtsgefühl dem autoritativen Rechtsbefehl zu opfern, nur zu fragen, was rechtens ist, und niemals, ob es auch gerecht sei ...Wie ungerecht immer das Recht seinem Inhalt nach sich gestalten möge – es hat sich gezeigt, dass es einen Zweck stets, schon durch sein Dasein, erfüllt, den der Rechtssicherheit... Wir verachten den Pfarrer, der gegen seine Überzeugung predigt, aber wir verehren den Richter, der sich durch sein widerstrebendes Rechtsgefühl in seiner Gesetzestreue nicht beirren lässt."

Im Hintergrund dieser beiden großen Rechtsphilosophen damals erscheint schon ein Dritter, der diesen Positivismus auf seinen Höhepunkt bringen und damit weltberühmt werden wird. Hans Kelsen, seit 1930 an der Universität Köln. 1933 muss er als Jude vor den Nationalsozialisten fliehen, ging in die Schweiz, dann in die USA. Seine „*Reine Rechtslehre*", die er in ihren Grundzügen schon vor dem Ersten Weltkrieg entwickelt hat, ist total, radikal, imposant. Recht ist für ihn ein Befehl, der von zuständiger Stelle erlassen ist und mit dem Zwangsapparat des Staates durchgesetzt wird. Gerechtigkeit interessiert ihn überhaupt nicht. Sie ist für ihn nur „ein schöner Traum der Menschheit".

Arbeitsrecht und soziales Mietrecht

Die katastrophale Lage der deutschen Arbeiter im 19. Jahrhundert war nur völlig unzureichend gemildert durch so genannte Arbeiterschutzgesetze. Nachdem das Verbot von Gewerkschaften 1869 aufgehoben war durch die Gewerbeordnung des Norddeutschen Bundes, ist 1873 der erste deutsche Tarifvertrag – für Buchdrucker – abgeschlossen worden. Aber eine rechtliche Anerkennung solcher Verträge gab es nicht, ihre Übersetzung in den einzelnen Vertrag zwischen Arbeitnehmer und Arbeitgeber blieb juristisch ungelöst.

Erst in der Weimarer Republik entsteht das moderne Arbeitsrecht auf der Grundlage des Stinnes-Legien-Abkommens und des Artikels 151 der neuen Reichsverfassung. Am Anfang steht der Achtstundentag, der schon eine Woche nach dem Abkommen durch eine Verordnung des Rats der Volksbeauftragten gesetzlich anerkannt war, wie die Tarifverträge durch eine weitere Verordnung im Dezember 1918, in der auch die Einrichtung von Betriebsräten angeordnet wurde, und die von Schlichtungsausschüssen für Tarifkonflikte, um Streiks und Aussperrung möglichst zu vermeiden. Diese Schlichtungsausschüsse waren paritätisch besetzt mit Vertretern beider Seiten. Später gab es auch staatliche Schlichtung. 1920 wurde ein ausführliches Betriebsrätegesetz erlassen und 1926 das Arbeitsgerichtsgesetz, das für eine bessere Rechtsprechung sorgte vor neuen Arbeitsgerichten, Landesarbeitsgerichten und einem Reichsarbeitsgericht. 1921 erschienen Hugo Sinzheimers *Grundzüge des Arbeitsrechts*, ein Buch, mit dem die Wissenschaft vom Arbeitsrecht entstanden ist. Sinzheimer in Frankfurt stand eher auf der Seite der Gewerkschaften. Aber bald gab es auch Professoren, die mehr die Interessen der Unternehmer vertraten. Walter Kaskel zum Beispiel in Berlin. Die Arbeitsrechtswissenschaft der Weimarer Zeit war ausgeglichen pluralistisch im Gegensatz zu der in der Bundesrepublik.

Abb. 8 Franz Radziwill, „Der Streik", 1931, Westfälisches Landesmuseum, Münster.

Abb. 9
Gemeinsamer Mieterstreik von Nationalsozialisten und Kommunisten in Berlin 1932.

Es kamen Rückschläge. Im Dezember 1923 wurde mit einer Verordnung der Reichsregierung der Achtstundentag durchlöchert. Deshalb kündigte der Allgemeine Deutsche Gewerkschaftsbund im Januar 1924 das Stinnes-Legien-Abkommen über die Zentralarbeitsgemeinschaft. Carl Legien war schon 1920 gestorben. Hugo Stinnes starb im April 1924. Das Abkommen hatte sich überlebt. Die Unternehmer fühlten sich wieder sicher, ihr Privateigentum an Produktionsmitteln war gerettet und sie sahen nun nicht mehr ein, warum sie die hohen Kosten der Sozialpartnerschaft tragen sollten. Den letzten Todesstoß erhielt diese Partnerschaft 1928 im „Ruhreisenstreik", dem schwersten Arbeitskonflikt der Weimarer Republik, als die Schwerindustriellen sich mit einer brutalen Aussperrung von 250000 Arbeitern weigerten, einen staatlichen Schiedsspruch für den Tarifkonflikt anzuerkennen.

Im Mietrecht blieb der Verfassungsauftrag für soziale Gerechtigkeit etwas besser erhalten. Die Anfänge eines sozialen Mietrechts liegen im Ersten Weltkrieg. Es wurde weniger gebaut, die Wohnungsnot größer und – ganz entscheidend – Soldaten an der Front wurden unruhig, wenn ihre Familien zu Hause die Kündigung erhielten, weil sie die

Miete nicht mehr zahlen konnten. 1917 wurde die Mieterschutzverordnung erlassen, nach der Mieteinigungsämter ziemlich frei entscheiden konnten in jenen drei Bereichen, die zum so genannten Mietnotrecht gehören, nämlich Wohnraumbewirtschaftung, Mietpreisbindung und Kündigungsschutz. 1922 erging das Reichsmietengesetz zur Preisbindung und 1923 das Mieterschutzgesetz, das die Kündigung durch den Vermieter nur in bestimmten Fällen erlaubte, ähnlich wie heute. Am Ende der Weimarer Zeit begann die Ablösung dieses Notrechts durch ein soziales Mietrecht, und zwar mit einer Notverordnung von 1931. In ihr war vorgesehen, dass das Mietengesetz und das Mieterschutzgesetz 1933 aufgehoben werden sollten, was allerdings davon abhängig gemacht wurde, dass das Mietrecht des BGB bis dahin sozialverträglich neu geregelt würde. Die alten Vorschriften waren aus der Not von Krieg und Nachkriegszeit entstanden. Deshalb Notrecht. Aber man sah, dass eine strukturelle Ungleichheit zwischen Vermieter und Mieter auch in normalen Zeiten besteht. Deshalb sei ein soziales Mietrecht zum Schutz der Mieter auch in Zukunft notwendig. Zu einer solchen Regelung ist es aber nicht mehr gekommen und deshalb blieben Reichsmietengesetz und Mieterschutzgesetz weiter in Kraft, im Grunde jetzt schon als soziales Mietrecht.

Männer und Frauen

Ob es Fortschritt gibt in der Geschichte von Gerechtigkeit? Mancher wird zweifeln, wenn er die Gegenwart sieht. Aber blickt man zurück, erkennt man ihn im Verhältnis von Frauen und Männern. Die Frauen der griechischen Antike sind völlig rechtlos gewesen. Etwas besser war die Situation im alten Rom und im Mittelalter. Noch im 17. und 18. Jahrhundert hieß es nicht nur im Recht, die Frau sei dem Manne untertan. Er hatte sogar das Züchtigungsrecht, ius castigandi, durfte sie rechtmäßig verprügeln und lange juristische Abhandlungen wurden geschrieben zur Frage, ob ein Ehevertrag wegen Sittenwidrigkeit unwirksam ist, in dem der Herr und Gebieter auf sein Prügelrecht verzichtet. Als 1789 die französische Nationalversammlung die Menschenrechte verkündete mit Freiheit und Gleichheit, dachte kein Mann daran, es könnten auch Frauen gemeint sein. Nur eine von ihnen wagte es, bald darauf eine entsprechende „Erklärung der Rechte der Frau und Bürgerin“ zu schreiben. Sie hieß Olympe de Gouges und landete zwei Jahre später auf dem Schafott. Nach den Vorschriften des Bürgerlichen Gesetzbuches blieb der Ehemann der Patriarch, inzwischen nur ohne juristisches Recht zum Prügeln. Er allein bestimmte die Geschicke der Familie, gab ihr den Namen, bestimmte den Wohnsitz, hatte das Erziehungsrecht über die Kinder und bestimmte, ob seine Frau einen Beruf ausüben durfte. Noch in der Weimarer Republik.

Trotzdem nahm die Gerechtigkeit zu seit 1918. Das hatten die Frauen den Sozialdemokraten zu verdanken und allen voran dem alten August Bebel, der schon 1879 ein Buch geschrieben hat über *Die Frauen und der Sozialismus* mit der Forderung nach gleichen Rechten. Es war eine der am meisten verbreiteten marxistischen Schriften mit 60 Auflagen, Übersetzungen in ein Dutzend Sprachen und dem Vorwurf von bürgerlicher Seite, sie sei unwissenschaftlich. Eine der ersten Anordnungen des Rats der Volksbeauftragten vom 12. November 1918:

> „Alle Wahlen zu den öffentlichen Körperschaften sind fortan nach dem gleichen, geheimen, direkten, allgemeinen Wahlrecht auf Grund des proportionaien Wahlsystems für alle mindestens 20 Jahre alten männlichen und weiblichen Personen zu vollziehen."

Das Wahlrecht der Frauen, um das die „Suffragetten" – suffragium ist lateinisch und heißt die Stimme bei Wahlen – in Europa seit über

Abb. 10 Frauen der Frauenbewegung, links die Juristin Anita Augspurg, die 1895 als eine der ersten „Gasthörer" an der Berliner Juristischen Fakultät zugelassen wurde und 1897 in Zürich zum Dr. jur. promovierte, Photo um 1901.

50 Jahren gekämpft hatten. Die deutschen Frauen haben es der SPD nicht gedankt und wählten mit Mehrheit bürgerliche Parteien. In Artikel 109 Absatz 2 der Reichsverfassung ging es weiter:

> „Männer und Frauen haben grundsätzlich dieselben staatsbürgerlichen Rechte und Pflichten."

Immerhin. Allerdings zwei Einschränkungen. Erstens grundsätzlich. Das heißt bei Juristen immer, es gibt Ausnahmen. Zweitens staatsbürgerlich. Das heißt nicht im Zivilrecht, im Recht der Bürgerinnen und Bürger untereinander – also nicht im Familienrecht des BGB. Der Patriarch blieb. Aber es gibt Verstärkung im öffentlichen Dienst. Artikel 128:

> „Alle Staatsbürger ohne Unterschied sind nach Maßgabe der Gesetze und entsprechend ihrer Befähigung und ihren Leistungen zu den öffentlichen Ämtern zuzulassen. Alle Ausnahmebestimmungen gegen weibliche Beamte werden beseitigt."

Auch Richter gehörten dazu und Staatsanwälte. Das Programm war geschrieben. Aber das Stück konnte noch nicht gespielt werden, denn die Männer leisteten erbitterten Widerstand im Deutschen Richterbund und im Deutschen Anwaltverein. Frauen als Richter oder Anwalt? Eine schreckliche Vorstellung, denn sie sind nun mal von Natur aus nicht für jeden Beruf geeignet. Immerhin durften sie schon seit einigen Jahren Jura studieren, seit 1900 in Baden, zuletzt 1908 in Preußen und Hessen

Abb. 11
Die – wohl – erste deutsche Richterin, Dr. Marie Munk, 1925.

und seit 1909 in Mecklenburg. Das reichte vielen schon. Schließlich wurde der Sozialdemokrat Gustav Radbruch Reichsjustizminister, war anderer Meinung, machte einen Gesetzentwurf und der wurde vom Reichstag beschlossen am 1. Juli 1922. Das „Gesetz über die Zulassung der Frauen zu den Ämtern und Berufen der Rechtspflege". Damit war der äußere Widerstand juristisch gebrochen, nicht der innere in den Vorurteilen der meisten männlichen Juristen. Immerhin wurde zehn Tage später die erste Anwältin in München ernannt, die erste Richterin erst zwei Jahre später in Preußen. Es ging sehr langsam weiter. 1929 gab es unter 3000 Rechtsanwälten in Berlin nur drei Frauen und 1930 im ganzen Deutschen Reich nur 74 Richterinnen, in Hamburg zum Beispiel nicht eine einzige. Auch die Berufsbezeichnung blieb männlich. 1949 gab die Sozialdemokratin Elisabeth Selbert ein Rundfunkinterview und sagte zu ihrem Beruf, den sie seit der Weimarer Republik ausgeübt hatte, „als Rechtsanwalt habe ich ..." Im Parlamentarischen Rat hatte sie gerade nach vielen vergeblichen Kämpfen die große Schlacht gewonnen. Sie ist es gewesen, die erreicht hat, dass heute im Grundgesetz steht „Männer und Frauen sind gleichberechtigt", ohne Wenn und Aber, ohne „grundsätzlich" und ohne „staatsbürgerlich".

Strafrecht

Das Strafrecht der Weimarer Zeit entwickelt sich in erstaunlicher Zweigleisigkeit. Auf der einen Seite der Umgang mit normaler Kriminalität, auf der anderen das politische Strafrecht.

In der Behandlung der normalen Kriminalität setzt sich eine Tendenz fort, die schon in den beiden letzten Jahrzehnten des 19. Jahrhunderts zu beobachten ist. Das Strafrecht wird milder. Mehr Gerechtigkeit? Viele waren anderer Meinung – besonders Konservative – und sprachen von Knochenerweichung der Justiz. Sie sei eine Aufforderung zur Begehung von Verbrechen. Was unzutreffend war. Denn die Kriminalstatistik blieb im Durchschnitt jener 15 Jahre auf derselben Höhe. Es gab keinen Anstieg von Kriminalität. In der Wissenschaft sprach man – zum großen Teil positiv – vom Abbau des Strafrechts. Zum Beispiel im Verhältnis von Freiheitsstrafen und Geldstrafen. Auf der Grundlage desselben Strafgesetzbuches von 1871 nimmt die Zahl der Freiheitsstrafen ständig ab und wird der Anteil der Geldstrafen entsprechend höher. Um 1880 waren es nur 25 Prozent Geldstrafen und 75 Prozent Freiheitsstrafen. 30 Jahre später – um 1910 – hat sich der

Anteil der Geldstrafen verdoppelt. Es steht 50 zu 50. In der Weimarer Zeit steigt er – um 1930 – auf 70 Prozent. Jetzt sind es nur noch 30 Prozent Freiheitsstrafen, nun allerdings unterstützt durch ein neues Gesetz von 1923 über Geldstrafen, die auch zugelassen wurden bei Vergehen, für die bisher nur eine Freiheitsstrafe möglich war. Dieses Gesetz war vorbereitet vom Reichsjustizminister Radbruch, ebenso wie das Jugendgerichtsgesetz vom selben Jahr, das die Strafmündigkeit heraufsetzte von zwölf auf 14 Jahre, Erziehungsmaßnahmen möglich machte statt Strafen, die Strafaussetzung zu Bewährung gesetzlich einführte für Jugendliche und anordnete, dass besondere Jugendstrafanstalten eingerichtet wurden, nicht nur um die Jugendlichen vor schädlichen Einflüssen erwachsener Krimineller zu schützen, sondern auch um die Möglichkeit für ihre Erziehung zu verbessern. Die erste Anstalt dieser Art war schon vor dem Ersten Weltkrieg 1912 in Wittlich an der Mosel entstanden und hatte gute Erfolge aufzuweisen. Eine von Radbruch begonnene allgemeine große Strafrechtsreform scheiterte nach jahrelangen Diskussionen im Reichstag am Widerstand der Konservativen. Er wollte die Todesstrafe und das Zuchthaus abschaffen und den Gerichten auch im Erwachsenenstrafrecht ermöglichen, Freiheitsstrafen zur Bewährung auszusetzen. Das ist erst später in der Bundesrepublik gelungen.

Eine wichtige Veränderung fand im Prozessrecht statt. Die im 19. Jahrhundert von Liberalen erkämpften Geschworenengerichte wurden abgeschafft. Sie waren in den deutschen Ländern nach englischem und französischem Vorbild eingeführt worden nach der Revolution von 1848 und zusammengesetzt aus zwölf Geschworenen – Bürgern ohne juristische Ausbildung – und drei Berufsrichtern. Die Geschworenen hatten bei schweren Verbrechen wie Mord und Totschlag über die Frage zu entscheiden, ob der Angeklagte die Tat begangen hatte, und die Berufsrichter sollten das juristisch beurteilen. Eine demokratische Volksgerichtsbarkeit als Garantie von Bürgerfreiheit gegen die damals nicht seltene Willkür der vom König abhängigen Berufsrichter. Nun sollten die Bürger selbst über ihre Mitbürger entscheiden. 1924 hat der konservative Reichsfinanzminister Erich Emminger diese gesetzliche Regelung handstreichartig abgeschafft, in verfassungsrechtlich fragwürdiger Weise durch eine einfache Verordnung, die er selbst ohne den Reichstag erlassen hat, angeblich aus finanziellen Gründen und erstaunlicherweise ohne größeren Protest in der Öffentlichkeit. Seitdem hatten Schwurgerichte einheitlich über Tat- und Rechtsfragen zu entscheiden in der Zusammensetzung von drei Richtern und sechs Geschworenen. Es waren keine richtigen Schwurgerichte mehr. Noch weniger sind sie es heute in der Besetzung mit drei Richtern und zwei Schöffen. Der Name täuscht. Es sind normale große Strafkammern wie die anderen, die alle mit jeweils zwei Schöffen ihre Urteile sprechen.

Das politische Strafrecht hatte eine beträchtliche Schieflage. Urteile gegen linke Straftäter sind außerordentlich hart gewesen, gegen rechte von unverantwortlicher Milde, sehr einfach zu erklären durch die konservative Grundhaltung der Richterschaft, die noch aus der Kaiserzeit stammte. Die Kritik begann schon 1921 mit einer Schrift des Heidelberger Mathematikers und Statistikers Otto Julius Gumbel, *Zwei Jahre Mord*. Eine knappe Statistik über das unterschiedliche Vorgehen der Justiz gegen Straftäter von rechts und links am Beispiel der politischen Morde seit dem 9. November 1918. 314 waren es von rechts, 13 von links. Für die von links hatte die Justiz achtmal die Todesstrafe ausgesprochen und insgesamt 176 Jahre Freiheitsstrafe, für die von rechts keine Todesstrafe, sondern nur insgesamt 31 Jahre Freiheitsstrafe und einmal lebenslange Festungshaft. Das ergibt für jeden Mord von links etwa 29 Jahre, für jeden von rechts zwei Monate, was nicht nur in der parteilichen Rechtsprechung der Gerichte seine Ursache hat, sondern auch darin begründet war, dass Polizei und Staatsanwaltschaft bei Straftaten von rechts unzulänglich ermittelten und oft gar keine Anklage erhoben worden war.

In der späteren Zeit veränderte sich das Bild ein wenig. Die am Rathenau-Mord beteiligten Rechtsextremisten sind sehr hart bestraft wor-

Abb. 12
Emil Julius Gumbel, 1932.

den. Die ebenfalls von Rechtsextremisten begangenen Fememorde der Schwarzen Reichswehr wurden zwar von den unteren Instanzen empörend milde behandelt. Aber diese Urteile sind vom Reichsgericht wieder aufgehoben und zur härteren Bestrafung zurückverwiesen worden.

Anders war es allerdings wieder in den vielen Prozessen wegen Landesverrats, die sich nur gegen die politische Linke richteten. 1927 waren es zum Beispiel 44 Verurteilungen. Das waren in diesem einzigen Jahr mehr als in den 30 Jahren vor dem Krieg.

In ähnlicher Weise wurde das Gesetz zum Schutz der Republik angewendet, das 1922 nach dem Mord an Rathenau erlassen worden war

Abb. 13
George Grosz, „Stützen der Gesellschaft“, 1926, ahnte schon, wie es weitergehen würde: Der Jurist vorn in der Mitte trägt ein Hakenkreuz auf dem Schlips, Nationalgalerie Berlin.

und hochverratsähnliche Bestimmungen enthielt. Der im Gesetz neu eingerichtete Staatsgerichtshof entwickelte eine juristische Konstruktion, nach der die bloße Mitgliedschaft in der KPD als Hochverratsvorbereitung gewertet werden konnte, nicht aber die in der genauso gefährlichen NSDAP. In politischen Prozessen der Jahre 1924/25 sind gegen Kommunisten insgesamt etwa 5000 Jahre Freiheitsstrafe ausgesprochen worden, fünfmal mehr als in den zwölf Jahren 1878 bis 1890 unter der Geltung des Sozialistengesetzes. Die Zahlen für die Nationalsozialisten lagen weit darunter.

Große Empörung besonders im Ausland erregten 1921 Prozesse vor dem Reichsgericht in Leipzig wegen Kriegsverbrechen, deren Verfolgung 1919 im Versailler Friedensvertrag vereinbart war. Das Deutsche Reich hatte sich zur Auslieferung für einen internationalen Prozess verpflichten müssen. Aber schon Holland hatte sich geweigert, den Kaiser auszuliefern, der dort im Asyl war. Also wollten auch die Deutschen die 795 Verdächtigen nicht herausgeben, die auf einer Liste der Siegermächte standen. Stattdessen einigte man sich darauf, dass ihnen der Prozess vor dem Reichsgericht gemacht werden sollte. Aber nur gegen zehn wurde verhandelt. Sechs sind freigesprochen worden und vier verurteilt. Der schwerste Fall war der zweier U-Boot-Offiziere, die mitverantwortlich waren für die völkerrechtswidrige Versenkung eines Lazarettschiffs. Das U-Boot hatte dann sogar noch diejenigen beschossen und getötet, die in Rettungsbooten Zuflucht gefunden hatten. Die beiden wurden nur zu vier Jahren Gefängnis verurteilt, aus dem sie kurz danach entkommen konnten.

Verheerende Wirkung hatte 1924 der „Prozess des Reichspräsidenten“. Das politische Klima der Weimarer Zeit ist durch ihn entscheidend beeinflusst worden. In ihm wurde ein Journalist vom Vorwurf der Verleumdung freigesprochen, der Friedrich Ebert als Landesverräter bezeichnet hatte, weil er am Ende des Krieges von seiner Partei in einen Streikrat der Berliner Arbeiter geschickt worden war, um in der Rüstungsindustrie Schlimmeres zu verhindern. Die Magdeburger Richter – rechtskonservative Gegner der Demokratie – kamen zu dem für den Reichspräsidenten und die Republik vernichtenden Ergebnis, er habe „objektiv“ Landesverrat begangen. Zwar hat auch hier das Reichsgericht korrigiert und Friedrich Ebert 1931 in einem Parallelverfahren vollständig rehabilitiert. Aber er war schon bald nach dem Magdeburger Urteil gestorben und der Schaden nach sieben Jahren ohnehin kaum wieder gutzumachen. Alles in allem also für die Justiz der Weimarer Zeit doch eine miserable Bilanz, trotz einiger Lichtblicke.

Hitlers Richter

Das folgenreichste politische Urteil der Weimarer Republik erging am 1. April 1924 in München. Georg Neithardt hieß der Vorsitzende Richter eines Volksgerichts, das Adolf Hitler wegen Hochverrats verurteilt hat zur Mindeststrafe von fünf Jahren Festungshaft und ihm gleichzeitig in Aussicht stellte, er könne bei guter Führung schon nach sechs Monaten zur Bewährung entlassen werden. Neithardt war damals 53 Jahre alt, Sohn eines Großkaufmanns aus Nürnberg, seit 26 Jahren Richter, zuletzt am Landgericht München. 1919 war er von der Regierung Hoffmann als Leiter dieses Volksgerichts eingesetzt worden, kurz vor dem Abenteuer der drei Wochen einer linksradikalen „Räterepublik Baiern", die er aber gut überstanden hat, obwohl er ein hochgradiger Sympathisant der Rechtsradikalen gewesen ist.

Die bayerischen Volksgerichte waren eine Erfindung der Regierung Eisner – linke Sozialdemokraten, USPD –, errichtet zehn Tage nach der Revolution in München im November 1918 zur Abwehr von Plünderungen und Gewalttaten. Nach dem Sturz der Räterepublik im Mai 1919 ist ihre Kompetenz erweitert worden auch zur Verurteilung von Hoch- und Landesverrat, und Georg Neithardt ist ein harter Richter gewesen über diese roten Revoluzzer. Die Volksgerichte entschieden in der Besetzung von zwei Berufsrichtern und drei Schöffen, ruhebedürftigen Bürgern, die ebenfalls keinerlei Sympathien hegten für Kommunisten und Anarchisten. Es sind Schnellgerichte gewesen. Gegen ihre Urteile gab es kein Rechtsmittel.

Fünf Jahre später kam es bei Richter Neithardt nun zu diesem Prozess gegen diesen ganz anderen Revoluzzer, und das Volksgericht unter der energischen Leitung seines Vorsitzenden steuerte mit voller Kraft in die entgegengesetzte Richtung, zeigte eine unbeschreibliche Milde, die selbst von konservativen Juristen als peinlich kritisiert wurde. Adolf Hitler stand im Mittelpunkt. Mitangeklagt waren der Kriegsheld General Erich Ludendorff und acht andere. Es ging um den Putsch vom 9. November 1923, den die Nazis später als „Marsch zur Feldherrnhalle" gefeiert haben.

Vorbild für ihren Putschversuch war Mussolinis Marsch auf Rom, der ein Jahr vorher auf diese Weise die italienischen Faschisten an die Macht gebracht hatte. Adolf Hitler war damals 34 Jahre alt, wollte mit seiner Partei eine schwierige Situation der Reichsregierung Stresemann ausnutzen, hatte dafür einige teilweise untereinander konkurrierende rechtsradikale bayerische Gruppen um sich versammelt und

Abb. 14
Hitlers Richter Georg Neithardt.

wollte mit einem Marsch auf Berlin die Reichsregierung stürzen. Der Putsch ist misslungen. Er war von vornherein aussichtslos wegen der ablehnenden Haltung der Reichswehr. Einige der rechtsradikalen Verschwörer wussten das, organisierten noch in der Nacht den Widerstand in der bayerischen Regierung, und als die Restverschwörer um Hitler und Ludendorff am nächsten Morgen mit einer größeren Zahl von Anhängern zum bayerischen Kriegsministerium in der Ludwigstraße aufbrachen, wurden sie an der Feldherrnhalle neben der Residenz am Odeonsplatz von der Polizei angehalten. Schüsse fielen. Vier Polizisten, 14 Putschisten und ein Passant wurden getötet. Hitler floh aufs Land und wurde zwei Tage später verhaftet.

Der Prozess beginnt am 26. Februar 1924 in einer Kaserne in Nymphenburg. Juristisch war eigentlich alles klar. Allein schon der Auftritt im Bürgerbräukeller war Hochverrat. Denn Hochverrat begeht, wer einen Umsturz „unternimmt", wie es im Gesetz noch heute heißt. Und ein „Unternehmen" ist schon der Versuch. Juristisch schwierig war allenfalls die Zuständigkeit des Volksgerichts. Denn im Republikschutzgesetz von 1922 – erlassen nach dem Mord an Walther Rathenau – war zwingend vorgeschrieben, dass bei Hochverrat vor dem Staatsgerichtshof beim Reichsgericht in Leipzig zu verhandeln ist. Was die bayerische Regierung und das Volksgericht München aber nicht weiter störte. Man wollte nicht nach Leipzig. Denn Hitlers Mitverschwörer, die in letzter Minute den Rückzug angetreten hatten, waren ihre eigenen Leute. Würden die in Leipzig „den Gerichtssaal vielleicht noch als Zeugen betreten – verlassen würden sie ihn sicher als Gefangene", wie Hitler bei seiner ersten Vernehmung höhnte. Sie hatten ja lange genug mit ihm über den Marsch auf Berlin verhandelt. Richter Neithardt dagegen war bemüht, diese Zeugen möglichst zu schonen. Aber auch die Angeklagten.

Typisch schon deren äußeres Auftreten und die unterwürfige Ehrerbietung des Gerichts. Während die Angeklagten der Räterepublik einst in Sträflingskitteln vorgeführt worden waren, bewacht von Soldaten, bis an die Zähne bewaffnet, herrschte hier ein kollegialer Ton. Ludendorff war nicht in Haft und rollte täglich in einer Luxuslimousine zum Prozess. Hitler durfte im Anzug auftreten mit dem Eisernen Kreuz am Revers. Die Angeklagten wurden mit „Herr" angeredet oder sogar als „Exzellenz". Im Prozess gegen die Roten hatte Neithardt kommandiert. Jetzt konnte Hitler im Gerichtssaal stundenlang reden und tun und lassen, was er wollte.

Während Ludendorff – wahrheitswidrig – erklärte, er habe von allem nichts gewusst, ging Hitler in die Offensive, gab alles zu und sagte: „Ich bekenne mich zwar zur Tat, doch des Hochverrats schuldig bekenne ich mich nicht. Es gibt keinen Hochverrat bei einer Handlung, die sich gegen den Landesverrat von 1918 wendet", und meinte damit die Weimarer Demokratie. Richter Neithardt ließ nicht nur das widerspruchslos zu, sondern auch, dass der Angeklagte die Regierung in Berlin ständig als „Novemberverbrecher" bezeichnete mit immer neuen Beleidigungen und Kampfansagen. Was nicht ohne Eindruck blieb. „Doch ein kolossaler Kerl, dieser Hitler!", entfuhr es einem der Richter.

So wurde der „Führer", der, statt auszusagen, Ansprachen hielt, zum Mittelpunkt des Prozesses bis zum Schluss. Als Neithardt von der Regierung vorsichtig darauf hingewiesen wurde, welchen peinlichen Eindruck es mache, wenn er Hitler vier Stunden ununterbrochen reden lasse, soll er geantwortet haben, es sei unmöglich, dessen Wortschwall zu unterbrechen. Jeder Richter mit etwas Erfahrung in Strafsachen kann darüber nur lachen. Als einer der Angeklagten den Reichspräsidenten „Ebert Fritze" nannte, wurde er vom Vorsitzenden immerhin milde getadelt und meinte dann: „Na, also Fritz Ebert", was auch noch eine Unverschämtheit war, die der Richter nicht hätte durchgehen lassen dürfen. Ein bayerischer Minister bemerkte dazu, das Gericht habe „noch nie merken lassen, dass es anderer Meinung sei als die Angeklagten".

Abb. 15 Blick in den Gerichtssaal des Hitler-Prozesses Februar/März 1924.

Wichtige Zeugen wurden nicht geladen und die geladenen in einer Reihenfolge aufgerufen, die für die Verteidigung günstig war. Aber auch die Staatsanwaltschaft beteiligte sich an diesem Spiel zugunsten der Angeklagten. Oberstaatsanwalt Ludwig Stenglein sagte am Ende der Verhandlungen in seinem Plädoyer mit dem Strafantrag: „Hitler ist ein hoch begabter Mann, der aus einfachen Verhältnissen heraus sich eine angesehene Stellung im öffentlichen Leben errungen hat, und zwar in ernster und harter Arbeit. Er hat sich den Ideen, die ihn erfüllten, bis zur Selbstaufopferung hingegeben und als Soldat in höchstem Maße seine Pflicht getan."

Die Verhandlung dauert vier Wochen. Am 1. April 1924 verkündet Georg Neithardt das Urteil. Ludendorff wird freigesprochen und Adolf Hitler verurteilt, aber nur zur Mindeststrafe von fünf Jahren Festungshaft, also „Hotelvollzug", wie man heute sagt. Die Revoluzzer der Räterepublik dagegen waren ins Zuchthaus gekommen. Außerdem, das ist das Entscheidende, stellt das Gericht in Aussicht, dass Hitler nach einem halben Jahr bei guter Führung zur Bewährung entlassen werden kann.

Ein glatter Rechtsbruch. Denn er war im Mai 1922 vom selben Gericht mit demselben Vorsitzenden wegen Landfriedensbruchs zu drei

Monaten Gefängnis verurteilt worden, musste nur einen Monat absitzen und hatte für den Rest Bewährungsfrist bis 1926. Der Putsch fiel in diese Zeit. Hitler hätte also verurteilt werden müssen, die restlichen zwei Monate nachzusitzen, und eine Aussetzung der neuen Strafe von fünf Jahren zur Bewährung war gar nicht mehr möglich, selbst nach den sehr großzügigen bayerischen Vorschriften über Strafaufschub. Ein tolles Stück. Genauer gesagt, ein klarer Fall von Rechtsbeugung. Richter Neithardt hatte deshalb auch ganz bewusst Hitlers Strafregister unterschlagen und weder in der Verhandlung noch im Urteil erwähnt. Das hatte welthistorische Konsequenzen. Wenn nämlich Hitler fünf Jahre in der Festung Landsberg geblieben wäre, wie das Gesetz es befahl, also bis 1929, also nur diese an sich schon lächerliche Mindeststrafe, dann würde seine Partei inzwischen bedeutungslos geworden sein. Dann hätte Hitler neu anfangen müssen und nicht die Not der Weltwirtschaftskrise von 1929 mit dem Erfolg ausnützen können, dass er 1933 Reichskanzler wird.

Und es kommt noch ein Zweites hinzu. Nach dem Republikschutzgesetz war bei Verurteilung wegen Hochverrats für Ausländer zwingend die Ausweisung vorgeschrieben. Hitler ist damals noch Österreicher gewesen. Das konnte Neithardt nicht einfach unter den Tisch fallen lassen wie das Strafregister. Was macht er? Schreibt einige Sätze ins Urteil: „Hitler ist Deutschösterreicher. Er betrachtet sich als Deutschen. Auf einen Mann, der so deutsch denkt und fühlt wie Hitler, der freiwillig viereinhalb Jahre lang im deutschen Heere Kriegsdienste geleistet hat, der sich durch hervorragende Tapferkeit vor dem Feinde hohe Kriegsauszeichnungen erworben hat, verwundet und sonst an der Gesundheit beschädigt ... worden ist, kann nach Auffassung des Gerichts die Vorschrift des Republikschutzgesetzes ihrem Sinn und ihrer Zweckbestimmung nach keine Anwendung finden."

In der juristischen Terminologie ist so etwas eine Restriktion zugunsten des Angeklagten. Also ungefähr dasselbe, wie wenn ein Richter sagt, statt der Mindeststrafe von fünf Jahren erhält der Angeklagte nur eine Strafe von drei Jahren. Heute macht man das manchmal, in Ausnahmefällen, zum Beispiel bei Mord: zwölf Jahre statt lebenslang. Damals war das unmöglich, also eine zweite Rechtsbeugung, wäre es auch heute, trotz der Restriktion bei Mord.

Im Herbst dann der Kampf um Hitlers Entlassung. Polizeidirektion und Staatsanwaltschaft sind dagegen, denn die bayerische Vorschrift verlangt „gute Führung", und Hitler hatte mehrere geheime und brisante Briefe aus der Haft nach draußen geschmuggelt. Die Direktion der Haftanstalt windet sich. Trotzdem bewilligt das Landgericht München im September die Entlassung. Die Beschwerde der Staatsanwaltschaft wird abgewiesen. Die Richter des Bayerischen Obersten Landesgerichts entscheiden: Hitler darf raus. Dezember 1924. Der Kampf geht weiter, bis 1933. Ohne Georg Neithardt, den Vorsitzenden Richter des Volksgerichts München I, und ohne die bayerische Justiz und Regierung würde er ihn nicht gewonnen und würde es den Zweiten Weltkrieg und den Holocaust wohl nicht gegeben haben.

Zivilrecht

Zivilrecht? Das war das BGB, das Bürgerliche Gesetzbuch von 1900. Es wurde nicht geändert mit seinen 2385 Paragraphen in der Weimarer Republik. Kein Wunder nach dem Stinnes-Legien-Abkommen, dessen Zweck gewesen ist, dass bürgerliches Eigentum nicht angetastet werden darf, weder das von Herrn Legien noch das von Herrn Stinnes, also auch nicht, was Marxisten Privateigentum an Produktionsmitteln nennen. Nun war das BGB aber nicht nur die Heilige Schrift des Privateigentums, sondern auch das Evangelium der Vertragsfreiheit. Die gehören beide zusammen wie die Suppe und das Salz. Denn ein freier Eigentümer muss darüber auch freie Verträge abschließen können. Seit dem Abkommen vom 15. November 1918 war diese Freiheit aber nicht mehr das, was sie vorher gewesen ist im BGB. Allerdings ohne Änderung im Evangelium selbst, denn dort steht noch heute geschrieben in § 611, etwas altväterlich:

> „Durch den Dienstvertrag wird derjenige, welcher Dienste zusagt, zur Leistung der versprochenen Dienste, der andere Teil zur Gewährung der vereinbarten Vergütung verpflichtet."

Die Vertragsfreiheit ist formuliert mit den Worten versprochen und vereinbart. Was sie frei versprochen und vereinbart haben. Aber seit dem Abkommen mit seinem Achtstundentag galt das nicht mehr. Der Arbeiter konnte nicht mehr versprechen, täglich zehn, elf oder zwölf Stunden zu arbeiten. Und auch den Lohn konnten sie nicht mehr frei vereinbaren. Denn nun galten Tarifverträge, ausgehandelt von Verbänden. Mit anderen Worten, das in der Weimarer Republik entstandene und bis heute weiterentwickelte Arbeitsrecht ist nichts anderes als eine – inzwischen riesige – Sammlung von Vorschriften zur Einschränkung der Vertragsfreiheit des § 611 BGB, angefangen mit der Verordnung des Rats der Volksbeauftragten vom 23. November 1918 zum Achtstundentag und ihrer Tarifvertragsverordnung vom 23. Dezember 1918 über Adolf Hitlers Gesetz zur Ordnung der Nationalen Arbeit 1934 und sein Mutterschutzgesetz von 1942 bis zu den vielen Arbeitsgesetzen der Bundesrepublik wie das Lohnfortzahlungsgesetz bei Krankheit oder das Urlaubsgesetz. Das BGB ist dadurch erheblich verändert worden in die Richtung von sozialer Gerechtigkeit, nur eben nicht im Gesetz selbst, sondern durch zusätzliche Sondervorschriften außerhalb.

Ebenso war es im Mietrecht. Auch hier sind damals die §§ 535 bis 580 BGB unverändert geblieben, die einen Vertrag voraussetzen, der – angeblich – frei ausgehandelt wird zwischen Vermieter und Mieter, letztlich aber immer hinausläuft auf ein Übergewicht des Vermieters. Auch hier ist die Vertragsfreiheit des BGB aus Gründen der sozialen Gerechtigkeit eingeschränkt worden durch gesetzliche Sondervorschriften außerhalb des Bürgerlichen Gesetzbuches.

Doch ansonsten blieb alles beim alten. Zum Beispiel jene Regeln über das Verhältnis von Männlein und Weiblein im Recht der bürgerlichen Ehe der §§ 1297 bis 1588 BGB. Halt, nein. Es hat sich doch noch was geändert im Zivilrecht. Ganz entscheidend sogar. Es kam nämlich etwas hinzu, was der Reichstag als Gesetzgeber des BGB ganz ausdrücklich nicht wollte, etwas, das im ersten Gesetzentwurf in voller Schönheit vorgesehen war, im zweiten aber mit voller Absicht hinauskatapultiert worden ist. Es kam 1920 hinzu als Aufsehen erregendes Urteil des Reichsgerichts. Noch eine Sünde wider den heiligen Geist des BGB:

Der Dampfpreisfall

Jemand hatte 1912 in Berlin eine Fabriketage an einen Betrieb vermietet und sich verpflichtet, über eine zentrale Anlage auch den Dampf zu liefern für die dort aufgestellten Maschinen. Der Mietpreis betrug 780 Mark monatlich, mit Dampf. Er war fest vereinbart für acht Jahre bis 1920. Dann aber kam der Erste Weltkrieg und die Inflation und die Preise für die Kohlen stiegen immer höher mit der Folge, dass der Vermieter in den Jahren 1917 bis 1919 monatlich allein 4800 Mark zahlen musste, nur um den Dampf für diesen einen Betrieb liefern zu können. Der Dampf war sechsmal so teuer wie die Miete und er machte einen Verlust von 4000 Mark im Monat, jährlich 48000. Das geht zu weit mit der Inflation, meinte der Vermieter und verlangte

Abb. 16 Ein Berliner Hofeingang mit Blick auf die Fabriketagen in den Hinterhöfen. In einen solchen Berliner Hof gehörte der Dampfpreisfall.

eine Nachzahlung für die Zeit von 1917 bis 1919. Das Landgericht Berlin und das Kammergericht haben seine Klage abgewiesen. Das sei eben das Risiko, meinten sie, wenn man langfristige Verträge abschließt. Das Reichsgericht dagegen gab ihm Recht, mit diesem Urteil von 1920.

Das war eine Sensation. Denn Landgericht und Kammergericht hatten durchaus im Sinne dessen entschieden, was das Reichsgericht bis dahin immer wieder gesagt hatte. Wer sich verkalkuliert, muss das Risiko tragen. Wie er ja auch den Gewinn einstreicht, wenn er sich zu seinen Gunsten verrechnet hat. Und das ändert sich auch nicht bei einer grundlegenden Veränderung der Verhältnisse. *Pacta sunt servanda*: Verträge müssen eingehalten werden. Ein Mann, ein Wort. Früher, da galt mal die Regel der *clausula rebus sic stantibus*, wonach jeder Vertrag unter der stillschweigenden Klausel steht, dass die Dinge so bleiben, wie sie sind. Aber diese Regel ist vom Pandektenrecht und vom BGB ausdrücklich abgelehnt und beseitigt worden. So hatte das Reichsgericht noch 1917 entschieden.

Nun aber, 1920, unter dem Eindruck der „ungeahnten Umwälzung aller wirtschaftlichen Verhältnisse" änderten die Richter in Leipzig ihre

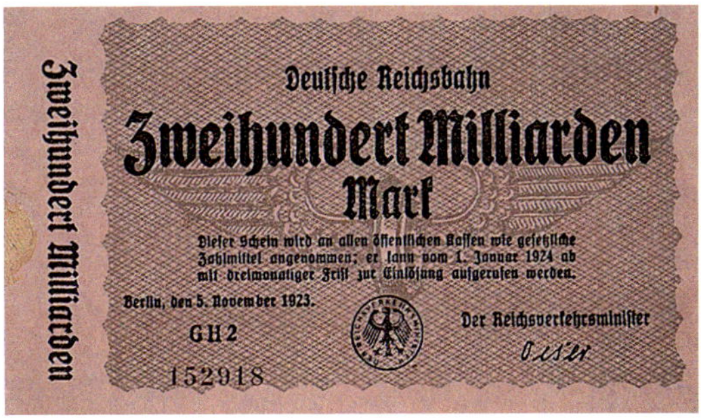

Abb. 17
Inflation, eine Banknote über 200 Milliarden Mark November 1923.

Meinung. Vorher, in Entscheidungen über ähnliche Streitigkeiten, hatten sie noch geschwankt und versuchten Lösungen im Rahmen von Vorschriften des BGB. Mit dem Urteil in diesem Dampfpreisfall kam die Wende. Sie sprachen Tacheles. Unter diesen ungewöhnlichen Bedingungen könnte der Vermieter die Anpassung der Miete an die neue Entwicklung verlangen und habe Anspruch auf eine angemessene Nachzahlung. Zur Begründung verwiesen sie auf jene alte Lehre von der *clausula rebus sic stantibus*, die aus dem Mittelalter stammt, und auf den in § 242 BGB enthaltenen Grundsatz von Treu und Glauben. Später ist das Reichsgericht sogar dazu übergegangen, Verträge in Sonderfällen nicht nur anzupassen, sondern für völlig unwirksam zu erklären.

Im nächsten Jahr, 1921, erschien dazu eine Schrift des Göttinger Professors für Zivilrecht Paul Oertmann, *Die Geschäftsgrundlage. Ein neuer Rechtsbegriff*. Er gab dem ganzen einen neuen Namen, der bis heute dazugehört. Geschäftsgrundlage. Und er entwarf dafür eine neue Formel, die in der Rechtsprechung des Bundesgerichtshofes bis heute angewendet wird, die Oertmann'sche Formel, allerdings ergänzt durch den Grundsatz von Treu und Glauben, den das Reichsgericht schon in seiner ersten Entscheidung genannt hatte. Obwohl das ganze im Grunde nichts anderes ist als die alte Lehre der *clausula rebus sic stantibus*.

Denn das BGB beruhte auf dem Grundsatz, dass für die Wirksamkeit von Verträgen nur eines entscheidend ist. Der Wille der Parteien. Das Subjektive, der freie Wille, die Freiheit. Nun kommen aber objektive Momente ins Spiel, die Verhältnisse. Daran knabbert man bis heute herum und deshalb lehnten manche das bis vor kurzem noch völlig ab. Wo kommt man hin, wenn Leistung und Gegenleistung immer in einem angemessenen Verhältnis stehen müssen? Das ist mittelalterliches Recht, nicht moderne Wirtschaft, die auf dem freien Markt beruht und Angebot und Nachfrage, nicht auf gerechten Preisen. Freiheit statt Sozialismus. Paul Oertmann hatte zwar mit seiner Formel versucht, die Geschäftsgrundlage mit einem hypothetischen Willen der Parteien zu verbinden und sie damit ins Subjektive zu wenden. Aber die Ergänzung durch Treu und Glauben zeigt, dass letztlich doch das Objektive hier entscheidend ist. Und deshalb lernten Studenten 80 Jahre lang, dass man dieses Rechtsinstitut nur ganz selten anwenden darf. Nur ausnahmsweise. Im Übrigen blieb es beim Grundsatz des BGB. *Pacta sunt servanda*. Verträge müssen eingehalten werden.

Ob sie das in Zukunft noch so lernen, ist nicht sicher. Denn der Bundestag hat in einem Gesetz zur Modernisierung des Schuldrechts das Bürgerliche Gesetzbuch in wichtigen Teilen geändert und nun ist das Rechtsinstitut vom Fehlen oder Wegfall der Geschäftsgrundlage sogar gesetzlich geregelt. Der Dampfpreisfall ist Gesetz geworden, die *clausula rebus sic stantibus* nach 100 Jahren doch noch ins BGB gekommen. Seit dem 1. Januar 2002 gilt:

> **§ 313. Störung der Geschäftsgrundlage**. (1) Haben sich Umstände, die zur Grundlage des Vertrags geworden sind, nach Vertragsschluss schwerwiegend verändert und hätten die Parteien den Vertrag nicht oder mit anderem Inhalt geschlossen, wenn sie diese Veränderung vorausgesehen hätten, so kann Anpassung des Vertrags verlangt werden, soweit einem Teil unter Berücksichtigung aller Umstände des Einzelfalls, insbesondere der vertraglichen oder gesetzlichen Risikoverteilung, das Festhalten am unveränderten Vertrag nicht zugemutet werden kann.
>
> (2) Einer Veränderung der Umstände steht es gleich, wenn wesentliche Vorstellungen, die zur Grundlage des Vertrags geworden sind, sich als falsch herausstellen.
>
> (3) Ist eine Anpassung des Vertrags nicht möglich oder einem Teil nicht zumutbar, so kann der benachteiligte Teil vom Vertrag zurücktreten. An die Stelle des Rücktrittsrechts tritt für Dauerschuldverhältnisse das Recht zur Kündigung.

Der Preußenschlag

In der neueren deutschen Geschichte war es – bis heute – der größte Prozess vor einem Verfassungsgericht. Der Prozess um den Preußenschlag. Sechs Tage wurde verhandelt vor dem Staatsgerichtshof in Leipzig. Dann kam am 25. Oktober 1932 das Urteil. Eine Rechtsbeugung. Diesen Vorwurf kann man den sieben Richtern im Gebäude des Reichsgerichts nicht ersparen, auch wenn sie verständliche Motive hatten. Hintergrund des Verfahrens waren eine Fehlkonstruktion der Weimarer Verfassung und politische Fehlentwicklungen der Weimarer Republik.

Die Fehlkonstruktion der Verfassung, das war die unveränderte Übernahme der föderalistischen Struktur des Bismarck-Reichs mit dem Koloss Preußen, den Hugo Preuß zu Recht in mehrere Gebiete aufteilen wollte. So hatte man jetzt immer noch 24 mittlere und kleine Bundesländer und jenen Riesen Preußen mit fast zwei Dritteln des Reichsgebiets und fast zwei Dritteln seiner Bevölkerung. Selbst das größte Land der alten Bundesrepublik – Nordrhein-Westfalen – brachte es nur auf 13 Prozent des Bundesgebiets und 30 Prozent der Bevölkerung.

Die politische Fehlentwicklung, das war das starke Wachsen links- und rechtsradikaler Parteien, von Kommunisten auf der einen Seite und Nationalsozialisten auf der anderen. Bei den letzten Reichstagswahlen vor dem Prozess hatte die KPD fast 15 Prozent der Stimmen erhalten und die NSDAP über 37, zusammen also über 50. Sie blockierten alles. Dazwischen die Weimarer Koalition aus SPD, Zentrum und Liberalen, die im Reichstag keine Mehrheit mehr hatten, und einige wenige Erzkonservative, die – besonders außerhalb des Parlaments – sehr mächtig waren durch ihren Einfluss auf den Reichspräsidenten Paul von Hindenburg. Der war gerade wieder gewählt worden, 84 Jahre alt, Monarchist und antidemokratisch, aber rechtschaffen und ein Feind der Nationalsozialisten. Kurz nach seiner Wiederwahl hatte er auf Rat dieser Erzkonservativen Reichskanzler Brüning entlassen, weil der mit den Sozialdemokraten stärker zusammenarbeiten wollte, als sie es für richtig hielten.

Die Sozialdemokraten waren eines der Probleme dieser Konservativen, deren mächtigster der General Kurt von Schleicher war, ein sehr intelligenter Mann, Chef der politischen Abteilung im Reichswehrministerium und seit dem Sturz Brünings 1932 selbst Reichswehrminister und der starke Mann im „Kabinett der Barone“ unter dem neuen Kanzler Franz von Papen, mit dem er befreundet und dem er haushoch überlegen war. Beide ebenfalls keine Freunde der Nationalsozialisten. Die waren den feinen Leuten im Kabinett der Barone viel zu brutal und vulgär. Aber sie brauchten sie als Gegengewicht gegen Sozialdemokraten und Kommunisten. Schließlich war die NSDAP stärkste Fraktion im Reichstag und hatte wenigstens eine nationale Gesinnung.

Abb. 18
Die Regierung Papen, in der Mitte: Franz von Papen, August 1932.

Die Sozialdemokraten waren für diese Erzkonservativen – und für die NSDAP – besonders deswegen ein Problem, weil sie in Preußen seit 1919 ununterbrochen die Macht hatten mit jener Weimarer Koalition von SPD, Zentrum und Liberalen. Das einzige große stabile demokratische Element der Weimarer Republik. Ausgerechnet in Preußen. Das war ja nicht nur jener politische Koloss. Es war mit seiner Vergangenheit der Tempelberg der politischen Gedankenwelt dieser Konservativen. Die Sozialdemokraten mit ihrer Mehrheit dort waren der eigentliche Grund des „Dualismus Preußen-Reich", der sie auch bedrückte wegen des Machtfaktors der preußischen Polizei, die mit 70000 Mann nicht sehr viel kleiner gewesen ist als die Reichswehr mit – angeblich nur – 100000. Ein Dualismus, der auch einer äußerlichen Groteske nicht entbehrte. Denn der preußische Ministerpräsident hatte seinen Amtssitz auf der einen Seite der Wilhelmstraße, der Reichskanzler auf der anderen. Jetzt auf der einen also die Demokraten, auf der anderen die Aristokraten. Leicht zu erklären. Diese Nähe war in jener Zeit entstanden, als nach der Reichsgründung 1871 Bismarck gleichzeitig Reichskanzler war und preußischer Ministerpräsident, so wie der preußische König gleichzeitig Deutscher Kaiser gewesen ist. Die schöne alte Einheit. Preußen und Reich gehörten zusammen für Konservative. Und jetzt dieser Dualismus.

Ihm sollte endlich ein Ende gemacht werden, als Schleicher und Papen Anfang Juni 1932 auf der anderen Seite der Wilhelmstraße anfingen. Ein Plan, der nur mit einem Verfassungsbruch durchgesetzt werden konnte oder deutlicher – mit einem Staatsstreich. Denn legale Möglichkeiten existierten nicht, schon gar nicht verfassungsändernde Mehrheiten im Reichstag oder im Reichsrat. Also blieb als Instrument nur der Reichspräsident mit seinem Notstandsrecht des Artikels 48 der Verfassung, der dafür nun wahrhaftig nicht geschaffen war. Einfach ist es nicht gewesen, den alten Herrn rumzukriegen. Denn so alt er war, er war auch redlich, hatte schließlich einen Eid geleistet auf die Verfassung und sah das juristische Problem. Schließlich gab er nach, als man ihm noch ein Märchen erzählte über eine Verschwörung preußischer Sozialdemokraten und Kommunisten, und außerdem – das war auch seine Meinung –, Preußen und das Reich mussten wieder eine Einheit werden wie unter Kaiser Wilhelm.

Also, Franz von Papen und Kurt von Schleicher erhalten eine von Paul von Hindenburg unterzeichnete – Datum einzusetzen bei Gelegenheit – Notverordnung:

> „Auf Grund des Artikels 48 Abs. 1 und 2 der Reichsverfassung verordne ich zur Wiederherstellung der öffentlichen Sicherheit und Ordnung im Gebiet des Landes Preußen Folgendes: Für die Geltungsdauer dieser Verordnung wird der Reichskanzler zum Reichskommissar für das Land Preußen bestellt. Er ist in dieser Eigenschaft ermächtigt, die Mitglieder des Preußischen Staatsministeriums ihres Amtes zu entheben. Er ist weiter ermächtigt, selbst die Dienstgeschäfte des Preußischen Ministerpräsidenten zu übernehmen und andere Personen als Kommissare des Reichs mit der Führung der Preußischen Ministerien zu betrauen."

Die Gelegenheit ergab sich am 17. Juli 1932, der „Altonaer Blutsonntag". Altona war noch kein Hamburger Stadtteil, gehörte zu Schleswig-Holstein. Und Schleswig-Holstein gehörte zu Preußen. Eine blutige Straßenschlacht mit Toten und Verletzten, Kommunisten und Nationalsozialisten, Polizisten und Passanten. Leider nichts Besonderes damals, aber eine gute Gelegenheit. Politische Verantwortung trugen der sozialdemokratische Innenminister Carl Severing – für die Polizei – und ganz allgemein der sozialdemokratische Ministerpräsident Otto Braun. Drei Tage später waren sie abgesetzt. Franz von Papen brauchte nur noch das Datum einzutragen: 20. Juli 1932. Er war jetzt nicht nur Reichskanzler, sondern wie Bismarck auch preußischer Ministerpräsident, nur eben „kommissarisch", also vorläufig eingesetzt. Ein Staatskommissar, der natürlich als Ersten den Innenminister absetzt, Severing, wegen der Polizei. Dann begann er in aller Ruhe mit dem, was er Verwaltungsreform nannte. Alle Führungspositionen wurden ausgewechselt, auch mittlere und untere Ränge, Hunderte von Beamten kaltgestellt, die in den letzten 13 Jahren von der Weimarer Koalition ernannt worden waren und demokratische oder republikanische Einstellungen hatten. Sie sind ersetzt worden durch Männer, denen man nicht den Vorwurf machen konnte, sie würden die Gewähr dafür bieten, jederzeit einzutreten für die demokratische Weimarer Verfassung.

Was sollten die preußischen Sozialdemokraten machen? Bewaffneter Widerstand mit der ihr loyalen Polizei und dem Reichsbanner, dem Kampfverband der SPD? Das würde Bürgerkrieg bedeuten und militärisch sinnlos gewesen sein gegen die besser bewaffnete Reichswehr. Generalstreik wie beim Kapp-Putsch 1920? Das war jetzt aussichtslos bei sechs Millionen Arbeitslosen, die sofort jeden Job übernehmen würden. Was bleibt also? Der Rechtsweg. Wie es sich für Sozialdemokraten gehört. Denn es gibt noch Richter in Leipzig beim Staatsgerichtshof, der entscheidet über Streitigkeiten „zwischen dem Reiche und einem Lande" nach Artikel 19 der Reichsverfassung.

Der Staatsgerichtshof entscheidet unter dem Vorsitz des Reichsgerichtspräsidenten – Erwin Bumke, ein angesehener Jurist alter Schule – mit sechs anderen Richtern, nämlich drei vom Reichsgericht und je einem vom Preußischen Oberverwaltungsgericht, vom Bayerischen Verwaltungsgerichtshof und vom Sächsischen Oberverwaltungsgericht.

Die Rechtslage ist eindeutig. Artikel 48 Absatz 1 der Verfassung ist keine ausreichende Grundlage für die Notverordnung des Reichspräsidenten, weil die preußische Regierung kein Verschulden trifft für das, was in Altona passierte, sie im Gegenteil vorher alles Mögliche getan hat, um solche Zusammenstöße von KPD und NSDAP zu verhindern. Artikel 48 Absatz 2 auch nicht, weil die Absetzung der Regierung dem Verfassungsgrundsatz der Verhältnismäßigkeit widerspricht. Allenfalls wäre es möglich gewesen, die preußische Polizei der Reichsregierung zu unterstellen, weil bei ihr wohl Fehler gemacht worden waren in Altona. Die Absetzung der preußischen Regierung und Einsetzung eines Staatskommissars waren also keine „nötige Maßnahme", wie es ausdrücklich formuliert ist in Artikel 48 Absatz 2.

Also Antrag auf einstweilige Anordnung durch die abgesetzte Re-

Abb. 19 Beginn des Prozesses um den Preußenschlag vor dem Staatsgerichtshof in Leipzig, 10. Oktober 1932.

gierung. Zurückgewiesen vom Staatsgerichtshof am 25. Juli mit der zweifelhaften Begründung, damit würde die endgültige Entscheidung vorweggenommen. Während Franz von Papen mit seiner Verwaltungsreform inzwischen alles Mögliche vorwegnimmt. Dann endlich die mündliche Verhandlung zur Sache. Sie beginnt am 10. Oktober 1932. Ein riesiges Aufgebot an Prominenz für sechs Tage. Preußen wird vertreten durch Georg Anschütz, Professor in Heidelberg und Verfasser des heute noch klassischen Kommentars zur Weimarer Verfassung. Für das Reich erscheint Carl Schmitt, noch Professor an jener Handelshochschule Berlin, zu der auch Hugo Preuß gehörte. Ein brillanter Kopf, der ein halbes Jahr später für einige Zeit der „Kronjurist Hitlers" wurde. Auch für Bayern trat eine juristische Größe auf, Hans Nawiasky, einer derjenigen, die nach dem Zweiten Weltkrieg den ersten Entwurf des Grundgesetzes formuliert haben.

Das Urteil ergeht am 25. Oktober. Eine juristische Katastrophe und ein schlechter Kompromiss. Der Reichskanzler bleibt Staatskommissar und ebenso die von ihm eingesetzten kommissarischen Minister. Aber auch Ministerpräsident Braun bleibt im Amt und seine Minister, allerdings mit völlig reduzierten Befugnissen, zum Beispiel mit dem Recht, das Land im Reichsrat zu vertreten. Auf Deutsch, sie bleiben im Amt, haben aber nichts zu sagen. Drei Tage später schreibt Joseph Goebbels – später unter Hitler Reichspropagandaminister – in sein Tagebuch:

> „In Leipzig wird von einem hohen Gericht ein tolles Urteil gefällt: Danach bleibt der rote Preußenkönig Braun weiterhin im Amt. Wir haben also demzufolge in Berlin augenblicklich drei Regierungen. Ein Anblick für die Götter!“

Er hatte Recht. Drei Regierungen sind es jetzt und ihre drei Spitzen in der Wilhelmstraße, die Reichsregierung, die rechtmäßige preußische Regierung und die unrechtmäßige mit dem Reichskanzler als Staatskommissar. Eine Tragikomödie.

Moralisch und letztlich auch juristisch ist das Urteil des Staatsgerichtshofs eine Niederlage der Reichsregierung gewesen, im Ergebnis ein Sieg. Sie behielt tatsächlich die Macht in Preußen. Die moralische und juristische Niederlage steht in der Begründung des Urteils, der Sieg in der Urteilsformel. In der Begründung heißt es, die Voraussetzung des Artikels 48 Absatz 1 der Verfassung sei für die Notverordnung des Reichspräsidenten nicht erfüllt. Die preußische Regierung habe ihre Pflichten nicht verletzt. Auch die Voraussetzungen des Absatz 2 seien tatsächlich nicht gegeben, weil die Absetzung der Landesregierung nicht „nötig“ gewesen sei, objektiv nicht notwendig. Aber der Reichspräsident durfte der Meinung sein, dass es nötig gewesen wäre, subjektiv. Wörtlich:

> „Der Reichspräsident konnte in dieser Lage nach pflichtgemäßem Ermessen zu der Auffassung gelangen, dass es geboten (nötig, U. W.) sei, zu diesem Zweck nicht nur die politischen Machtmittel Preußens in die Hand des Reichs zu legen, sondern die gesamten staatlichen Machtmittel des Reichs und Preußens in einer Hand zusammenzufassen und die Politik des Reichs und Preußens in einheitliche Bahnen zu lenken.“

Das ist, was Kurt Tucholsky das Würgen von Paragraphen genannt hat. Denn in der Verfassung stand, Artikel 48 Absatz 2:

> „Der Reichspräsident kann, wenn im Deutschen Reich die öffentliche Sicherheit und Ordnung erheblich gestört oder gefährdet wird, die zur Wiederherstellung der öffentlichen Sicherheit und

Ordnung nötigen Maßnahmen treffen, erforderlichenfalls mit Hilfe der bewaffneten Macht einschreiten."

Die Richter in Leipzig standen vor einer unangenehmen Alternative. Entweder sie entschieden juristisch richtig. Dann beschädigten sie das Ansehen des Reichspräsidenten, der jetzt die einzige noch anerkannte Autorität geblieben war. Das wollten sie ihm nicht zumuten, sich anhören zu müssen, er habe verfassungswidrig gehandelt und seinen Eid gebrochen. Was möglicherweise eine Staatskrise ausgelöst hätte. Oder sie entschieden mit diesem Kompromiss juristisch falsch und belasteten ihr eigenes Gewissen. Denn sie wussten, das war eine Rechtsbeugung. Auch das hatte Tucholsky schon in jenem Gedicht gewusst, als er vom Würgen der Paragraphen sprach. Am Ende heißt es:

„Ihr wählt euch eure Zeugen!
Ihr sichert den Bestand!
Wo sich euch Rechte beugen,
ist euer Vaterland."

Es ging ums Vaterland. Aber es nützte nichts. Denn die Katastrophe kam trotzdem. Drei Monate später. Am 30. Januar 1933 hat Paul von Hindenburg widerstrebend Adolf Hitler zum Reichskanzler ernannt, auf Rat des Generals von Schleicher, was nicht nur für den eine Katastrophe wurde, weil Hitler ihn bald ermorden ließ. Auch für das ganze Vaterland, das Hitler sieben Jahre später in den Abgrund des Krieges stürzte.

Hindenburg hört auf die Ostelbier, die adlige Großlandwirtschaft, und auf Oskar, den „in der Verfassung nicht vorgesehenen Sohn", wie er seit langem genannt wird. Ihnen geht Schleichers Plan zu weit nach links. Auch die Großindustrie spielt mit in dieser Intrige, steht aber nicht in deren Zentrum. Auch sie hat was gegen Schleichers linke Neigungen, füllt jetzt die leeren Kassen der NSDAP und ein ihr nahe stehender Vorsitzender der Deutschnationalen Volkspartei – Alfred Hugenberg – ist bereit, Hitler die ihm im Reichstag noch fehlenden Stimmen zur parlamentarischen Mehrheit zu verschaffen. Papen vereinbart mit Hitler ein gemeinsames Kabinett, Hitler als Kanzler, er als Vizekanzler. Mit dem Reichspräsidenten im Hintergrund glaubt er tatsächlich, er könne Hitler zügeln. Eine Schnapsidee, über die Kurt von Schleicher nur lachen kann. Aber Papens Einfluss bei Hindenburg ist jetzt größer. Der ist schließlich einverstanden – Ostelbien und Oskar ständig im Ohr – und glaubt nun selbst, dass genügend Sicherungen eingebaut sind gegen den ungeliebten Hitler – sein Papen als dessen Stellvertreter und Reichskommissar für Preußen, ein Reichswehrminister, dem er vertraut – General von Blomberg, der aber schon mit Hitler seine Abreden getroffen hat, was der alte Reichspräsident nicht weiß – außer-

Abb. 20 Fackelzug der SA für den neuen Reichskanzler Hitler am 30. Januar 1933 (aus dem Film „SA-Mann Brand", Mai 1933).

dem sein eigener Oberbefehl über das Heer und sein verfassungsmäßiges Recht, den Reichskanzler jederzeit zu entlassen. Schleicher macht bei ihm einen letzten Versuch, bittet um diktatorische Befugnisse, wird abgewiesen und muss zurücktreten. Am 30. Januar ernennt Paul von Hindenburg den Führer der NSDAP Adolf Hitler zum Reichskanzler nach Artikel 53 der Reichsverfassung. Hitler hat die Macht, ganz legal, und außerdem eine parlamentarische Mehrheit, zusätzlich vom Reichspräsidenten noch die Zusage für die Auflösung des Reichstags und Neuwahlen Anfang März. Mit dem Amtsbonus als Kanzler. Er weiß genau, was er will. Mit Legalität hat das nichts zu tun, nur mit Brutalität. Aber erst mal muss noch der Schein nach außen gewahrt bleiben, damit der alte Herr nicht nervös wird. Seine Nationalsozialisten jubeln, dürfen schon von einer nationalen Revolution sprechen und ziehen am Abend in einem Fackelzug zur Reichskanzlei und durch das Brandenburger Tor, wo der Maler Max Liebermann wohnt, mit anderen den Triumph der braunen Massen sieht und sagt: „Ich kann gar nicht so viel fressen, wie ich kotzen möchte." Weimar war tot.

Die Machtexpansion

Hitler ist nun Reichskanzler. Das waren schon viele vor ihm. In den 14 Jahren der ersten deutschen Republik sind es 20 gewesen, immer abhängig von einem starken Reichspräsidenten und bedroht durch ein Misstrauensvotum des Reichstags. Der einundzwanzigste dagegen war ein anderes Kaliber, hat zwölf Jahre überstanden und es schnell geschafft, ein Mann mit unbeschränkter Macht zu werden. Weder der Reichstag, der Reichsrat, der Reichspräsident, eine Partei oder die Menschenrechte konnten ihm Grenzen setzen. In eineinhalb Jahren hat er alle verfassungsrechtlichen Schranken beseitigt und nebenbei noch die letzte Opposition in der eigenen Partei.

Vier Wochen nach seiner Ernennung brennt der Reichstag. Sehr wahrscheinlich die Tat eines Einzelnen, des jungen Holländers Marinus van der Lubbe. Die Nationalsozialisten reagieren sofort. Durch eine von Innenminister Wilhelm Frick formulierte und von Hindenburg unterschriebene Notverordnung „zum Schutz von Volk und Staat" lässt Hitler am nächsten Tag die Grundrechte außer Kraft setzen. Die ersten Konzentrationslager werden gebaut, angeblich für Kommunisten, die den Brand gelegt haben sollen. Die Wahlen im März gewinnt er fast mit absoluter Mehrheit und lässt sich vom Reichs-

Ausgabe Groß-Berlin

Einzelpreis 10 Pfennig

Deutsche Allgemeine Zeitung

Berlin, 24. März 1933 (Freitag Morgen) · 72. Jahrgang · Nr. 141 · 10 Pfennig

Chefredakteur: Dr. Fritz Klein. Verlag und Schriftleitung: Berlin SW 68, Ritterstraße Nr. 50/51. Fernsprecher: Dönhoff (A 7) 8934—8949. Telegramm-Adresse: Nordzeit. Postscheck-Konto: Berlin Nr. 107941. Bank-Konto: Dresdner Bank, Depositenkasse 50, Berlin SW 68, Friedrichstraße Nr. 204. / Die „DAZ" erscheint wöchentlich zwölfmal mit den Beilagen: Unterhaltungsblatt — Frau und Welt — Bauen und Wohnen — Reisen und Wandern — Wirtschaft / Steuer / Recht — Literarische Beilage — Kraft und Stoff — Weltverkehr — Musik und Musiker — Filmatelier und Filmtheater. Bezugspreis in Groß-Berlin monatlich 4.35 RM durch eigene Boten einschließlich 0.80 RM Trägerlohn. Durch die Post 4.35 RM monatlich einschließlich 0.60 RM Postzeitungsgebühren. Hierzu Bestellgeld. Anzeigenpreis: 0.40 RM, Familien-Anzeigen und Stellengesuche 0.25 RM die 27 mm breite Millimeter-Zeile. Bei unverschuldeter Nichtbelieferung besteht kein Anspruch auf Vergütung.

DAZ

Filialen in Berlin: Charlottenburg, Holtzendorffstr. 19, C 1 Steinplatz 5674, Friedenau, Friedrich-Wilhelm-Platz 14, H 3 Rheingau 8140, Steglitz, Kurfürstenstraße 1, G 2 Steglitz 8960, W 57, Bülowstraße 104, B 1 Kurfürst 3809, NW 40, Alt-Moabit 13, C 5 Hansa 7072, SW 68, Ritterstraße 50, A 7 Dönhoff 8934. — Auswärtige Filialen: Braunschweig, Rathenaustraße 35, Bremen, Obernstraße 32, Breslau, Ohlauer Straße 65, Chemnitz, Holzmarkt 10, Danzig, Holzgasse 27, Dresden, Marienstraße 18, Erfurt, Lange Brücke 13, Essen, Lindenallee 1, Frankfurt M., Schillerstraße 4, Halle, Große Steinstraße 71, Hamburg 36, Große Bleichen 16/18, Hannover, Grupenstraße 4, Kassel, Mönchebergstraße 35, Kiel, Holstenstraße 90, Köln, Hohe Straße 120, Königsberg i. Pr., Altstädtische Langgasse 53, Leipzig, Grimmaischer Steinweg 20, Magdeburg, Breite Weg 71-72, Mannheim C 4, 9b, München, Kaufinger Straße 23, Nürnberg, Hefnersplatz 8, Stettin, Roßmarkt 1, Stuttgart, Rotebühlstraße 35, Wien VI, Gumpendorfer Straße 56.

Ermächtigungsgesetz angenommen

Mit 441 Stimmen gegen 94 Stimmen der Sozialdemokraten
Eine zweite Kanzlerrede in der Abendsitzung des Reichstags
Zustimmung des Reichsrats — Heute Verkündung durch den Reichspräsidenten

Der Reichstag hat gestern abend kurz vor 8 Uhr das Ermächtigungsgesetz in der Schlußabstimmung mit 441 gegen 94 Stimmen endgültig angenommen und damit der Reichsregierung Hitler ein überwältigendes Vertrauensvotum erteilt.

Die für die verfassungsändernden Vollmachten erforderliche Zweidrittelmehrheit ist bei weitem erreicht worden. Das Ergebnis wurde daher rechts und auf den Tribünen mit stürmischem Beifall aufgenommen.

Der Reichstag hat sich dann auf unbestimmte Zeit vertagt. Die Sitzung schloß mit dem Gesang des Horst-Wessel-Liedes.

Am Spätabend ist der Reichsrat dem Beschluß des Reichstages einstimmig beigetreten; auch hier hat das Ermächtigungsgesetz die verfassungsmäßigen Vorbedingungen einwandfrei erfüllt. Die Verkündung durch den Reichspräsidenten wird für den heutigen Tag erwartet.

*

Den Wortlaut der beiden Reden des Reichskanzlers Hitler, Reichsministers Göring, Prälaten Kaas sowie die Debatte veröffentlichen wir im Innern des Blattes.

Eine Entscheidung von unabsehbarer Tragweite liegt hinter uns. Die Reichsregierung Hitler, vom Reichspräsidenten ernannt und vom Volke bestätigt, hat vom Reichstag und Reichsrat die angeforderten Vollmachten erhalten. Ein folgerichtiger Weg führt vom 30. Januar über die Reichstags- und Preußenwahl und die anschließende Eroberung der Länder zu diesem 23. März, der das Gelingen der nationalen Revolution besiegelt und ihrer Regierung eine Machtfülle in die Hand gegeben hat, wie sie noch niemand je in Deutschland besaß.

Der deutsche Reichstag vom 5. März, der am Dienstag in Potsdam an der Stätte des großen preußischen Genius zu seinem Werke geweiht wurde, hat sich dem Befehl des Schicksals nicht versagt. Mit einer Mehrheit, die weit über das verfassungsmäßige Erfordernis hinausging, mit den Stimmen nicht nur des Zentrums, sondern auch der kleineren Mittelgruppen, die sich nicht in die Isolierung mit den Sozialdemokraten begeben wollten, ist die Diktatur der Regierung Hitler gesetzlich in aller Form errichtet worden.

Dieser Entschluß der deutschen Volksvertretung ehrt ihren Wirklichkeitssinn, ihre Klugheit und ihr Gefühl für Würde, — alles Dinge, die man früher oft genug schmerzlich vermissen mußte. Auch der äußere Ablauf der Ereignisse entsprach der Bedeutung des Tages.

Zweimal ergriff Reichskanzler Hitler das Wort: mittags zur Programmerklärung, abends zu einer Erwiderung auf den Sprecher der Sozialdemokraten. Beide Male errang er einen starken und ehrlichen Erfolg, den nicht nur der Jubel seiner Parteifreunde, sondern erst recht die Achtung auch der Nicht-Nationalsozialisten und sogar der Gegner bestätigten. Als er zum drittenmal sprach, außerhalb des Reichstagssaales, um die begeisterten Anhänger auf dem Platz vor der Kroll-Oper zu beschwichtigen, war der Sieg […]

deutlich erkennbare Teile: eine mehr historisch gehaltene Einleitung, dann das Hauptstück mit der Aufzählung der ressortmäßig aufgegliederten Einzelthemen, schließlich der Appell an den Reichstag, der Regierung die von ihr für erforderlich gehaltenen Vollmachten zu erteilen. […]

ja der Kampf gegen den Kommunismus eine innerdeutsche Angelegenheit ist, im gegenseitigen Interesse fortgesetzt werden.

Wiederum sehr beachtlich sind die Ausführungen über die Minderheitenpolitik. Hier spricht der Auslands- und Volksdeutsche, der sich stärker als […]

[…] rath bewegt die Hand schütteln. Jubelkundgebungen der Nationalsozialisten innerhalb und außerhalb des Sitzungssaales bilden den Ausklang.

Die nationale Revolution hat sich durchgesetzt. Die nationale Regierung hat die Macht. Die nationale Arbeit beginnt.

H. W.

*

Die Regierungserklärung, die Reichskanzler Hitler im Reichstag abgegeben hat, wird am Freitag, dem 24. 3., von 7,20 bis 8,10 Uhr abends vom Deutschen Rundfunk nochmals auf alle Sender übertragen.

*

Das Reichskabinett wird heute mittag zusammentreten, um wirtschaftliche Maßregeln zu behandeln.

Entschließungen für die Regierung

Reichsverband der Deutschen Industrie
Vereinigung der Deutschen Arbeitgeberverbände

Das Präsidium des Reichsverbandes der Deutschen Industrie trat unter dem Vorsitz von Dr. Krupp von Bohlen und Halbach zu einer Sitzung zusammen, die einer Aussprache über die politische Lage diente. Es wurde einmütig die Auffassung vertreten, daß durch die Wahlen die Grundlage […]

Abb. 21 Deutsche Allgemeine Zeitung am 24. März 1933.

tag noch im selben Monat – durch Manipulation, Drohung und Gewalt – mit dem Ermächtigungsgesetz die Befugnis geben, als Reichsregierung selbst Gesetze zu erlassen, sogar solche, mit denen er die Verfassung ändern kann. Die Zweidrittelmehrheit für dieses Gesetz erreicht er mit den Stimmen aller bürgerlichen Parteien gegen die diesmal ausnahmsweise tapferen Sozialdemokraten. Die Kommunisten waren entweder schon im KZ oder wurden – mit Gewalt – nicht in den Sitzungssaal gelassen. Man tagte in der Kroll-Oper, nicht weit vom Reichstagsgebäude, das im wichtigsten Teil ausgebrannt war. Hitler ist jetzt Regierung und Gesetzgeber zugleich. Nach diesem Freibrief löst er durch Zwang oder Druck alle anderen Parteien auf und erlässt ein „Gesetz gegen die Neubildung von Parteien". Es gibt nur noch eine einzige, die eigene. Das war 1933.

Im nächsten Jahr geht es weiter. Im Januar werden durch ein von ihm erlassenes Gesetz die Bundesländer abgeschafft. Hitler ist jetzt Herrscher in einem Zentralstaat. Das bedeutet nicht nur die Beseitigung des machtbegrenzenden Föderalismus und des Reichsrats, sondern auch die „Verreichlichung" der Justiz, deren Hoheit bisher bei den Ländern lag. Das bisher kleine und feine Reichsministerium der Justiz wird eine

Abb. 22
Die „Kroll-Oper", der neue Tagungsort des Reichstags.

Superbehörde. Sie ernennt alle deutschen Richter und Staatsanwälte und hat die Aufsicht über sie. Ende Juni beseitigt Hitler die Opposition in der eigenen Partei durch eine Mordaktion gegen die SA-Führung, die im bayerischen Bad Wiessee tagt. Die Aktion wird durchgeführt von Gestapo und SS unter dem Vorwand, dort würde ein Putsch vorbereitet, der „Röhm-Putsch", so genannt nach dem Stabschef der SA Ernst Röhm. Bei dieser Gelegenheit lässt Hitler auch noch andere beseitigen, die ihm im Wege standen oder stehen könnten, Gregor Strasser zum Beispiel und General Kurt von Schleicher. Etwa 85 Tote, deren Ermordung am nächsten Tag für rechtmäßig erklärt wird durch ein Gesetz der Reichsregierung „über Maßnahmen der Staatsnotwehr". Einen Monat später der letzte entscheidende Schritt. Paul von Hindenburg stirbt am 2. August 1934. Schon einen Tag vor dem Tod des alten Herrn erlässt Hitler ein Gesetz, das die Ämter des Reichspräsidenten und Reichskanzlers vereinigt und nennt sich jetzt „Führer und Reichskanzler". Ein Jahr und sechs Monate nach seiner Ernennung. Eine Volksbefragung zwei Wochen später bestätigt diesen Coup. 84% der Stimmberechtigten stimmen zu. Hitler hat es geschafft. Nun ist er der unumschränkte Diktator. Herr von Papen hatte sich geirrt, um es so vornehm auszudrücken, wie er war. Er ist auch – vornehm – von seinen Ämtern zurückgetreten kurz nach dem Ermächtigungsgesetz, wurde Botschafter in Wien und Ankara, wofür er besser geeignet war als für die große Politik.

Schließlich noch kleine Ergänzungen zur Machtexpansion, im Grunde überflüssig, denn er hatte ja schon alles. 1936 hat die Reichsregierung ein Gesetz erlassen, das die gerichtliche Kontrolle verbot von Maßnahmen der Geheimen Staatspolizei, der Gestapo. Es durfte jetzt ganz offiziell gefoltert und gemordet werden in ihren Kellern und den Konzentrationslagern. Diese Kontrolle war sowieso nur vereinzelt in

Abb. 23 Hitler als „Oberster Gerichtsherr" vor dem Reichstag in der Kroll-Oper am 26. April 1942.

Abb. 24
Der ausgebrannte Sitzungssaal des Reichstags am Tag danach, 28. Februar 1933.

den ersten beiden Jahren versucht worden. Die Richter machten von ihrer Unabhängigkeit sehr schnell keinen Gebrauch mehr und entschieden nur noch so, wie der Führer es wollte. Mit ganz wenigen tapferen Ausnahmen. Wenn sie aus Versehen mal anders entschieden, bekam er einen Wutanfall und dann wurde nachgebessert. Ein solcher Fall war der Anlass dafür, dass Hitler im Krieg auch den letzten Rest eines rechtsstaatlichen Anscheins beseitigte und sich auf einer der sehr wenigen Sitzungen des Reichstags – nur noch mit NSDAP-Abgeordneten besetzt – zum „Obersten Gerichtsherrn" ernannte. Montesquieus Gewaltenteilung, Menschenrechte, Rechtsstaat, Demokratie, alles war beseitigt. Nur die Alliierten konnten seine Macht noch brechen im nächsten Krieg, den er von Anfang an geplant hat.

Der Reichstagsbrandprozess

Machtbegrenzung? Das wäre die Aufgabe der Justiz gewesen. Ihre Juristen damals waren aufgewachsen und ausgebildet am Ende des 19. Jahrhunderts, das ein juristisches gewesen ist, und stolz auf seine Entwicklung zum Rechtsstaat in Deutschland mit seinen Justizpalästen, die als Residenzen des Rechts gebaut wurden im selben Stil wie die der Fürsten und bewusst als Gegengewicht zu ihnen. Aber diese Juristen haben versagt. Die Rechtsverachtung der Nationalsozialisten war stärker. Sie haben sofort begonnen, sich die Justiz zu unterwerfen. Der erste Versuch gelang nicht perfekt, aber gut. Mit dem Prozess um den Reichstagsbrand brachen schon die ersten rechtsstaatlichen Dämme.

Bis heute ist nicht mit letzter Sicherheit geklärt, wer den Brand gelegt hat am Abend des 27. Februar 1933. Die Nationalsozialisten haben sofort den Kommunisten die Schuld in die Schuhe geschoben. Ihre Gegner und viele neutrale Beobachter waren überzeugt, sie seien es selbst gewesen. Denn ihnen hat es genützt und bei der Wahl eine Woche später die Gewichte zu ihren Gunsten erheblich verschoben. In der Bundesrepublik hat Fritz Tobias Anfang der sechziger Jahre großes Aufsehen erregt mit einer sehr umfangreichen Untersuchung, die ergab, dass es wohl nur jener junge Holländer gewesen ist, Marinus van der Lubbe, der allein die Tat begangen hat aus Protest gegen Hitler. Die Nationalsozialisten, besonders Göring, haben nur noch am selben Abend sehr schnell und geschickt reagiert mit dem Vorwurf gegen die Kommunisten. Unter Historikern ist das inzwischen allgemeine Meinung, nachdem andere vergeblich versucht haben, doch noch die Urheberschaft der Nationalsozialisten zu beweisen.

Der Brand brachte der NSDAP nicht nur hohe Gewinne bei der Wahl, sondern schon am nächsten Tag die Beseitigung der Menschenrechte durch die Notverordnung Hindenburgs, die gleichzeitig anordnete, dass Brandstiftung ab sofort auch mit dem Tode bestraft werden könne. Nur leider, der Reichstagsbrand fand statt am 27. Februar, die Notverordnung wurde erlassen am 28. Das hatte Reichsinnenminister Frick vielleicht nicht bedacht, als er sie formulierte. Für die Tat am Abend vorher galt das Rückwirkungsverbot des Artikels 116 der Weimarer Verfassung. *Nulla poena sine lege*. Keine Strafe ohne – vorhergehendes – Gesetz. Angeklagt wurde nicht nur Marinus van der Lubbe, sondern auch der Fraktionsvorsitzende der KPD im Reichstag Ernst Torgler, der als Letzter das Haus verlassen hatte, und drei bulgarische Kommunisten – Georgi Dimitroff, Blagoj Popoff und Wassili Taneff. Damit sollte die kommunistische Verschwörung bewiesen werden. Und Adolf Hitler wollte die Todesstrafe. Aber wie? Ganz einfach. Mit einem Gesetz, das die Rückwirkung der Notverordnung bis Anfang Februar anordnete. Den Justizjuristen im vornehmen Justizministerium sträubten sich die Haare. Aber sie gaben nach auf ständigen Druck Hitlers, der gedroht hatte, sonst würde er van der Lubbe sofort öffentlich hängen lassen. Das Gesetz wurde von der Regierung Hitler erlassen am 29. März 1933, fünf Tage nach dem Ermächtigungsgesetz. Damit war im Justizministerium der Damm gebrochen. Später gab es keinen Widerstand mehr gegen gesetzliche Rückwirkungen.

Aber würden die Richter in Leipzig mitmachen? Der Prozess begann am 21. September vor dem Reichsgericht und die ganze internationale Presse war versammelt. Ihr sollte die kommunistische Verschwörung bewiesen werden. Auch die Minister Göring und Goebbels erschienen zu diesem Zweck. Vergeblich.

Schon der Auftritt Hermann Görings scheiterte an einem Gegner, dem selbst er nicht gewachsen war. Georgi Dimitroff, der intelligenteste der bulgarischen Angeklagten. Später, als Göring 1945 Angeklagter war im Nürnberger Prozess, ist Dimitroff Ministerpräsident in Bulgarien geworden. In dem halben Jahr seiner Haft in Leipzig hatte er nicht nur genau die Akten studiert, sondern auch gut Deutsch gelernt. Die große Szene zwischen ihm und Göring fand statt am 4. November 1933. Er treibt ihn immer mehr in die Enge. Zum Beispiel:

„*Dimitroff:* Am 28. Februar hat Ministerpräsident Göring ein Interview über die Reichstagsbrandstiftung gegeben, in dem es hieß: Der ‚holländische Kommunist' van der Lubbe hat bei der Verhaftung außer seinem Pass auch ein Parteimitgliedsbuch bei sich getragen. Woher wusste damals der Herr Ministerpräsident Göring, dass van der Lubbe ein Parteimitgliedsbuch bei sich hatte?
Göring: Ich muss sagen, ich habe mich bisher um den Prozess hier nicht sehr gekümmert, das heißt, ich habe die Berichte nicht alle durchgelesen. Ich habe nur manchmal gehört, dass Sie (zu Dimitroff) ein besonders schlauer Mann sind …
Dimitroff: Die drei Kriminalbeamten, die van der Lubbe verhaftet und als Erste vernommen haben, haben übereinstimmend ausgesagt, dass kein Parteimitgliedsbuch bei Lubbe gefunden worden ist. Woher dann die Mitteilung über das Buch gekommen ist, möchte ich wissen.
Göring: Das kann ich Ihnen ganz genau sagen. Diese Mitteilung ist mir amtlich vorgelegt worden. Wenn in dieser ersten Nacht auch Dinge mitgeteilt worden sind, die vielleicht nicht so rasch nachzuprüfen waren …"

Göring fängt an zu schreien, schüttelt die Fäuste gegen Dimitroff, brüllt. Der Präsident des Strafsenats kommt ihm zu Hilfe, ermahnt - Dimitroff:

„*Präsident:* Dimitroff, ich habe Ihnen bereits gesagt, dass Sie hier keine kommunistische Propaganda zu treiben haben. Sie dürfen sich dann nicht wundern, wenn der Herr Zeuge derartig aufbraust! Ich untersage Ihnen diese Propaganda auf das strengste. Sie haben rein sachliche Fragen zu stellen.
Dimitroff: Ich bin sehr zufrieden mit der Antwort des Herrn Ministerpräsidenten.
Präsident: Ob Sie zufrieden sind, ist mir gleichgültig. Ich entziehe Ihnen jetzt das Wort.
Dimitroff: Ich habe noch eine sachliche Frage zu stellen.
Präsident (noch schärfer): Ich entziehe Ihnen jetzt das Wort.
Göring (brüllt): Hinaus mit Ihnen, Sie Schuft!
Präsident (zu den Polizisten): Führt ihn hinaus!
Dimitroff (den die Polizeibeamten bereits gepackt hatten): Sie haben wohl Angst vor meinen Fragen, Herr Ministerpräsident?
Göring (Dimitroff nachrufend): Warten Sie nur, bis wir Sie außer-

> halb der Rechtsmacht dieses Gerichtshofes haben werden! Sie Schuft, Sie!"

Der Eindruck auf die internationale Öffentlichkeit war verheerend und eine Schuld war den vier angeklagten Kommunisten nicht nachzuweisen.

Das Urteil erging am 23. Dezember 1933. Das Gericht fuhr einen mittleren Kurs. Einerseits wurden die vier freigesprochen, gegen den Willen Hitlers, andererseits van der Lubbe zum Tode verurteilt, gegen Art. 116 der Verfassung, und zwar mit einer blamablen Begründung, die zeigte, dass auch das höchste Gericht in Zukunft dem Drängen der Nationalsozialisten nachgeben würde. Auch hier waren die ersten Dämme gebrochen. Aber es half nichts. Der Freispruch der vier Kommunisten ging zu weit, widerlegte die Theorie einer kommunistischen Verschwörung. Die Antwort war ein wütendes Geheul, zum Beispiel im nationalsozialistischen „Völkischen Beobachter" vom 24. Dezember 1933, Heiligabend:

> „Wir sind überzeugt, dass das nationalsozialistische Deutschland dieses Urteil nicht ohne Folgerungen für die Regelung von Zu-

Abb. 25 Im Reichstagsbrandprozess vor dem Reichsgericht in Leipzig am 20. Oktober 1933: Gegenüberstellung des Berliner Polizeipräsidenten mit Marinus van der Lubbe.

ständen in der Rechtspflege hinnimmt, die eine solche Prozessführung ermöglicht hat. Es wird sehr schnell die notwendigen Folgerungen zu ziehen wissen und Zustände beseitigen, die geeignet sind, die Erfolge der nationalsozialistischen Revolution zu beeinträchtigen."

Diese Folgerungen kamen vier Monate später. Im April 1934 ist dem Reichsgericht die Zuständigkeit für solche Prozesse entzogen und auf den neu gegründeten Volksgerichtshof in Berlin übertragen worden.

Gleichschaltung und Anpassung: die Justiz

„Nach glückhafter Fahrt gelangte am 29. September gegen Abend der Münchener Sonderzug in der Halle des Leipziger Haupt bahnhofs an. Festlich mit Musik empfangen gings dann in lustigem Marsch mit Sack und Pack, umsäumt von der zu Hauf gekommenen gastfreundlichen Bevölkerung zum Standquartier in der ‚Goldenen Laute' zur Quartierverteilung. Fürwahr, man konnte als Gast Leipzig, die wunderschöne, volkreiche Stadt, nur loben. Sie hatte alles aufgeboten, um den Juristen den Aufenthalt in ihren Mauern angenehm zu gestalten. In einer Zahl von 12 300 waren sie aus allen Gegenden des Deutschen Reiches gekommen, die Richter und Staatsanwälte, die Rechtsanwälte, Verwaltungs- und Justizbeamten und Volkswirtschaftler aller Grade und Kategorien, alle erfüllt von dem Streben, dem Rufe des Führers der Deutschen Rechtsfront folgend dem Gedanken der engen Verbundenheit der deutschen Justiz und ihrer Träger mit dem deutschen Volke freudig und mächtig und würdig Ausdruck zu verleihen."

Eine Woche nach dem Beginn des Prozesses im großen Saal des Reichsgerichts gegen Marinus van der Lubbe und die vier anderen in derselben Stadt. Der Bericht eines hohen Juristen aus München. Ein Oberlandesgerichtsrat, in einer Bayrischen Juristenzeitung. Und in der Tat, auch wenn sie übertrieben sein sollte, das ist schon eine ungeheure Zahl, selbst wenn man sie um die Hälfte reduziert. 12 000 oder 6 000 Teilnehmer, so viele sind weder vorher noch nachher jemals auf einem Juristentag gewesen wie dort in Leipzig. Normal sind etwa 2 000. Diese Zahl, sie gibt den allgemeinen Zuspruch wieder, den Hitler fast überall gefunden hatte.

Ein Juristentag mit vielen Merkwürdigkeiten. Es war nämlich gar nicht der richtige Juristentag, der seit 1860 stattfand und heute noch alle zwei Jahre veranstaltet wird. Der „richtige" Juristentag wurde und wird ausgerichtet von einem Verein in Berlin, dessen Vorsitzender der angesehene Staatsrechtsprofessor Heinrich Triepel war. Der „richtige" Juristentag sollte vom 11. bis 14. September 1933 in München stattfinden, aber der Vorstand hatte schon Ende April beschlossen, den Juristentag zu verschieben. Man ahnte wohl, was kommen würde. Hatte vielleicht auch entsprechenden Druck schon gespürt. Jedenfalls sind die Nazijuristen sofort in diese Lücke eingedrungen und haben Namen und Tagung besetzt. Der alte Verein hat sich bald aufgelöst und die normalen Juristentage sind erst nach dem Krieg wieder fortgesetzt worden.

Dieser Handstreich war das Werk von Hans Frank, damals 33 Jahre alt, ein junger Anwalt, seit zehn Jahren in der NSDAP, Jurist der Partei, der viele Prozesse für Adolf Hitler geführt und viele andere Nationalsozialisten in politischen Verfahren verteidigt hatte. Zur Koordinierung dieser Prozesse mit anderen Anwälten hatte er 1928 den Bund Nationalsozialistischer Deutscher Juristen gegründet, der jetzt in Leipzig als Veranstalter des Juristentages auftrat und der schon kurz vorher die alten traditionellen Juristenvereinigungen mit mehr oder weniger sanftem Druck aufgesogen hatte, schon im Mai den Deutschen Anwaltsverein, den Deutschen Richterbund und den Deutschen Notarverein und im Juni die Organisation der Justizbeamten und Gerichtsvollzieher. Hans Frank, der „Führer" dieser Organisation, nannte sich deshalb „Führer der deutschen Rechtsfront", „Reichsjuristenführer" oder „Reichsrechtsführer". Seit 1936 hieß diese „größte Rechtswahrerorganisation der Welt" mit über 100000 Mitgliedern Nationalsozialistischer Rechtswahrerbund, weil man das Recht nicht mehr formaljuristisch anwenden, sondern als deutsches – „heldisch und rassisch rein" – bewahren wolle. Frank war von Adolf Hitler mit der Gleichschaltung der deutschen Justiz beauftragt, im Grunde Gleichschaltung der Justiz mit der Politik Hitlers, in einer Art Konkurrenz zum Reichsjustizminister Gürtner, der bleiben sollte, weil er als Konservativer das seriöse Aushängeschild darstellte. Zu diesem Zweck ist Hans Frank von Hitler zum „Reichskommissar für die Gleichschaltung der Justiz in den Ländern" ernannt worden. Deshalb stand sein Einleitungsvortrag in der Messehalle unter dem Motto, das auf einem Transparent über der Rednertribüne in großen Buchstaben zu lesen war: „Durch Nationalsozialismus dem deutschen Volk das deutsche Recht." Das geistige Gut des Nationalsozialismus sei das Heldentum, weil Adolf Hitler ihm diese heldische Mission vorgeschrieben habe. Dann kommt er zur Sache:

> „Heldisch sein heißt Rasse haben. Und so tritt als leitender Gesichtspunkt in die Fülle der Rechtsbegriffe ein dieser Rassebegriff. Es ist daher Aufgabe des Rechts, diese das Charakteristische des deutschen Lebens ausmachende und die schöpferische Wurzel aller deutschen Tat gewährleistende Rassesubstanz des deutschen Volkes mit aller Macht aller Welt gegenüber zu schützen."

Das war der Höhepunkt seiner Karriere als Jurist im Dritten Reich. Andere überrundeten ihn, bis er im Krieg eine neue Laufbahn begann. Von Hitler ernannt zum Generalgouverneur von Polen konnte er seine Rassenlehre durchsetzen mit der Vernichtung der Juden im Holocaust und einer unglaublichen Ausrottungspolitik gegenüber den Polen, und wurde schließlich im Nürnberger Prozess 1946 zum Tode verurteilt und gehängt.

Am Sonntag, 1. Oktober, morgens um zehn Uhr großer Aufmarsch am Augustusplatz, wo sich wohl etwa 20000 Juristen versammelten und durch die Stadt in langen Reihen unter Hakenkreuzfahnen zum Reichsgericht zogen. Dort sprach Hans Frank ein zweites Mal, oben am Eingang zum Gericht, wieder unter dem Spruchband „Durch Nationalsozialismus dem deutschen Volk das deutsche Recht", neben sich in ihren lila Roben die Richter des Reichsgerichts. Das Ende seiner Rede:

> „Deutsche Juristen, ich fordere Sie auf, mit mir einzustimmen:
> Wir schwören beim ewigen Herrgott,
> wir schwören bei dem Geiste unserer Toten,
> wir schwören bei all denen, die das Opfer einer volksfremden Justiz einmal geworden sind,
> wir schwören bei der Seele des deutschen Volkes, dass wir unserem Führer auf seinem Wege als deutsche Juristen folgen wollen bis zum Ende unserer Tage."

Und die 10000 oder 20000 auf dem Platz sprachen es feierlich nach, der „Rütli-Schwur", wie es die Deutsche Richterzeitung in ihrer nächsten Ausgabe schon damals nannte. Hans Frank hatte es geschafft. Der Weg für die Gleichschaltung der Justiz war offiziell eröffnet, das Recht mit der Politik der NSDAP gleichgeschaltet. Es gab bald keine Schranken mehr für eine verbrecherische Politik, die mit Tausenden und

Abb. 26 Der Juristentag in Leipzig, Kundgebung vor dem Reichsgericht am 1. Oktober 1933.

Abertausenden von Unrechts- und Todesurteilen auch eine Katastrophe der deutschen Justiz geworden ist.

Anpassung war nun die Parole der Justiz, am schlimmsten im Strafrecht. Hier eskalierte die von Hitler geforderte Härte in grausame Höhen. Aber auch im Zivilrecht gab es eine große Zahl von Richtern, die dem Rassenwahn der Nationalsozialisten gefolgt sind. Zum Beispiel:

Eine Zweizimmerwohnung in Schöneberg

Ein im Zusammenhang der großen Katastrophe eher nebensächliches Urteil eines Berliner Amtsgerichts von 1938, für die Mieterin damals eine Bedrohung ihrer Existenz. Es zeigt, wie Richter die Dämme brechen ließen selbst im politisch angeblich neutralen Zivilrecht und auch, wenn sie nach einem Gesetz zu entscheiden hatten, das noch in der Weimarer Zeit erlassen worden war.

Man stritt um die Kündigung einer Mietwohnung. Eine kleine Zweizimmerwohnung in Schöneberg. Für solche Wohnungen gab es schon damals einen Kündigungsschutz, im Mieterschutzgesetz von 1923. Wie bei uns heute war eine Kündigung durch den Vermieter an sich gar nicht möglich. Nur in drei Ausnahmefällen. Das stand im § 2 des Mieterschutzgesetzes. Danach konnte der Vermieter kündigen, wenn der Mieter mit der Zahlung der Miete in Verzug war, wenn er die Wohnung ohne Erlaubnis einem anderen überlassen hatte und, drittens, wie es in § 2 wörtlich hieß, wenn er sich einer erheblichen „Belästigung des Vermieters schuldig gemacht hat" und sein Verhalten derart war, dass dem Vermieter die Fortsetzung des Mietvertrages nicht zugemutet werden konnte. Um einen solchen Fall, Belästigung des Vermieters, ging es damals. Allerdings nicht um eine der üblichen Belästigungen durch Lärm, Beschimpfungen, Drohungen oder Ähnliches, sondern um eine, die in den 15 Jahren des Bestehens des Mieterschutzgesetzes noch nie zu einer wirksamen Kündigung nach § 2 Mieterschutzgesetz geführt hatte. Die Belästigung bestand nämlich darin, dass die Mieterin eine Jüdin war. Weiter nichts. Möglicherweise eine ruhige und freundliche Mieterin. In einer kleinen Zweizimmerwohnung, in der sie seit 1927 lebte. Aber eben eine Jüdin. Und das genügte jetzt für die Kündigung. Die Sache wurde vor dem Amtsgericht Schöneberg verhandelt. Das Urteil erging am 16. September 1938. Nachzulesen, noch heute, in der Juristischen Wochenschrift, der größten juristischen Zeitschrift damals, von 1938, auf Seite 3045.

Man hätte natürlich sagen können, das Mieterschutzgesetz gilt allgemein, für alle Mieter, gleichgültig ob männlich oder weiblich, Beamte oder Angestellte oder Arbeiter, Alleinstehende oder Familien, evangelisch oder katholisch, und eben auch: ob sie Juden sind oder nicht Juden. So hatte man das bisher auch gesehen und die jüdische Mieterin hatte das auch gemeint. Nein, sagte das Amtsgericht Schöneberg, die Tatsache, dass sie Jüdin ist, ist eine Belästigung des Vermieters. Er kann kündigen.

Abb. 27
Parkbank in Berlin im Dezember 1938.

Also eine Belästigung. Aber auch von ihr verschuldet? Sie kann doch nichts dafür, dass sie Jüdin ist. „Tut nichts, der Jude wird verbrannt", schrieb Lessing dreimal in *Nathan der Weise*. So auch der Schöneberger Amtsrichter, nur einmal, aber mit mehr Wirkung:

> „Die Tatsache, dass der Mieter Jude ist, ist von ihm nicht im eigentlichen Sinne verschuldet. Im Sinne des § 2 Mieterschutzgesetz trifft ihn jedoch ein Verschulden. Er ist nicht nur ein Fremdkörper innerhalb der Gemeinschaft der deutschen Hausbewohner, ihm fehlt auch darüber hinaus die notwendige innere Einstellung zu - einer Gemeinschaft mit Deutschen. Die Fortsetzung des Mietvertrages mit ihm kann einem deutschen Vermieter, wenn dieser ernstlich die Bildung der Hausgemeinschaft anstrebt und deshalb die Entfernung des jüdischen Mieters fordert, nicht zugemutet werden."

Die Wirkung bestand nämlich nicht nur darin, dass diese arme Frau ihre Wohnung verlassen musste. War solch ein Urteil erst mal in einer solchen Zeitschrift veröffentlicht, folgten alle anderen Gerichte und das Mieterschutzgesetz galt nicht mehr für Juden. Es gab viele andere solcher Urteile und auch in vielen anderen Fällen, nicht nur im Mietrecht.

Diskriminierendes Arbeitsrecht

von Arno Surminski

Das Gesetz zur Ordnung der nationalen Arbeit machte die Versicherungsunternehmen endgültig zu nationalsozialistisch bestimmten Betrieben. Die Arbeitsfront dominierte das Betriebsleben. Sie hatte Ende der dreißiger Jahre über 20 Millionen Mitglieder, erfasste also nahezu die gesamte arbeitende Bevölkerung. Von Beginn an hatte sie in ihren Statuten die Aufnahmebestimmung, dass nur Mitglied werden konnte, wer eine rein arische Abstammung nachwies. Das kam einem Arbeitsverbot für jüdische Bürger gleich, denn in zahlreichen Betriebsordnungen wurde festgelegt, dass nur Mitglieder der Arbeitsfront beschäftigt werden konnten. Nach den Nürnberger Gesetzen von 1935 lockerte die Arbeitsfront die Aufnahmebestimmungen. Nun konnten alle Reichsbürger im Sinne des Reichsbürgergesetzes vom 15. September 1935 Mitglied werden. Damit wurde den so genannten Halb- und Vierteljuden die Mitgliedschaft in der Arbeitsfront ermöglicht.

Mitarbeiter, die sich weigerten, der Deutschen Arbeitsfront beizutreten, konnten ohne weiteres gekündigt werden. Das Arbeitsgericht Helmstedt entschied am 8. August 1936, dass eine solche Kündigung keine unbillige Härte sei. In der Begründung hieß es, dass dem Kläger mehrfach nahe gelegt worden sei, in die Deutsche Arbeitsfront einzutreten. Die Vorteile seien ihm eindringlich klargemacht worden, trotzdem habe er sich geweigert, Mitglied zu werden.

> „*Dem Kläger ist vom Zeugen B gesagt worden, es würden bald alle Betriebe im Kreise nur noch DAF-Mitglieder einstellen. Die meisten hätten das schon in ihre Betriebsordnungen aufgenommen. Das alles hat nicht gefruchtet. Wenn unter diesen Umständen der Kläger entlassen ist, so ist keine unbillige Härte verübt. Er will nicht mitmarschieren, wie auch sein Verhalten im Büro der Beklagten erkennen lässt, wo er den deutschen Gruß nicht anwendet, sondern will für sich allein bleiben. Dies haben auch Arbeitskollegen von ihm empfunden. Wer sich so gegen den Gemeinschaftssinn aufbäumt, dem geschieht keine unbillige Härte, wenn ihm gekündigt wird.*“

Die Rechtssprechung der deutschen Arbeitsgerichte während der NS-Zeit ist ein besonders trauriges Kapitel, wobei vor allen das Arbeitsgericht Berlin sich an erster Stelle diskriminierend hervortat. Nachfolgend einige Beispiele. Eine 20 Jahre in einem Betrieb tätige Angestellte war entlassen worden mit der Begründung, dass sie Jüdin sei Sie hielt diese Kündigung für eine unbillige Härte und klagte gegen die Entlassung. Das Arbeitsgericht Berlin wies die Klage mit Urteil vom 5. August 1937 ab. In der Begründung hieß es, dass die Beklagte ein arisches Unternehmen sei, das außer der Klägerin keine weiteren nichtarischen Mitarbeiter beschäftigt habe. Für die Kündigung habe es eine begründete Veranlassung gegeben.

> *„Diese ist einmal allgemein darin zu erblicken, dass nach der herrschenden Volksmeinung die Weiterbeschäftigung nichtarischer Angestellter in arischen Unternehmungen nicht gebilligt wird. Diese Ansicht ist auch in der Presse vertreten und insbesondere gerade in Bezug auf Unternehmungen des Versicherungsgewerbes geltend gemacht worden. Wenn sich daher Unternehmungen dieser Volksmeinung nicht verschließen und von ihren nichtarischen Angestellten trennen, handeln sie zweifellos in einem berechtigten Interesse, da sie andernfalls sich der Gefahr aussetzen, geschäftliche Nachteile zu erleiden.“*

Im Übrigen wurde die Kündigung auch deshalb für rechtens angesehen, weil einige Mitarbeiter des Betriebes geäußert hatten, sie würden mit der Jüdin nicht mehr zusammenarbeiten, und deshalb eine Störung des Betriebslebens zu befürchten war.

Am 2. Dezember 1938 fällte das Arbeitsgericht Berlin eine besonders perfide Entscheidung. Die fristlose Kündigung einer Jüdin durch ein Versicherungsunternehmen wurde damit begründet, dass sie ihren Arbeitgeber über die rassische Abstammung dadurch ständig getäuscht habe, dass sie an Betriebsveranstaltungen wie an Betriebsappellen teilnahm, stets den deutschen Gruß anwandte und die Nationalhymne mitsang.

(aus: „Versicherung unterm Hakenkreuz“, Arno Surminski, Ullstein Verlag Berlin 1999, S. 130–132)

Recht und Rechtswissenschaft

Die größten juristischen Veränderungen dieser zeitlich kurzen und politisch und menschlich katastrophalen zwölf Jahre finden statt im Verfassungsrecht und im Strafrecht. Die Weimarer Verfassung war beseitigt und wird ersetzt durch den rechtlich völlig ungeordneten Staat Adolf Hitlers mit einem von ihm gezielt ausgebauten Durcheinander von Kompetenzen zur Sicherung seiner Alleinherrschaft. Das Strafrecht als Einschüchterungsinstrument gegen jede Abweichung wird maßlos verschärft.

Am wenigsten ändert sich im Zivilrecht, obwohl es durch ein Volksgesetzbuch abgelöst werden sollte. Die Zeit war zu kurz und der Versuch auch deswegen schwierig, weil die Eigentumsordnung – der Unternehmer – nicht angetastet werden durfte. Stattdessen ist die Vertragsfreiheit der Wirtschaft erheblich eingeschränkt worden, durchaus im Sinne der Großindustrie. Ein juristisches Potpourri von Verordnungen, Erlassen, Richtlinien, Anordnungen, Anweisungen und Verfügungen ohne klare Abgrenzung der Form hat seit 1936 die Kriegswirtschaft aufgebaut in Zwangsverbänden – Fachgruppen mit Führerprinzip – und Zwangskartellen. Völlig umgebaut wurde auch das Arbeitsrecht mit dem Gesetz zur Ordnung der nationalen Arbeit von 1934. Auch hier ein Zwangsverband, die Deutsche Arbeitsfront als Einheit von Unternehmern und Beschäftigten mit Führerprinzip. Die Gewerkschaften waren verboten und Streik und Aussperrung. Das Führerprinzip galt auch im einzelnen Betrieb zugunsten des Unternehmers. Das individuelle Arbeitsrecht wurde verbessert, zum Beispiel durch die Arbeitszeitverordnung 1938 und das Mutterschutzgesetz 1942. Einzige wichtige Änderung des BGB war die Neuregelung des Eherechts im Gesetz von 1938, das notwendig wurde durch die Eroberung des katholischen Österreichs. In ihm wurden Scheidungen durch das neue Zerrüttungsprinzip erleichtert, weil die Nationalsozialisten sich davon eine Steigerung der Geburtenrate erhofften.

Das im 19. Jahrhundert als Krönung des Rechtsstaats entwickelte Verwaltungsrecht blieb erstaunlicherweise in seiner Grundstruktur erhalten, wurde sogar 1941 ergänzt durch die Einrichtung des von der Weimarer Verfassung seit 1919 vergeblich geforderten Reichsverwaltungsgerichts 1941. Allerdings ist die Kompetenz der Verwaltungsgerichte in wichtigen Fragen immer weiter eingeschränkt worden. In den letzten Jahren des Krieges existierten sie nur noch als Fassade.

Ziel der Nationalsozialisten war eine „arische" Volksgemeinschaft unter Ausschluss aller, die ihrem Rassenwahn und ihren autoritären Ordnungsvorstellungen im Wege standen. Nicht nur Staatsfeinde wurden beseitigt und Juden, auch Sinti und Roma, Geisteskranke und Kriminelle, Homosexuelle und Asoziale. Dabei spielte das Recht immer weniger eine Rolle. Die Ausgrenzung der Juden erreichte ihren Höhepunkt 1935 mit den Nürnberger Gesetzen, die sie zu Staatsbürgern zweiter Klasse machten, Eheschließungen mit „Ariern" verbot und

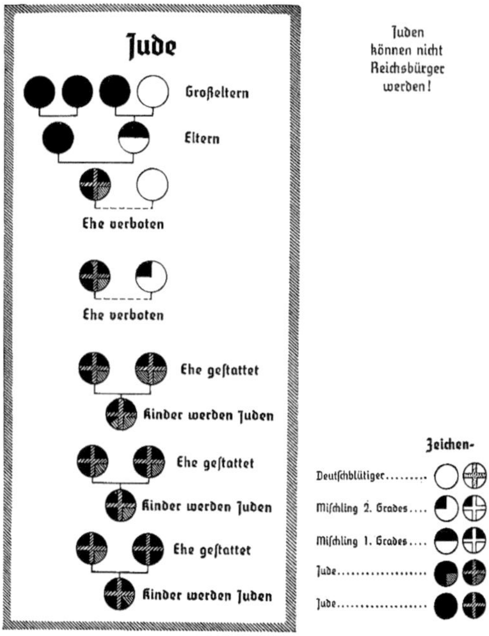

Abb. 28
Die Nürnberger Gesetze vom 15. September 1935.

außerehelichen Verkehr als Rassenschande mit Strafe bedrohte. Seit dem Ende der dreißiger Jahre ging man immer weiter über zu völlig rechtsfreiem Handeln von Behörden und Polizei, SS und Gestapo, das für die Juden im millionenfachen Holocaust endete.

Wenn Recht auf diese Weise durch politische Willkür verdrängt wird und Justiz sich missbrauchen lässt als beliebig einsetzbares Instrument zur Durchsetzung politischer Interessen, verliert auch die Rechtswissenschaft ihre Bedeutung als Ordnungsfaktor. Das war das Schicksal jener ziemlich großen Zahl von Professoren, die 1933 meinten, sie könnten mitwirken an der Gestaltung einer neuen Rechtswissenschaft. Besonders die jüngeren sind es gewesen, die um die Jahrhundertwende geboren waren, seit 1930 mit der Brüning'schen Notverordnungspolitik das Scheitern der parlamentarischen Demokratie erlebten, aus Überzeugung oder Opportunismus auf den Nationalsozialismus setzten und auf die Lehrstühle derjenigen berufen wurden, die als Juden oder als politisch unzuverlässig entlassen worden waren. „Stoßtruppfakultät" ist die „Kieler Schule" gewesen, mit Georg Dahm, Ernst Rudolf Huber, Karl Larenz, Friedrich Schaffstein und

Abb. 29 Hitler auf dem Reichsparteitag 1935 in Nürnberg.

Wolfgang Siebert. Aber nicht nur dort, auch an anderen Orten entwickelte sich nationalsozialistische Rechtstheorie als Sammelsurium von letztlich belanglosen Bekenntnissen zu Führertum und Volksgemeinschaft, Disziplin und Blubobrausi – Blut, Boden, Brauchtum, Sitte. Prominentester Wortführer der nationalsozialistischen Rechtswissenschaft war zunächst Carl Schmitt, der „Kronjurist des Dritten Reichs", der sich schon in der Weimarer Zeit einen Namen gemacht hatte als Staatsrechtslehrer und Kritiker der Demokratie.

Carl Schmitt zum Beispiel

Carl Schmitt. Geboren 1888 in Plettenberg im Sauerland. Ein sehr kleiner zierlicher Mann. Studiert Jura, wird vor dem Ersten Weltkrieg Professor des Staatsrechts in Greifswald, danach in Bonn und Köln und schließlich von 1933 bis 1945 an der Universität Berlin, wo er in den zwanziger Jahren schon Professor war an der Handelshochschule als Nachfolger von Hugo Preuß, dem Vater der Weimarer Verfassung. Nach 1933 zunächst eine steile Karriere. Mit ungeheurer Geschwindigkeit und ungeheuerlichen Schriften setzte er sich an die Spitze der Nazijuristen. Drei Jahre später ein tiefer Fall, nach politischen Angriffen seiner Konkurrenten im eigenen Lager. Er zieht sich politisch zu-

Abb. 30 Carl Schmitt, 1933.

rück, bleibt aber an der Universität, wird 1945 entlassen, geht wieder nach Plettenberg, seinem Geburtsort, einer der ganz wenigen Naziprofessoren, die nicht wieder eingestellt worden sind, weil sein Ruf als Kronjurist Adolf Hitlers zu stark war, trotz des tiefen Falls nach drei Jahren, bleibt also jetzt in Plettenberg bis an sein Lebensende, zunächst sehr einsam, schreibt aber weiter, gewinnt wieder Einfluss, allmählich gibt es ganze Pilgerströme von Verehrern, die ihn dort besuchen. Carl Schmitt wird sehr alt, 96. 1985 ist er gestorben. Man findet keinen Juristen, über den bis heute so viel geschrieben wird und über den die Urteile so weit auseinander gehen.

Schon in der Weimarer Zeit ist er ein bekannter Mann. Damals hat er seine besten Bücher geschrieben. 1922 eine „*Politische Theologie*", die mit dem berühmten Satz beginnt:

> „Souverän ist, wer über den Ausnahmezustand entscheidet."

Solche Sätze vergisst man nicht. Das ist seine große Stärke, die prägnante Formulierung. Außerdem ist er der einzige Jurist, der nicht nur juristisch bleibt, sondern verständlich schreibt, über „*Politische Romantik*" oder Theodor Däublers „*Nordlicht*", über „*Römischen Katholizismus und politische Form*", aber auch eine „*Verfassungslehre*", die noch heute als Klassiker gilt. 1927 eines seiner bekanntesten Bücher, „*Der Begriff des Politischen*":

> „Die eigentlich politische Unterscheidung ist die Unterscheidung von Freund und Feind. Sie gibt menschlichen Handlungen und

> Motiven ihren politischen Sinn; auf sie führen schließlich alle politischen Handlungen und Motive zurück. Sie ermöglicht infolgedessen auch eine Begriffsbestimmung im Sinne eines kennzeichnenden Merkmals, eines Kriteriums. Insofern sie nicht aus anderen Merkmalen ableitbar ist, entspricht sie für das Politische den relativ selbstständigen Merkmalen anderer Gegensätze: Gut und Böse im Moralischen, Schön und Hässlich im Ästhetischen, Nützlich und Schädlich im Ökonomischen."

Das sind die Kategorien, in denen Carl Schmitt bis an sein Lebensende gedacht hat. Anders als sein Kollege Rudolf Smend, Staatsrechtler in Göttingen, der die politische Aufgabe des Staates im Ausgleich der verschiedenen Interessen unterschiedlicher Gruppen in der Gesellschaft gesehen hat, wofür das Stichwort – Pluralismus – übrigens auch wieder von Carl Schmitt gefunden worden ist. Also Freund-Feind, das sind seine Kategorien, vielleicht auch einer der Gründe dafür, dass er 1933 sehr schnell zu den Nazis übergelaufen ist, denn bei ihnen waren diese Vorstellungen am stärksten ausgeprägt und haben schließlich die grauenvollsten Formen angenommen, nicht nur in der Vernichtung ihrer politischen Gegner von links, sondern auch in der Vernichtung von Millionen europäischer Juden. Den Holocaust hat er 1933 wohl nicht voraussehen können. Aber die ersten Schritte auf dem Weg dorthin ist er mit den Nazis bedenkenlos gemeinsam gegangen, denn natürlich hat er gewusst, dass sie nach dem Reichstagsbrand Konzentrationslager eingerichtet haben, dass Juden ausgegrenzt und politische Gegner ermordet wurden. Nicht nur gewusst. Er hat es mit großem Eifer gerechtfertigt.

In der Weimarer Zeit ist er zunächst auf der Seite der Konservativen, Berater des letzten Kanzlers der Weimarer Republik, General Schleicher. Er vertritt die Reichsregierung in dem größten verfassungsgerichtlichen Prozess vor dem Staatsgerichtshof, wegen der Absetzung der sozialdemokratischen Regierung Braun in Preußen, und dann, nach der Ernennung Hitlers zum Reichskanzler, stellt er sich sofort auf die andere Seite, auf die der Nationalsozialisten, vor denen er vorher immer gewarnt hatte, und schreibt für sie drei Jahre lang so viel, wie er weder vorher noch nachher in so kurzer Zeit geschrieben hat, Bücher, Aufsätze, eines schlimmer als das andere. Obwohl er gesehen haben muss, was da passiert, obwohl er gesehen haben muss, dass man denen nicht trauen kann.

Er beginnt mit theoretischen Schriften, zum Beispiel die von 1934, „*Über die drei Arten des rechtswissenschaftlichen Denkens*", in der er das

„konkrete Ordnungsdenken" begründet, wie er es nannte, mit großer Wirkung auf die Wissenschaft an den Universitäten und die Praxis der Gerichte. Damit begann die „unbegrenzte Auslegung", wie Bernd Rüthers es 1968 in der bisher besten Beschreibung des nationalsozialistischen Rechts formuliert hat. Carl Schmitt lieferte in dieser Schrift das Handwerkszeug, mit dem bald auch im Privatrecht die Juden rechtlos gemacht und Verträge für ungültig erklärt wurden, die sie geschlossen hatten, oder mit dem man ihnen den Kündigungsschutz für ihre Wohnungen nahm. Bei Carl Schmitt hört man – im ersten Jahr der NS-Herrschaft – auch hier schon die gnadenlose Härte des künftigen Strafrechts:

> „Heute, nachdem mit einem neuen Gemeinschaftsleben auch das konkrete Ordnungsdenken wieder lebendig geworden ist, ist uns das rechtliche Axiom, dass Treue, Disziplin und Ehre von der Führung nicht abgetrennt werden dürfen, besser verständlich als die liberal-rechtsstaatliche, gewaltentrennende, normativistische Denkweise eines vergangenen Individualismus. Auch können wir heute, da die staatstragende Bewegung dem Führer unverbrüchliche Treue schwört, dem rechtlichen Wesen eines Treueides wieder unmittelbar gerecht werden. Ein normativistisches Gesetzesdenken dagegen vermag die Fahnenflucht eines Deserteurs oder den Treubruch eines Verräters nur als ‚strafbedrohte Handlung', nur als tatbestandsmäßige Voraussetzung eines staatlichen Strafanspruchs, nicht aber in dem wesentlichen Unrecht und in dem eigentlichen Verbrechen der Eidesverletzung und Treulosigkeit zu erfassen."

Es bleibt aber nicht bei reiner Theorie. Carl Schmitt mischt sich unmittelbar ein in die Tagespolitik. Schon 1934 wurde der verbrecherische Charakter der neuen Herren für jeden deutlich, der bereit war hinzusehen. Nach seinem Amtsantritt hatte Adolf Hitler das Ende der nationalsozialistischen Revolution verkündet, um die Loyalität der Reichswehr zu gewinnen. Der Chef der SA dagegen, Ernst Röhm, wollte seine SA im Rahmen einer zweiten Revolution „zum Kern eines neuen Volksheeres" machen. Also musste er ausgeschaltet werden. Ein brutaler Mord. Carl Schmitt liefert die Rechtfertigung mit einem Aufsatz in der Deutschen Juristen-Zeitung:

> „Der Führer schützt das Recht vor dem schlimmsten Missbrauch, wenn er im Augenblick der Gefahr kraft seines Führertums als oberster Gerichtsherr unmittelbar Recht schafft. Aus dem Führertum fließt das Richtertum. In Wahrheit war die Tat des Führers

echte Gerichtsbarkeit. Sie untersteht nicht der Justiz, sondern war selbst höchste Justiz."

Das Ende des Rechtsstaats in Deutschland, begründet durch einen Juristen. Es kam noch schlimmer. Auch die Verfolgung der Juden hat er mit eingeleitet, durchaus im Sinne seines Begriffs des Politischen von Freund und Feind, auf einer Tagung von Nazi-Juristen in Berlin 1936, ein Jahr nach den so genannten Nürnberger Rassegesetzen, unter dem Thema „Die deutsche Rechtswissenschaft im Kampf gegen den jüdischen Geist", eine Tagung, die er selbst organisiert hatte und auf der er sich in fürchterlicher Weise gegen diejenigen Kollegen wandte, mit denen er vorher zusammengearbeitet hatte und die ihn gefördert hatten.

Da war der Höhepunkt seiner Karriere allerdings auch schon erreicht. Im „Schwarzen Korps", der Zeitschrift der SS, kamen im Dezember 1936 Angriffe seiner eigenen Nazikollegen mit Zitaten aus seinen Schriften, in denen er sich wenige Jahre vorher über den Rassen-Blödsinn Hitlers lustig gemacht hatte. Damit war Carl Schmitt erledigt, die Tagung in Berlin umsonst gewesen. Er zog sich wieder in die Wissenschaft zurück, schrieb noch einige Bücher im Krieg über Großraumpolitik, wurde 1945 entlassen, hatte noch einige Schwierigkeiten mit den Amerikanern, die ihn nach Nürnberg brachten und darüber nachdachten, ob sie ihn vor Gericht stellen sollten, ihn aber dann zu seiner Verblüffung schnell wieder wegschickten. So ging er zurück nach Plettenberg, in das Haus seiner Eltern, lebte zuerst von seinen Verwandten, dann von seiner Rente, schrieb wieder einige Bücher und wurde in den fünfziger Jahren zunehmend berühmt, eingeladen zu wissenschaftlichen Tagungen, allmählich wieder ein „Klassiker" der politisierenden Grundlagenforschung des Rechts mit drei Festschriften zu seinen Geburtstagen, mit nicht unwesentlichem Einfluss auf die jüngeren Kollegen des Staatsrechts, die nun an den Universitäten waren.

Die Strafrechtsexplosion

Niemals sind in Deutschland in so kurzer Zeit so viele Gesetze erlassen worden, die das Strafrecht zum Instrument des Terrors verfälschten. Niemals gab es so viele Gesetze, die die Todesstrafe androhten. Niemals sind in so kurzer Zeit so viele Todesurteile erlassen worden. Niemals war das Missverhältnis zwischen Gewicht der Tat und Höhe der

Abb. 31
Das ehemalige Gebäude des König-Wilhelm-Gymnasiums in Berlin, Bellevuestrasse 25 am Tiergarten in Berlin, Sitz des Volksgerichtshofs.

Strafe so grausam wie in diesen zwölf Jahren, besonders in den letzten sechs des Krieges.

Im März 1933 begann es mit der lex van der Lubbe, dem ersten Verstoß gegen das Rückwirkungsverbot im Strafrecht. Später folgten andere, zum Beispiel im Gesetz gegen Kidnapper 1936 und 1938 in dem gegen Autofallen, jeweils wegen einzelner Fälle, in denen Hitler wie bei van der Lubbe die Todesstrafe wollte. Bis 1935 kamen drei Kampfgesetze gegen die innenpolitische Opposition. Von ihnen ist die Heimtückeverordnung die bekannteste, die 1934 zum Heimtückegesetz erweitert wurde. 1935 das Blutschutzgesetz vom 15. Mai, mit dem die „Rassenschande" strafbar wurde. Zur Vorbereitung des Krieges entstand schon 1938 die Kriegssonderstrafrechtsverordnung mit dem neuen Tatbestand der Wehrkraftzersetzung, der auch Tausenden Zivilisten das Leben gekostet hat. Im Krieg folgten 1939 die Rundfunkverordnung gegen das Hören ausländischer Sender und die Volksschädlingsverordnung gegen Plünderung und andere Straftaten unter

Abb. 32
Das Reichskriegsgericht in Berlin am Lietzensee in Charlottenburg, um 1905.

Ausnutzung der Luftschutzverdunkelung. Die Volksschädlingsverordnung ging bis zur Todesstrafe, die Gewaltverbrecherverordnung mit Rückwirkung. Insgesamt sind es etwa 50 Gesetze und Verordnungen gewesen. Der Höhepunkt wurde 1944 erreicht mit einer Novelle zum Kriegssonderstrafrecht, nach der die Todesstrafe verhängt werden konnte, wenn das „gesunde Volksempfinden" sie forderte, aber der normale Strafrahmen nicht ausreichte.

Sofort 1933 wurden Sondergerichte für politische Strafsachen eingerichtet. 1934 ist der Volksgerichtshof gegründet worden – zunächst nur

Abb. 33
Das Gestapo-Hauptquartier in Berlin, Prinz-Albrecht-Straße.

für Verfahren wegen Hoch- und Landesverrats – und 1936 das Reichskriegsgericht, beide in Berlin und beide mit grausigen Blutspuren. Im Gegensatz zu früher weiß man heute allerdings, dass die Rechtsprechung des Volksgerichtshofs in den Jahren bis zum Krieg verhältnismäßig milde war, und auch am Ende des Krieges gab es ziemlich viele Freisprüche. Trotzdem. Sein Ruf als Instrument des Terrors ist leider völlig berechtigt, nicht nur durch den Prozess gegen die Hitler-Attentäter. Neuere Untersuchungen haben ergeben, dass die Militärgerichtsbarkeit grausamer war als die der zivilen Strafgerichte. Sie hat über 30000 Todesurteile zu verantworten, die anderen Strafgerichte etwa die Hälfte, zusammen etwa 50000. Eine unvorstellbare Zahl für eine so kurze Zeit. In den 200 Jahren der Hexenverfolgungen des 16. und 17. Jahrhunderts sind es nur etwas mehr als doppelt so viele Opfer gewesen.

Das Szenario des Schreckens wurde ergänzt durch die Wiedereinführung der Folter. Die politische Polizei begann damit schon 1933, einfach so. Ohne Gesetz. Oder genauer: gegen das Gesetz. Der Widerstand von Gerichten und Justizministerium gegen die „verschärfte Vernehmung" blieb vergeblich. Zwar einigte sich das Ministerium 1937 mit der Gestapo-Leitung darauf, es dürften höchstens 25 Stockhiebe vorgenommen werden. Was auch schon ein Stück aus dem Tollhaus war. Aber das blieb ebenso sinnlos wie der Versuch des Reichsjustizministers Gürtner, die Gestapo daran zu hindern, die Justiz in vielen Fällen völlig auszuschalten. Das geschah sowohl, bevor die Gerichte tätig werden konnten, als auch danach, nämlich dann, wenn die Gestapo der Meinung war, ein Urteil sei zu milde. Bei der Entlassung aus der Strafhaft stand sie vor dem Gefängnistor. Gegen Einweisung in Konzentrationslager, Folter und Mord war selbst die harte Justiz machtlos. Heinrich Himmler – Reichsführer der SS – war noch grausamer.

Der Fall Leo Katzenberger

Leo Katzenberger war Kaufmann in Nürnberg und Vorsteher der jüdischen Gemeinde. 1932 kam eine junge Frau in die Stadt, Irene Seiler, Tochter eines Freundes, der ihn bat, sich um sie zu kümmern. Sie bekam eine Wohnung in einem Haus, das Leo Katzenberger gehörte, und später dort noch einen Laden für eine Photowerkstatt, nachdem sie sich selbstständig gemacht hatte. Er half ihr, wenn sie in finanziellen Schwierigkeiten war, und ihr Verhältnis war sehr freundschaftlich. Sie heiratete 1939. Ihr Mann musste als Soldat in den Krieg. Leo Katzenberger und Irene Seiler besuchten sich noch ab und zu gegenseitig, obwohl ihr als Mitglied der NSDAP von der Partei gesagt worden war, sie solle den Kontakt abbrechen. In ihrem Haus gab es Klatsch und Tratsch. Daraus entstanden Gerüchte, die 1940 zu einer Strafanzeige wegen Rassenschande führten. Seit den Nürnberger Gesetzen von 1935 waren sexuelle Kontakte zwischen einem jüdischen Mann und einer Frau „deutschen Blutes" strafbar, bedroht für den Mann mit Gefängnis oder Zuchthaus, nicht strafbar für die Frau.

Der Prozess fand statt vor einem Sondergericht am 13. März 1942. Der große Saal im Justizpalast war überfüllt, derselbe Saal, in dem nach dem Krieg der Nürnberger Prozess geführt wurde gegen die Hauptkriegsverbrecher um Hermann Göring. Leo Katzenberger als Vorsteher der jüdischen Gemeinde war ein bekannter Mann, der Vorsitzende des Gerichts – Oswald Rothaug – ein fanatischer Nationalsozialist und Antisemit. Im Saal viel Parteiprominenz, viele in Uniform, dazu der Präsident des Oberlandesgerichts und der Generalstaatsanwalt. Ein Schauprozess. Leo Katzenberger war 68 Jahre alt, Irene Seiler 32.

Es gab keine Beweise für sexuelle Kontakte. Irene Seiler hatte vor dem Ermittlungsrichter unter Eid erklärt, das habe es nie gegeben, es sei ein rein freundschaftliches Verhältnis gewesen mit väterlichem Charakter. Der Ehemann von Frau Seiler wurde als Zeuge nicht zugelassen, der aussagen wollte, er sei früher oft überraschend nach Hause gekommen, habe Herrn Katzenberger dort getroffen, aber nie in verfänglicher Situation. Es gab nur völlig belanglose Zeugenaussagen von Nachbarn, die allerdings den Eindruck hatten, es sei ein intimes Verhältnis. Ohne jeden weiteren Beweis und gegen die Zweifel eines der beiden anderen Richter hat Oswald Rothaug trotzdem Leo Katzenberger zum Tode verurteilt. Nach dem Blutschutzgesetz von 1935 war das gar nicht möglich, sondern nur mit einer zusätzlichen und juristisch hinterhältigen Begründung. Die Blutschande sei auch abends geschehen, während der Verdunkelung der Wohnungen gegen Bombenangriffe. Deshalb kam die Volksschädlingsverordnung von 1939 ins Spiel, nach der zum Tode verurteilt werden konnte, „wer unter Ausnutzung der zur Abwehr von Fliegergefahren getroffenen Maßnahmen ein Verbrechen oder Vergehen gegen Leib, Leben oder Eigentum begeht". Irene Seiler ist wegen ihrer Aussage vor dem Ermittlungsrichter zu zwei Jahren Zuchthaus verurteilt worden. Da sei ein Meineid gewesen.

1947 ist Richter Rothaug unter anderem wegen dieses Urteils im so genannten „Juristenprozess" von einem amerikanischen Militärgerichtshof zu lebenslanger Freiheitsstrafe verurteilt worden. Wieder in jenem großen Saal des Nürnberger Justizpalastes. In der Urteilsbegründung der amerikanischen Richter heißt es, dass Katzenberger ohne jeden Beweis nur deswegen „verurteilt und hingerichtet wurde, weil er Jude war". Und weiter zu diesem und drei anderen Urteilen, die Oswald Rothaug zu verantworten hatte:

> „Das Beweismaterial zeigt klar, dass diese Prozesse bar der Grundbestandteile der Rechtlichkeit waren. In jenen Verfahren war der Gerichtshof des Angeklagten, trotz der juristischen Spitzfindigkeiten, die er anwandte, nur ein Instrument im Programm der Nazistaatsführer, zu verfolgen und auszurotten. ... Seine Handlungen waren umso furchtbarer, da diejenigen, die auf die Rechtseinrichtungen als letzte Hoffnung bauten, erkennen mussten, dass jene Institutionen sich gegen sie wandten und ein Teil des Netzwerkes des Terrors und der Unterdrückung waren."

Die Pflicht, für das Recht einzustehen: Lothar Kreyssig

Ein ziemlich großer Mann mit einem schönen schmalen Gesicht, sehr freundlich und gutmütig, geradlinig, leicht schwärmerisch und visionär, Sohn eines wohlhabenden Kaufmanns in einer sächsischen Kleinstadt, kurze Zeit Soldat im Ersten Weltkrieg, Abitur und Jurastudium, Korpsstudent, sehr konservativ, beim Kapp-Putsch 1920 in einer Schützenkette der rechten Aufständischen gegen streikende linke Arbeiter, dann die juristischen Examen und schließlich Richter in Chemnitz. Verheiratet, vier Söhne. Lothar Kreyssig, geboren 1898. Es war die normale Laufbahn und politische Haltung eines jungen Mannes seiner Herkunft und seiner Generation. Er wurde einer der tapfersten Richter im Kampf um das Recht unter Adolf Hitler.

1937 wird er Vormundschaftsrichter am Amtsgericht der Stadt Brandenburg, betreibt nebenbei einen kleinen Bauernhof und ist Mitglied der Bekennenden Kirche, die in Opposition steht zu der inzwischen von den Nationalsozialisten beeinflussten „Reichskirche". Seine Tätigkeit als Vormundschaftsrichter ist ohne Besonderheiten. Dann kommt die Wende 1940.

Zu Beginn des Krieges hatte Hitler 1939 in einem Geheimbefehl die Tötung von Geisteskranken angeordnet, die so genannte Euthanasie, auf einem privaten Briefbogen mit Reichsadler und Hakenkreuz. Die Kopie ist erhalten:

Abb. 34
Lothar Kreyßig 1979 in Hohenferchesar, wo er seinen Bauernhof hatte. Nach dem Krieg wurde er Präses der evangelischen Synode Brandenburg und gründete 1958 die „Aktion Sühnezeichen".

> „Reichsleiter Bouhler und Dr. med. Brandt sind unter Verantwortung beauftragt, die Befugnisse namentlich zu bestimmender Ärzte so zu erweitern, dass nach menschlichem Ermessen unheilbar Kranken bei kritischster Beurteilung ihres Krankheitszustandes der Gnadentod gewährt werden kann. Adolf Hitler."

Reichsleiter Philipp Bouhler war eine jener merkwürdigen Gestalten im Dschungel der Kompetenzen des Dritten Reichs. Mit diesem Führerbefehl von 1939 erhielt er eine fürchterliche Funktion. Er leitete die Zentrale des ersten Massenmordes der Nationalsozialisten. Ihr fielen etwa 100000 psychisch Kranke und geistig Behinderte zum Opfer, ermordet mit Giftgas. Diese Aktion, T 4 genannt nach ihrer Zentrale in der Berliner Tiergartenstraße 4, lief unter großer Geheimhaltung.

Einer der Ersten, die davon erfahren, war Lothar Kreyssig. Er konnte es in seinen eigenen Akten verfolgen, in denen sich die Todesmeldungen häuften, immer mit derselben Ortsangabe, Hartheim bei Linz in Österreich, wo eine der Vernichtungsanlagen stand. Am 8. Juli 1940 schreibt er einen langen Brief an Reichsjustizminister Gürtner, der eingegangen ist in die Rechtsgeschichte des Dritten Reichs:

> „Es ist mir kaum mehr zweifelhaft, dass die schubweise aus den Unterbringungsorten abtransportierten Kranken in der genannten Anstalt getötet worden sind. Trifft es zu, so ist zu vermuten, dass es weiterhin geschieht . . ."

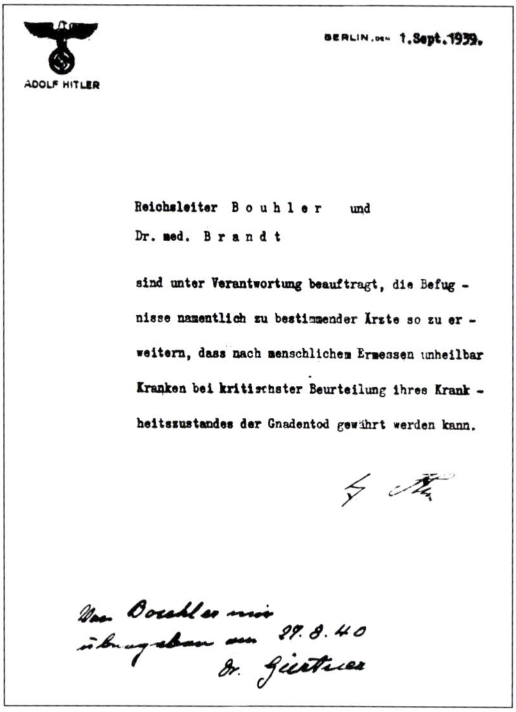

ADOLF HITLER

BERLIN, DEN 1. Sept. 1939.

Reichsleiter B o u h l e r und

Dr. med. B r a n d t

sind unter Verantwortung beauftragt, die Befug - nisse namentlich zu bestimmender Ärzte so zu er - weitern, dass nach menschlichem Ermessen unheilbar Kranken bei kritischster Beurteilung ihres Krank - heitszustandes der Gnadentod gewährt werden kann.

Von Bouhler mir übergeben am 27. 8. 40 Dr. Gürtner

Abb. 35
Diese – wahrscheinlich nachträglich datierte – Fotokopie des Führerbefehls für die „Aktion T4“ wurde Lothar Kreyßig vom Justizminister vorgelegt.

Schreibt über den Sinn des Lebens allgemein und das Leben von Geisteskranken:

> „Wahr und weiterhelfend ist nur, was Gott uns darüber sagt. Es ist darum eine ungeheuerliche Empörung und Anmaßung des Menschen, Leben beenden zu dürfen, weil er mit seiner beschränkten Vernunft es nicht oder nicht mehr als sinnvoll begreift.“

Und der Schluss des Briefes:

> „Das bürgerliche Recht besagt nichts darüber, dass es der Genehmigung des Vormundschaftsrichters bedürfe, wenn ein unter Vormundschaft oder Pflegschaft und damit unter seiner richterlichen Obhut stehender Geisteskranker ohne Gesetz und Rechtsspruch vom Leben zum Tode gebracht werden solle. Trotzdem glaube ich, dass der ‚Obervormund‘, wie die volksverbundene Sprechweise den Vormundschaftsrichter nennt, unzweifelhaft die richterliche Pflicht hat, für das Recht einzutreten. Das will ich tun. Mir scheint auch, dass mir das niemand abnehmen kann. Zuvor ist es

aber meine Pflicht, mir Aufklärung und Rat bei meiner vorgesetzten Dienstbehörde zu holen."

Er wird ins Ministerium gerufen, wo ihm der für die Aktion T 4 verantwortliche Mann genannt wird. Lothar Kreyssig fährt sofort zur Staatsanwaltschaft in Potsdam und erstattet Strafanzeige wegen Mordes gegen Reichsleiter Philipp Bouhler. Zurück in seinem Gericht schreibt er an alle Pflegeanstalten seiner Mündel, dass zur Verlegung in andere Anstalten seine Genehmigung erforderlich sei. Wird danach wieder ins Ministerium gerufen und spricht jetzt sogar mit dem Minister, der ihm eine Kopie des geheimen Führerbefehls vorlegt. Minister Gürtner meint, das habe Gesetzeskraft. Nicht für Lothar Kreyssig. Der Minister erwidert, wenn er nicht anerkenne, dass der Wille Adolf Hitlers Recht schafft, könne er nicht Richter sein. „Dieser Zweifel beschäftigt mich schon lange", sagt Kreyssig, wird in den Ruhestand versetzt und wartet darauf, dass die Gestapo erscheint und ihn in ein KZ bringt. Aber es ist ihm nichts passiert. Ein Wunder, wie Lothar Kreyssig es später selbst genannt hat. Ein Jahr später wird die Aktion T 4 gestoppt, nachdem Graf Galen, Bischof von Münster, in einer Predigt öffentlich protestiert hatte.

Der Unrechtsstaat

Da hat der alte Hindenburg einen wild gewordenen Bock zum Gärtner gemacht und die Folgen waren katastrophal, auch im Recht. Hitlers Verachtung für Juristen war maßlos. Sie standen ihm im Weg, selbst die in den eigenen Reihen. Niemals, weder vorher noch nachher, hat es in Deutschland eine solche Rechtsverwüstung gegeben wie in jenen zwölf Jahren. Menschenrechte und Verfassung waren beseitigt und die Justiz bereitwillig, eingeschüchtert oder fanatisch. In einem später viel beachteten Buch hat der Berliner Politologe Ernst Fraenkel sehr früh das Reich Hitlers als Doppelstaat beschrieben, die Summe seiner Erfahrungen als Anwalt in dieser Stadt, bis er 1938 emigrieren musste. Er war immer froh, wenn er seine politisch gefährdeten Mandanten im Gefängnis sah. Da waren sie sicher vor der Gestapo, den Konzentrationslagern, Folter und Mord. Nur auf diese Weise konnte zum Beispiel Erich Honecker überleben, der 1935 als Kommunist wegen Hochverrats zu zehn Jahren Zuchthaus verurteilt worden war, aus dem er 1945 von den Sowjets befreit wurde. Ernst Thälmann ist 1933 nach der Reichstagsbrandverordnung von der SA verhaftet und 1944 im KZ Buchenwald ermordet worden. Fraenkels Doppelstaat ist geteilt in einen Normenstaat, dessen Justiz noch einigermaßen funktioniert, und einen Maßnahmenstaat, wo von SA, SS und Gestapo einfach gehandelt wird ohne juristische Grenzen. Aber war dieser Normenstaat wirklich einer? Schon im Reichstagsbrandprozess brachen die Dämme mit dem Justizmord am jungen Marinus van der Lubbe. Ein Jahr später das gesetzliche Alibi für 85 Morde beim so genannten Röhm-Putsch. Auch die jüdische Mieterin in Schöneberg würde sich gewundert haben, hätte Ernst Fraenkel ihr gesagt, sie sei einigermaßen sicher im Normenstaat der Justiz. Und Leo Katzenberger? Lothar Kreyssig war eine von sehr wenigen Ausnahmen, in dieser späten Zeit des Jahres 1940 der Einzige, soweit wir wissen. Es war kein Doppelstaat. Es war ein Unrechtsstaat. Er ist 1933 entstanden mit dem Ziel, am Anfang den äußeren Schein zu wahren und dann über Leichen zu gehen ohne Rücksicht auf Recht oder Gerechtigkeit, und das mit großer Zustimmung der Mehrheit der Deutschen. Ein Unrechtsstaat, in dessen Zentrum der verbrecherische Wille eines Einzelnen stand, dem alle zujubelten und der bereit war, bis zum Letzten zu gehen. Am Ende mit der Kugel im eigenen Kopf.

III. Recht im besetzten Deutschland

Die Stunde Null

Adolf Hitler hat sich nachmittags am 30. April 1945 im Berliner Führerbunker erschossen. Das Oberkommando der deutschen Wehrmacht unterschrieb eine Woche später die bedingungslose Kapitulation, am 7. Mai vor den Westalliierten in Reims, in der Nacht vom 8. auf den 9. Mai vor der sowjetischen Armee in Karlshorst bei Berlin. Deutschland war erobert, der Zweite Weltkrieg zu Ende. Hitler hatte noch einen Nachfolger ernannt, Admiral Dönitz, der in Flensburg noch drei Wochen eine Geisterregierung leitete und dann von den Engländern verhaftet wurde. Ein großer Teil der deutschen Städte lag in Schutt und Asche, ebenso die Industrie. Fast fünf Millionen deutsche Soldaten waren getötet, eine halbe Million Zivilisten durch Bombenangriffe der Alliierten. Millionen waren auf der Flucht von Osten nach Westen,

Abb. 36 Die Kapitulation am 7. Mai 1945 in Reims mit General Eisenhower.

Millionen wurden in derselben Richtung vertrieben und eine große Zahl dieser Zivilisten ist ebenfalls getötet worden. Elf Millionen Soldaten waren in Gefangenschaft. Auch nach der Kapitulation wurden alle von den Alliierten festgenommen. Jeder Widerstand sollte beseitigt werden. Um nur die unmittelbar deutschen Opfer zu nennen unter den insgesamt etwa 66 Millionen Toten dieses Krieges.

Für Deutschland war es die Stunde Null. Es gab keine Regierung, keine Verwaltung, keine Justiz. Die alliierten Oberbefehlshaber übernahmen die Macht in Deutschland, offiziell mit einer gemeinsamen Erklärung vom 5. Juni 1945. Sie nannten das supreme authority, was völkerrechtlich an sich unmöglich war. Denn nach der Haager Landkriegsordnung von 1907 darf eine Besatzungsmacht die staatliche Ordnung eines Landes nicht beseitigen und nur eingreifen, wenn die einheimischen Staatsorgane die allgemeine Sicherheit und Ordnung nicht aufrechterhalten können oder sie selbst als Besatzungsmacht angegriffen wird. Aber die Beseitigung der deutschen – nationalsozialistischen – staatlichen Ordnung war schon seit langem Ziel der Alliierten, Anfang 1943 vereinbart von US-Präsident Roosevelt und Premierminister Churchill in Casablanca. Sie meinten, die Haager Landkriegsordnung könne hier nicht gelten, weil Charakter und Ziele des nationalsozialistischen Staates selbst völkerrechtswidrig wären, eines Staates, der die größte Kriegskatastrophe der Geschichte zu verantworten hatte und immer eine Bedrohung der völkerrechtlichen Ordnung bleiben würde. Eine Meinung, die man kaum bestreiten kann. Also nannten sie ihr eigenes Ziel schon damals bedingungslose Kapitulation, unconditional surrender.

Nach der Potsdamer Konferenz Juli/August 1945 haben sie einen Alliierten Kontrollrat eingesetzt als höchstes Staatsorgan in Deutschland mit Sitz im pompösen Gebäude des Berliner Kammergerichts. Er konnte Gesetze erlassen oder – die schlimmen der nationalsozialistischen Herrschaft – aufheben und sollte auch die höchste Regierungsgewalt haben.

Wie vorher untereinander vereinbart, wurde Deutschland in vier Besatzungszonen aufgeteilt, eine amerikanische, britische, französische, sowjetische, jede mit einer Militärregierung, die ebenfalls Gesetzgebungsbefugnisse hatte. Diese Regierungen begannen sofort, in ihrem Gebiet eine neue deutsche demokratische Ordnung aufzubauen, indem sie Länder gründeten wie vorher im Deutschen Reich, die Hitler beseitigt hatte. Allerdings nicht in der früheren Form, sondern ziemlich willkürlich zusammengewürfelt innerhalb der neuen Grenzen der Be-

Abb. 37 Das Gebäude des Berliner Kammergerichts als Sitz des Alliierten Kontrollrats.

satzungszonen. Die Sowjets machten das mehr von oben und in ihrem Verständnis von Demokratie, die westlichen Alliierten begannen unten auf der Ebene von Gemeinden, Städten und Landkreisen. Bürgermeister und Landräte wurden eingesetzt – auch wieder abgesetzt – und Ministerpräsidenten der Länder ernannt, Länderverfassungen ausgearbeitet und demokratisch bestätigt. Wahlen fanden statt – im Osten schon manipuliert – und dabei wurden die von den Militärregierungen eingesetzten Ministerpräsidenten meistens im Amt bestätigt. Die neuen Landtage konnten Gesetze erlassen, die aber erst wirksam wurden, wenn die Militärregierung sie genehmigt hatte. Berlin – das größte Trümmerfeld der Welt – wurde von den vier Alliierten gemeinsam verwaltet, aufgeteilt in vier Sektoren, eine Stadtverordnetenversammlung gewählt und ein Magistrat mit einem Oberbürgermeister an der Spitze, der seit 1947 Ernst Reuter hieß, SPD, und schon gab es Ärger mit den Sowjets, deren SED eine große Blamage war bei freien Wahlen.

Juristisches Ergebnis dieser Stunde Null? Das Deutsche Reich war untergegangen. Denn nach allgemeiner Auffassung setzt die Existenz eines Staates voraus, dass drei wesentliche Bedingungen erfüllt sind. Staatsgebiet, Staatsvolk und Staatsgewalt. Gebiet und Volk waren noch da. Aber die deutsche Staatsgewalt war beseitigt, ersetzt durch eine fremde. Völkerrechtlich nicht ganz unbedenklich, aber verständlich. Die eigene Staatsgewalt war beseitigt und damit auch der Staat Deutsches Reich. Das war die logische Schlussfolgerung Hans Kelsens, jenes dritten wichtigen Rechtsphilosophen der Weimarer Zeit, der jetzt in den USA lebte. „Germany has ceased to exist as a state in the sense of international law“, schrieb er dort in einem Aufsatz 1945, veröffentlicht im American Journal of International Law. Ebenfalls eine Meinung, die man kaum bestreiten kann. Aber sie hat sich in Deutschland nicht durchgesetzt. Die Mehrheit der Juristen hier war anderer Auffassung und sie sind es noch heute. Dabei geht es zum Beispiel um die Frage, ob die Bundesrepublik Nachfolger des Deutschen Reiches ist, was nicht möglich sein würde, wenn es untergegangen wäre. Und sie schlossen messerscharf, dass nicht sein kann, was nicht sein darf. Schon 1947 auf der ersten Versammlung der deutschen Völkerrechtler nach dem Krieg in Hamburg. Sie erklärten: „Das Deutsche Reich ist auch nach der bedingungslosen Kapitulation der deutschen Wehrmacht und der Besetzung ein Staat mit eigenen Staatsangehörigen und ein Rechtssubjekt im Sinne des allgemeinen Völkerrechts geblieben.“ Diese so genannte Kontinuitätstheorie ist bis heute herrschende Meinung, vom Bundesverfassungsgericht ausdrücklich anerkannt. Und die Begründung? Es sind im Wesentlichen zwei Argumente. Zum einen, das Deutsche Reich wäre nur dann untergegangen, wenn die Alliierten es annektiert hätten, also zu ihrem eigenen Staatsgebiet gemacht. Nicht unbedingt überzeugend. Zum anderen, die Staatsgewalt sei erhalten geblieben, weil die Alliierten sie treuhänderisch wahrgenommen haben, für das Deutsche Reich. Nun ja. Dahinter standen natürlich viele politische Überlegungen. Die Kontinuitätstheorie sollte u. a. angesichts des bald einsetzenden Kalten Kriegs zwischen Ost und West die drohende Teilung verhindern, mindestens den Anspruch auf die Wiedervereinigung aufrechterhalten. Und die Deutschen im Westen wurden in dieser Auseinandersetzung der Westalliierten mit der Sowjetunion ja auch wieder wichtig als Verbündete an der Ostgrenze, waren nicht mehr Objekte einer gemeinsamen Viermächtepolitik, sondern Subjekte als Unterstützer im Kampf gegen den Stalinismus. Also Kontinuitätstheorie. Die Zeiten hatten sich geändert. Der amerikanische Außenminister James Byrnes in einer großen Aufsehen erregenden Rede in Stuttgart am 6. September 1946:

> „Das amerikanische Volk wünscht, dem deutschen Volk die Regierung Deutschlands zurückzugeben. Das amerikanische Volk will dem deutschen Volk helfen, seinen Weg zurückzufinden zu einem ehrenvollen Platz unter den freien und friedliebenden Nationen der Welt.“

In jener Stunde Null blieb also das Deutsche Reich bestehen nach der heute allgemein anerkannten Kontinuitätstheorie. Aber unabhängig davon auch anderes. Neben der evangelischen und katholischen Kirche zum Beispiel das ganze normale deutsche Recht. Allerdings mit einer Einschränkung. Unmöglich konnten diejenigen Gesetze der Hitlerzeit weiter gelten, die menschenverachtend waren oder, wie man es damals nannte, typisch nationalsozialistisch. Am 5. Juni 1945, als die alliierten Oberbefehlshaber offiziell die deutsche Staatsgewalt übernahmen, hat die amerikanische Militärregierung gleichzeitig etwa 50 dieser Gesetze aufgehoben und im September der Kontrollrat mit seinem Gesetz Nr. 1 noch mehr. Später folgten Ergänzungen. Aber die große Masse des bisherigen deutschen Rechts blieb bestehen, also das Bürgerliche Gesetzbuch, die meisten Vorschriften des Strafgesetzbuchs, Aktiengesetz, Wechselgesetz, Scheckgesetz, Patentgesetz und so weiter, mindestens 90 Prozent. Deshalb konnten die Gerichte fast normal weiterarbeiten, als sie wieder eröffnet wurden. Es blieben einige Unsicherheiten. Trotz langer Listen wusste man nicht immer, ob eine gesetzliche Regelung des Dritten Reichs typisch nationalsozialistisch war oder nicht. Etwa die Verschärfung von Strafvorschriften über – männliche – Homosexualität. Denn diese Verschärfung war schon von anderen in der Weimarer Zeit gefordert worden. Solche Probleme mussten die Gerichte selbst lösen.

Neben diesem großen Fundament deutschen Rechts gab es Besatzungsrecht. Das waren viele Einzelgesetze, die erlassen wurden vom Kontrollrat oder den Militärregierungen. Dazu gehörten die ersten Gesetze zur Entnazifizierung, Zulassung politischer Parteien und der Gewerkschaften, Strafgesetze wie das – rückwirkende – Kontrollratsgesetz Nr. 10 zur Strafbarkeit von Verbrechen gegen die Menschlichkeit und anderer Verbrechen, die zuerst im großen Nürnberger Prozess verfolgt wurden, viele Regelungen des wirtschaftlichen Lebens, von denen das wichtigste die drei westlichen Militärregierungen im Juni 1948 erlassen haben, nämlich das über die Währungsreform mit der Einführung der D-Mark. Oder Gesetze zum Verwaltungsrecht. Verwaltungsgerichte wurden durch ein Kontrollratsgesetz im Oktober 1946 wieder eingeführt. Und hier gab es einen großen Fortschritt. In der amerikanischen und britischen Zone wurden von den Militärregierungen Kommissionen deutscher Juristen eingesetzt, die schon im Winter 1945/46 Entwürfe von Verwaltungsgerichtsgesetzen ausarbeiteten, also die Prozessordnungen. In der amerikanischen Zone wurden sie gleich lautend als deutsches Recht von den einzelnen Landtagen erlassen als VGG, Verwaltungsgerichtsgesetz, mit Genehmigung der Militärregierung, in der britischen Zone als Besatzungsrecht, nämlich die Militärregierungsverordnung Nr. 141. Hier wie dort kam als Neuerung die so genannte Generalklausel. Sie löste das alte Enumerationsprinzip ab. Das stammte noch aus dem 19. Jahrhundert und bedeutete, dass man gegen Verwaltungsakte von Behörden nur klagen konnte, wenn das in dem Gesetz ausdrücklich vorgesehen war, nach dem die Verwaltung entschieden hatte, also in der Bau- oder Gewerbeordnung oder im Polizeigesetz des Landes. Mit der Generalklausel war es jetzt möglich, gegen jeden Verwaltungsakt vor Gericht zu gehen ohne besondere Zulassung in einem anderen Gesetz. Eine Reaktion auf die Verkümmerung von Verwaltungsrecht unter den Nationalsozialisten. Sie ist 1960 in die Verwaltungsgerichtsordnung der Bundesrepublik übernommen worden, die diese Gesetze aus der Besatzungszeit abgelöst hat.

Der Nürnberger Prozess

Seit Anfang der vierziger Jahre hat man in England und Amerika in Ministerien und Kommissionen darüber nachgedacht und verhandelt, wie man die Verbrechen der Deutschen im Krieg ahnden soll: wo, von wem, auf welcher rechtlichen Grundlage. Die Engländer hatten große Bedenken gegen eine gerichtliche Lösung auf völkerrechtlicher Grundlage, weil sich das leicht gegen eigene Kriegsverbrechen wenden könnte. Auch in den Vereinigten Staaten gab es solche Bedenken, bis sich Mitte 1945 der von Präsident Roosevelt dafür ernannte Sonderbeauftragte durchsetzte, der Bundesrichter und spätere amerikanische Chefankläger Robert Jackson. Der Nürnberger Prozess ist im Wesentlichen sein Werk.

Grundlage des Prozesses war ein Statut, das die Alliierten am 8. August 1945 in London unterzeichnet hatten. Es regelte Zusammensetzung und – angelsächsisches – Verfahren vor dem Gericht und formulierte die Grundsätze der Anklage, nämlich jene „klassischen" drei Tatbestände: Verbrechen gegen den Frieden, Kriegsverbrechen und Verbrechen gegen die Menschlichkeit. Er begann am 20. November 1945 im Nürnberger Justizpalast, als Prozess gegen 22 „Hauptkriegsverbrecher", unter ihnen Karl Dönitz, Hermann Göring, Rudolf Hess, Wilhelm Keitel, Franz von Papen, Hjalmar Schacht und Julius Strei-

Abb. 38
Der Nürnberger Justizpalast während des großen Prozesses im Winter 1945/46.

cher. Am Fahrstuhl, mit dem sie vom Gefängnishof direkt in den großen alten Schwurgerichtssaal gebracht wurden, hing ein kleines Blechschild: „Benutzung des Fahrstuhls nicht ohne den Führer.“ Richter waren der Amerikaner Biddle, der Franzose Donnedieu de Vabres, der Engländer Lawrence und der sowjetische General Nikitschenko. Jeder der Alliierten hatte einen Chefankläger. Die Angeklagten wurden von deutschen Anwälten verteidigt.

Das Gericht tagte zehn Monate. Rudolf Höss trat als Zeuge auf, der erste Kommandant von Auschwitz, und rechnete vor, er habe ungefähr drei Millionen Juden umgebracht. Der Bericht des SS-Generals Stoop über die Vernichtung des Warschauer Ghettos wurde vorgelesen. SS-General Ohlendorf berichtete über Judenmorde der Einsatzgruppen in der Sowjetunion, Erwin von dem Bach-Zelewski, ebenfalls General der SS, über massenhafte Ermordung der russischen Zivilbevölkerung und General Lahousen über die Ausrottung der polnischen Intelligenz und den Kommissarbefehl, nach dem die Wehrmacht Tausende von Politoffizieren der Sowjets umgebracht hat.

Das Urteil wurde am 1. Oktober 1946 verkündet. Zwölf Angeklagte sind zum Tod durch Erhängen verurteilt worden. Drei wurden freigesprochen, nämlich Schacht, Papen und Fritzsche. Die Übrigen erhielten Freiheitsstrafen zwischen zehn Jahren und lebenslang.

Oft ist der Vorwurf von Siegerjustiz erhoben worden. Er ist zum Teil berechtigt, wenn man darunter versteht, dass Sieger über Besiegte urteilen wegen Verbrechen, die auch sie begangen haben, ohne daran zu denken, ihre eigenen Leute zu bestrafen. Zum Beispiel Kriegsverbrechen wie die Atombomben auf Hiroshima am 6. August 1945, zwei

Abb. 39 Die Angeklagten im großen Nürnberger Prozess im Winter 1945/46.

Tage vor dem Londoner Statut, und auf Nagasaki am 9. August, einen Tag danach. Oder die Bombenangriffe auf die Zivilbevölkerung in deutschen Städten.

Haupteinwand gegen den Prozess ist bis heute die Verletzung des Grundsatzes *nulla poena sine lege*, keine Strafe ohne Gesetz. Die Angeklagten seien verurteilt worden wegen Taten, die nicht strafbar waren, als sie begangen wurden. Das stimmt nur teilweise, eigentlich nur im Hinblick auf Verurteilungen wegen Verbrechens gegen den Frieden, also wegen des Angriffskrieges. Verbrechen gegen die Menschlichkeit – im wesentlichen Völkermord, also Mord – waren schon strafbar nach dem deutschen Strafgesetzbuch von 1871. Und die individuelle Strafbarkeit von Kriegsverbrechen – also schweren Verstößen gegen die Haager Landkriegsordnung von 1907 – ist völkerrechtlich weitgehend schon vorher anerkannt gewesen. Außerdem waren auch sie strafbar nach deutschem Militär- und Zivilstrafrecht. Trotzdem. Robert Jackson schrieb in seinem Schlussbericht für den amerikanischen Präsidenten:

> „Eines der größten Hindernisse für den Prozess war, dass vorher niemand den Weg gebahnt hatte. Aber das Urteil, so wie es jetzt ergangen ist, gibt seinen Rechtsgrundsätzen für die Zukunft die zusätzliche Geltungskraft eines Präzedenzfalls."

Der Prozess sollte Signalwirkung für die Zukunft haben. Und angesichts der unermesslichen Verbrechen des Dritten Reichs bleibt die geschichtliche Wirkung des Prozesses von den juristischen Einwänden und Vorwürfen unberührt. Was 1919/21 mit dem Versailler Vertrag und den Leipziger Prozessen gescheitert war, nämlich der Versuch eines Anfangs im internationalen Strafrecht, ist hier gelungen. Mit dem Nürnberger Prozess beginnt die Entwicklung des Völkerstrafrechts. Nach jahrzehntelangen Versuchen und Vorbereitungen durch die UNO ist sie – gegen den Widerstand der USA – vorläufig abgeschlossen worden am 1. Juli 2002 mit dem In-Kraft-Treten eines Status über den Internationalen Strafgerichtshof in Den Haag, das 1998 auf einer Konferenz in Rom von 120 Staaten beschlossen worden war.

Fall 3

Nach dem großen Prozess gegen die Hauptverantwortlichen des Dritten Reichs folgten im selben Nürnberger Schwurgerichtssaal noch zwölf andere Prozesse vor amerikanischen Richtern gegen Euthanasie- und KZ-Ärzte, Wehrmachtsoffiziere, Industrielle, Diplomaten und andere. Im dritten Verfahren – Fall 3 – waren 16 hochrangige Juristen angeklagt stellvertretend für die gesamte Justiz des Dritten Reichs. Allerdings sind die wichtigsten nicht mehr unter ihnen gewesen. Justizminister Gürtner war 1941 gestorben. Sein Nachfolger Thierack hatte 1946 in einem englischen Lager Selbstmord begangen. Der Präsident des Volksgerichtshofs Roland Freisler war 1945 bei einem Bombenangriff in seinem Gericht getötet worden und Reichsgerichtspräsident Erwin Bumke hatte sich beim Einmarsch amerikanischer Truppen in Leipzig in der Dienstwohnung des Gerichts mit Gift umgebracht. Ranghöchster Angeklagter ist deshalb Franz Schlegelberger gewesen, seit der Weimarer Zeit Staatssekretär unter Minister Gürtner und nach dessen Tod bis zur Ernennung Thieracks ein halbes Jahr kommissarischer Leiter des Ministeriums. Unter den anderen Angeklagten: Herbert Klemm und Curt Rothenberger, Staatssekretäre in Thieracks Justizministerium, Erwin Lautz, Oberreichsanwalt beim Volksgerichtshof, und einige hohe Richter, zu denen auch Oswald Rothaug gehörte, der Leo Katzenberger in diesem Saal zum Tode verurteilt hatte. Sie waren angeklagt – wie die Hauptverantwortlichen im großen Prozess vorher – nach dem Kontrollratsgesetz Nr. 10 im Wesentlichen wegen Kriegsverbrechen und Verbrechen gegen die Menschlichkeit. Schlegelberger wurde vorgeworfen seine Rolle bei der Beseitigung der Rechtsstaatlichkeit in der Justiz seit 1933, die Verantwortung für grausame Strafgesetze gegen Polen und Juden in den Ostgebieten und den berüchtigten „Nacht- und Nebelerlass" zur Verschleppung von Oppositionellen aus besetzten Gebieten nach Deutschland, wo sie von Sondergerichten verurteilt wurden ohne Verteidiger, Dolmetscher, und ohne dass ihre Angehörigen wussten, wo sie geblieben waren. Außerdem war er angeklagt wegen seiner Rolle bei der Auslieferung von entlassenen Strafgefangenen an die Gestapo und der Beteiligung am Holocaust. Oswald Rothaug hatte sich unter anderem zu verantworten für den Justizmord an Leo Katzenberger, der ausführlich erörtert wurde.

Der Prozess begann am 17. Februar 1947 und endete mit dem Urteil am 4. Dezember. Schlegelberger und Rothaug wurden zu lebenslangen Freiheitsstrafen verurteilt, ebenso Klemm und ein anderer Richter. Vier Angeklagte sind freigesprochen worden. Die anderen erhielten Freiheitsstrafen von vier bis sechs Jahren. Ins Urteil schrieben die amerikanischen Richter als allgemeine Zusammenfassung:

> „Die Angeklagten sind solch unermesslicher Verbrechen beschuldigt, dass bloße Einzelfälle von Verbrechenstatbeständen im Vergleich dazu unbedeutend erscheinen. Die Beschuldigung, kurz gesagt, ist die der bewussten Teilnahme an einem über das ganze Land verbreiteten und von der Regierung organisierten System der Grausamkeit und Ungerechtigkeit unter Verletzung der Kriegsgesetze und der Gesetze der Menschlichkeit, begangen im Namen des Rechts und unter der Autorität des Justizministeriums mit Hilfe der Gerichte. Der Dolch des Mörders war unter der Robe des Juristen verborgen."

Die wichtigste juristische Zeitschrift damals, die Süddeutsche Juristenzeitung, schrieb dazu:

> „Dem deutschen Volk wird dieser Prozess das ‚gesetzliche Unrecht' und das Justizsystem des nationalsozialistischen Staates in seiner ganzen Tragweite vor Augen führen. Dem deutschen Juristen wird er die tiefe Verantwortung bewusst machen, die er seinem Volk gegenüber trägt; dass er über die Schmach, die seinem Stande angetan wurde, nicht selbst zu Gericht sitzen kann, ist bedauerlich, aber verständlich."

Aber das deutsche Volk hat es kaum gemerkt. Bis heute ist der Fall 3 unbekannt geblieben. Mit dem großen Nürnberger Prozess war die

Abb. 40 Die Angeklagten im Nürnberger Juristenprozess, Februar/März 1947. In der 2. Reihe rechts außen Franz Schlegelberger, 3. von rechts Oswald Rothaug.

Hitlerzeit für die Deutschen damals erledigt. Nun hatten sie andere Sorgen, haben in die Hände gespuckt und schufen das Bruttosozialprodukt. Trotzdem bleibt Fall 3 die wichtigste gerichtliche Abrechnung mit der Justiz des Dritten Reichs. Seit 1945 ist in Westdeutschland kein einziger anderer Richter wegen seiner Verbrechen in jener Zeit verurteilt worden, obwohl es in der Bundesrepublik einige Versuche der Staatsanwaltschaft gegeben hat. Sie sind gescheitert entweder am Korpsgeist der Gerichte oder weil es inzwischen zu spät und die Beschuldigten zu alt waren. Auch diejenigen, die im Nürnberger Juristenprozess verurteilt worden sind, wurden von der jungen Bonner Demokratie nicht vergessen. Adenauers Politik war von Anfang an die Integration ehemaliger Nationalsozialisten, weil er wohl zu Recht meinte, man könne eine neue Demokratie nicht aufbauen unter Ausgrenzung eines großen Teils der Deutschen. Integration statt Ausgrenzung. Deshalb drängte er die Alliierten, die von ihnen zu Freiheitsstrafen Verurteilten zu begnadigen. So kamen auch die Juristen des Fall 3 nach 1945 bald wieder frei. Nur Oswald Rothaug nicht. Er wurde erst 1956 entlassen. Wenigstens noch eine kleine Portion Gerechtigkeit für Leo Katzenberger.

Entnazifizierung

Zu Beginn der Weimarer Republik sind alle Beamten der Kaiserzeit im Amt geblieben. Oft meinte man, das sei einer der Gründe für ihr Scheitern gewesen. Die Politisierung von Verwaltung und Justiz im Dritten Reich war ungleich intensiver als in der Kaiserzeit und deshalb eines der Ziele der Alliierten schon vor der Kapitulation die Beseitigung aller Nationalsozialisten aus dem öffentlichen Leben, um den Aufbau der neuen Demokratie nicht zu gefährden. Amerikaner und Engländer nannten es denazification, auf Deutsch Entnazifizierung. Sie ist gescheitert und trotzdem ist die Demokratisierung gelungen.

Es begann mit einer Verhaftungswelle der alliierten Streitkräfte. Mehr als 250000 nationalsozialistische Funktionäre – und mehrere Unschuldige – wurden in Internierungslagern festgehalten. Besonders im Osten sind dort viele gestorben. Schon vor der Kapitulation hatte der britische Oberbefehlshaber Montgomery im März 1945 für seine Zone die Anweisung gegeben, „alle aktiven und überzeugten Nazis" aus ihren Ämtern zu entlassen. Sehr viel weiter ging das Gesetz Nr. 8 der amerikanischen Militärregierung im September, das die Entlassung aller Parteimitglieder anordnete, nicht nur der aktiven und überzeugten. Das waren 1945 immerhin sechs Millionen. Ähnlich erging im August eine Anweisung des französischen Oberbefehlshabers. Das amerikanische Gesetz wurde Vorbild für die in allen Zonen geltende Kontrollratsdirektive Nr. 24 vom 12. Januar 1946.

In der sowjetischen Zone waren es schon Verordnungen und Gesetze der neuen Länder, die aber im Oktober 1945 gemildert wurden durch einen Beschluss der vier von den Sowjets zugelassenen Parteien CDU, LDPD, KPD und SPD, die so genannten Mitläufern eine Chance geben wollten, beim Aufbau des neuen Staates mitzuarbeiten, womit gleichzeitig die Arbeitsfähigkeit der Verwaltung erhalten blieb. Am härtesten waren die Amerikaner. Sie haben damals in ihrer Zone die deutsche Verwaltung zu einem großen Teil lahm gelegt, for freedom and democracy, indem sie alle Parteimitglieder ohne Ausnahme aus den Ämtern entfernten. Kritik kam von vielen Seiten und schließlich über-

MG/PS/G/9

MILITARY GOVERNMENT OF GERMANY

FRAGEBOGEN
PERSONNEL QUESTIONNAIRE

WARNUNG. Im Interesse von Klarheit ist dieser Fragebogen in deutsch und englisch verfaßt. In Zweifelsfällen ist der englische Text maßgeblich. Jede Frage muß so beantwortet werden, wie sie gestellt ist. Unterlassung der Beantwortung, unrichtige oder unvollständige Angaben werden wegen Zuwiderhandlung gegen militärische Verordnungen gerichtlich verfolgt. Falls mehr Raum nötig ist, sind weitere Bogen anzuheften.

WARNING. In the interests of clarity this questionnaire has been written in both German and English. If discrepancies exist, the English will prevail. Every question must be answered as indicated. Omissions or false or incomplete statements will result in prosecution as violations of military ordinances. Add supplementary sheets if there is not enough space in the questionnaire.

A. PERSONAL
PERSONNEL

Name ……… Ausweiskarte Nr. ……
Name Zuname / *Surname* — Vornamen / *Middle Name Christian Name* — *Identity Card No.*

Geburtsdatum / *Date of birth* ……
Geburtsort / *Place of birth* ……
Staatsangehörigkeit / *Citizenship* ……
Gegenwärtige Anschrift / *Present address* ……
Ständiger Wohnsitz / *Permanent residence* ……
Beruf / *Occupation* ……
Gegenwärtige Stellung / *Present position* ……
Stellung, für die Bewerbung eingereicht / *Position applied for* ……
Stellung vor dem Jahre 1933 / *Position before 1933* ……

B. MITGLIEDSCHAFT IN DER NSDAP
B. NAZI PARTY AFFILIATIONS

1. Waren Sie jemals ein Mitglied der NSDAP? Ja …… Nein ……
   Have you ever been a member of the NSDAP? yes, no. Dates.
2. Daten ……
3. Haben Sie jemals eine der folgenden Stellungen in der NSDAP bekleidet?
   Have you ever held any of the following positions in the NSDAP?

(a) REICHSLEITER, oder Beamter in einer Stelle, die einem Reichsleiter unterstand? Ja …… Nein …… Titel der Stellung …… Daten ……
REICHSLEITER or an official in an office headed by any Reichsleiter? yes, no; title of position; dates.

(b) GAULEITER, oder Parteibeamter innerhalb eines Gaues? Ja …… Nein …… Daten …… Amtsort ……
GAULEITER or a Party official within the jurisdiction of any Gau? yes, no; dates; location of office.

(c) KREISLEITER, oder Parteibeamter innerhalb eines Kreises? Ja …… Nein …… Titel der Stellung …… Daten …… Amtsort ……
KREISLEITER or a Party official within the jurisdiction of any Kreis? yes, no; title of position; dates; location of office.

(d) ORTSGRUPPENLEITER, oder Parteibeamter innerhalb einer Ortsgruppe? Ja …… Nein …… Titel der Stellung …… Daten …… Amtsort ……
ORTSGRUPPENLEITER or a Party official within the jurisdiction of an Ortsgruppe? yes, no; title of position; dates; location of office.

(e) Ein Beamter in der Parteikanzlei? Ja …… Nein …… Daten …… Titel der Stellung ……
An official in the Party Chancellery? yes, no; dates; title of position.

(f) Ein Beamter in der REICHSLEITUNG der NSDAP? Ja …… Nein …… Daten …… Titel der Stellung ……
An official within the Central NSDAP headquarters? yes, no; dates; title of positions.

(g) Ein Beamter im Hauptamte für Erzieher? Im Amte des Beauftragten des Führers für die Überwachung der gesamten geistigen und weltanschaulichen Schulung und Erziehung der NSDAP? Ein Direktor oder Lehrer in irgendeiner Parteiausbildungsschule? Ja …… Nein …… Daten …… Titel der Stellung …… Name der Einheit oder Schule ……
An official within the NSDAP's Chief Education Office? In the office of the Führer's Representative for the Supervision of the Entire Intellectual and Politico-philosophical Education of the NSDAP? Or a director or instructor in any Party training school? yes, no; dates; title of position; Name of unit or school.

(h) Waren Sie Mitglied des KORPS DER POLITISCHEN LEITER? Ja …… Nein …… Daten der Mitgliedschaft ……
Were you a member of the CORPS OF POLITISCHE LEITER? yes, no; Dates of membership.

(i) Waren Sie ein Leiter oder Funktionär in irgendeinem anderen Amte, Einheit oder Stelle (ausgenommen sind die unter C unten angeführten Gliederungen, angeschlossenen Verbände und betreuten Organisationen der NSDAP)? Ja …… Nein …… Daten …… Titel der Stellung ……
Were you a leader or functionary of any other NSDAP offices or units or agencies (except Formations, Affiliated Organizations and Supervised Organizations which are covered by questions under C below)? yes, no; dates; title of position.

(j) Haben Sie irgendwelche nahe Verwandte, die irgendeine der oben angeführten Stellungen bekleidet haben? Ja …… Nein …… Wenn ja, geben Sie deren Namen und Anschriften und eine Bezeichnung deren Stellung an ……
Have you any close relatives who have occupied any of the positions named above? yes, no; if yes, give the name and address and a description of the position.

C. TÄTIGKEIT IN NSDAP HILFSORGANISATIONEN
C. NAZI "AUXILIARY" ORGANIZATION ACTIVITIES

Geben Sie hier an, ob Sie ein Mitglied waren und in welchem Ausmaße Sie an den Tätigkeiten der folgenden Gliederungen, angeschlossenen Verbände und betreuten Organisationen teilgenommen haben:

Indicate whether you were a member and the extent to which you participated in the activities of the following Formations, Affiliated Organizations or Supervised Organizations:

Abb. 41 Der in den Westzonen benutzte Fragebogen für die Entnazifizierung, den alle Erwachsenen ausfüllen mussten.

ließen sie die Entscheidung deutschen Spruchkammern, die nicht mehr so formal vorgehen, sondern jeden Einzelfall prüfen sollten, nach fünf Kategorien. Ehemalige Nationalsozialisten wurden nun eingeteilt in Hauptschuldige, Belastete, Minderbelastete, Mitläufer und Entlastete. Riesige Fragebögen mussten ausgefüllt werden, Zeugen wurden vernommen und das Verfahren war geregelt in Gesetzen vom 5. März 1946, die unter Einfluss der Militärregierung erlassen worden sind von den Ländern Bayern, Hessen und Württemberg-Baden. Die britische und französische Zone übernahmen das Mitte und Ende 1947. In der amerikanischen machten diese Spruchkammern einen großen Teil der Entlassungen rückgängig, die die Militärregierung vorher angeordnet hatte. Lutz Niethammer hat sie später die „Mitläuferfabrik" genannt. Dann begann in verschiedener Weise auch bald, was als Renazifizierung bezeichnet wurde. Ende 1948 war in den Westzonen der größte Teil des alten Personals wieder im Amt, auch in hohen Positionen. Die Bezeichnung war irreführend. Denn im Gegensatz zur Weimarer Republik hat dieses alte Personal sich eingelassen auf die neue Demokratie, erstens weil nun wirklich deutlich war, wie katastrophal das NS-System gewesen ist, von dem man nichts mehr wissen wollte, und zweitens, weil die bald gegründete Bundesrepublik im Gegensatz zur Weimarer ökonomisch erfolgreich war mit ihrem Wirtschaftswunder der fünfziger Jahre. Auch die Erklärung für das Scheitern der Entnazifizierung ist einfach. Sie war viel zu breit angelegt und behinderte den Wiederaufbau. Eine solch riesige Massensäuberung führte zu vielen Ungerechtigkeiten, zu Diffamierungen von Unschuldigen, auch zu falschen Leumundszeugnissen und damit zu „Persilscheinen" für große Sünder. Man hätte sich auf die bösartigen Nationalsozialisten konzentrieren sollen und nicht Millionen überprüfen. Trotzdem. Bald danach ist die Entnazifizierung doch noch gelungen ohne Gesetze von Militär- oder Landesregierungen und ohne Spruchkammern. Einfach so. Durch die Politik Konrad Adenauers, seines Wirtschaftsministers Ludwig Erhard und dessen Wirtschaftswunder. Sie sind es gewesen, die dafür gesorgt haben, dass ein Wort wie Demokratie in Deutschland freundlich verstanden worden ist selbst von Millionen alter Nazis. Sie konnten sich jetzt Autos kaufen und Nierentische, Villen im Tessin und nach Mallorca fliegen. Hitler war weit.

Das Scheitern der Entnazifizierung war folgenreich in der Justiz der drei Westzonen, der späteren Bundesrepublik. Detaillierte Berichte gibt es für die britische. In den anderen war es ähnlich. Der Justizaufbau der britischen Zone begann Ende Mai 1945 mit der Ernennung von acht Oberlandesgerichtspräsidenten durch die Militärregierung. Sie konnten als „Selbstherrscher der Justiz" – wie einer sich ironisch nannte – in ihren Bezirken bestimmen, wer als Richter wieder eingestellt wurde, zwar nur mit Genehmigung der Militärregierung, die ihnen aber weitgehend gefolgt ist. Am erfolgreichsten in der Umgehung von Vorschriften der Entnazifizierung war der Hamburger Wilhelm Kiesselbach, einer jener hoch qualifizierten vornehmen Erzkonservativen, die sich in der Hitlerzeit politisch zurückgehalten haben, aber durchaus einverstanden waren mit vielem, was geschah. 1933 war er aus Altersgründen als Oberlandesgerichtspräsident pensioniert worden und Ende Mai 1945 von den Engländern wieder eingesetzt. Schon im Juli hatte er im Gespräch mit der Rechtsabteilung der Militärregierung erreicht, dass sogar solche Richter wieder ernannt werden konnten, die

Abb. 42 Eröffnung des Oberlandesgerichts Hamburg im September 1945 durch den englischen General Parker.

vor 1937 Mitglieder der NSDAP geworden waren. Ein eklatanter Verstoß gegen Entnazifizierungsvorschriften. „Auch die 1933 Eingetretenen können verwandt werden, soweit sie besonders tüchtig sind; ihre politische Eignung ist in zweiter Linie zu berücksichtigen", hieß es dazu in einem Vermerk. Fachliche Kompetenz – über die Kiesselbach entschied – war wichtiger als politische Eignung. So kamen selbst in den hohen Rängen fast alle alten Nationalsozialisten wieder ins Amt. Die Motive des Oberlandesgerichtspräsidenten waren zum einen fürsorgliche Kollegialität mit Andersdenkenden, zum anderen das Ziel, die Gerichte wieder arbeitsfähig zu machen. Die Engländer waren meistens einverstanden, weil sie ähnlich konservativ dachten und ehemalige Nationalsozialisten immerhin ein Gegengewicht waren gegen kommunistische Gefahren. Das war schon die Gemeinsamkeit zwischen Konservativen und Nationalsozialisten im Dritten Reich. Zum Teil sind die englischen Stellen von den deutschen Chefpräsidenten auch einfach hintergangen worden. Schon 1948 waren an den Landgerichten der britischen Zone unter den Richtern 80 bis 90 Prozent ehemalige Parteimitglieder. Eine fast unglaubliche Zahl, die in der Bundesrepublik noch erhöht worden ist durch ein Gesetz zu Artikel 131 des Grundgesetzes von 1951. Danach erhielten alle ehemaligen Beamten des Dritten Reichs einen Anspruch auf Wiedereinstellung mit dem grotesken Ergebnis, dass an vielen Gerichten der Bundesrepublik der Prozentsatz von Nationalsozialisten höher war als im Dritten Reich, aus dem einfachen Grund, weil eine große Zahl von Flüchtlingen und Vertriebenen aus dem Osten dazugekommen war, die alle einen Anspruch nach diesem Gesetz hatten. Was nicht ohne Folgen geblieben ist für die Verfolgung von NS-Unrecht.

Ganz anders die sowjetische Zone. Für die Justiz wurde eine Ausnahme gemacht von der Regel, dass einfachen Mitgliedern der NSDAP die Chance gegeben werden sollte, mitzumachen beim Wiederaufbau. Alle wurden entlassen, niemand wiedereingestellt bis auf ganz wenige Ausnahmen, zu denen – trotz seiner Mitgliedschaft im NS-Rechtswahrerbund – der spätere DDR-Generalstaatsanwalt Ernst Melsheimer gehörte. Die durch die Entlassungen entstandene große Lücke wurde ziemlich schnell geschlossen, zuerst durch die Ernennung von so genannten Richtern im Soforteinsatz, dann durch die Ausbildung von Volksrichtern. Richter im Soforteinsatz waren linientreue Männer und Frauen ohne juristische Ausbildung, die von den örtlichen sowjetischen Kommandanten ernannt wurden. Das ging auch erst mal. Die Volksrichter sind das Werk Hilde Benjamins gewesen. In der Weimarer Zeit war sie kommunistische Rechtsanwältin, eine gebildete Tochter aus gutem Haus, der es gelungen ist, in diesem Berliner Haus das Dritte Reich zu überleben, nachdem ihr Mann – ein kommunistischer Arzt und Bruder des Schriftstellers Walter Benjamin – von den Nationalsozialisten in einem Konzentrationslager ermordet worden war. Später ist sie Justizministerin der DDR geworden, im Westen war sie der Inbegriff des Bösen; damals Leiterin der Personalabteilung in der zentralen Deutschen Justizverwaltung der sowjetischen Zone. Sie hat sich mit sowjetischer Hilfe durchgesetzt gegen ihren liberalen Präsidenten Eugen Schiffer. Während man im Westen den „archäologischen Weg" ging, wie sie es nannte, hat sie mit diesen Volksrichtern die soziale Struktur der Richter in Ostdeutschland grundlegend verändert. Drei Jahre später, 1949, kamen dort über 40 Prozent der Richter aus Arbeiter- und Angestelltenfamilien. 15 Prozent waren Frauen. Im Westen lag der Anteil von Frauen zehn Jahre später erst bei vier Prozent, in der DDR schon bei dreißig.

Die Ausbildung von Volksrichtern begann 1946 in einem Internat im sächsischen Bad Schandau, schnell auch anderswo. Für die Teilnahme genügte eine abgeschlossene Volksschulausbildung. Heute sagt man Grundschule. 80 Prozent waren Mitglieder der SED. Ausgebildet wurden sie von erfahrenen juristischen Praktikern – Anwälten und Richtern und Professoren. Der erste Kurs dauerte sechs Monate und endete im September. Der zweite 1946/47 dauerte acht Monate und der dritte 1947/48 ein Jahr. Die Ausbildung war sehr intensiv durch Unterbringung in Internaten, täglich sieben Stunden Unterricht und fast ohne Ferien. Im dritten Kurs entsprach das einem Jurastudium von sieben Semestern. Die Prüfungen sind schwer gewesen und die Durchfallquote höher als im Jurastudium. Mit anderen Worten, diese kompakte Ausbildung war gut. Im Westen wurde sie als völlig unzureichend scharf kritisiert. Heute beurteilt die Forschung sie weniger negativ. 1949 kamen 60 Prozent der Richter aus diesen Kursen und immerhin hat man so vermieden, die Justiz wie im Westen mit alten Nationalsozialisten zu überlasten.

Die Teilung Deutschlands

Die scheinbare Einigkeit der Alliierten über eine gemeinsame Deutschlandpolitik mit dem Höhepunkt in der Gründung des Kontrollrats war bald beendet. Immer deutlicher wurde Stalins Ziel, seinen

Abb. 43 US-Außenminister Byrnes bei seiner Rede in Stuttgart am 7. September 1946.

Abb. 44
Plakat von 1947 in den Westzonen.

Abb. 45
Die lange Schlange der Transportflugzeuge für die Luftbrücke, auf dem Berliner Flughafen Tempelhof, 1948.

in Osteuropa eroberten Herrschaftsbereich auf ganz Deutschland auszudehnen, vielleicht sogar noch ein bisschen weiter. Also hielt US-Außenminister Byrnes im September 1946 seine Stuttgarter Rede, die nicht nur die Bildung einer westdeutschen Regierung ankündigte, sondern als Vorstufe die Vereinigung der amerikanischen und britischen Zone, die Bizone. Die Franzosen wollten nicht, hatten Angst vor einem großen deutschen Nachbarn. Die Sowjets sind schon vorher in ihrer Zone einen Sonderweg gegangen mit der Bodenreform vom September 1945 und der Zwangsvereinigung von KPD und SPD zur SED im April 1946. Die Westalliierten merkten, dass sie an der Ostgrenze die Westdeutschen als Verbündete gegen Stalin brauchten, weil das begann, was der amerikanische Publizist Walter Lippmann 1947 Kalten Krieg nannte. Auslöser war ein kommunistischer Umsturzversuch in Griechenland. In diesem Jahr beschlossen die USA den nach ihrem Außenminister benannten Marshall-Plan über Milliardenzahlungen für den ökonomischen Aufbau und die innere Festigung der westeuropäischen Länder, zu denen nun auch die Westzonen gehörten und bald danach Westberlin. Die für diesen Aufbau in Westdeutschland notwendige Währungsreform kam am 20. Juni 1948 auf Grund eines Gesetzes der drei Militärregierungen. Die Gründung eines westdeutschen Teilstaats war schon beschlossen im Februar auf einer Konferenz in London, an der außer den drei Westmächten die drei westlichen Nachbarn der Deutschen, Belgien, Niederlande, Luxemburg, beteiligt waren. Daraufhin hatte der sowjetische Oberkommandierende Marschall Sokolowskij den Alliierten Kontrollrat im großen Berliner Kammergerichtsgebäude verlassen und wurde dort nicht mehr gesehen. Der Kontrollrat war aufgelöst, Deutschland geteilt für über vierzig Jahre, am Anfang besonders deutlich durch ein Jahr Berliner Blockade, die sowjetische Antwort auf die Währungsreform in Westberlin. Diese Blockade war ein Fehlschlag. Stalin hatte sich verkalkuliert. Hatte nicht mit der Möglichkeit einer langfristigen Luftbrücke gerechnet, die das Überleben der Berliner in den drei Westsektoren ermöglichte und ihre und der Westdeutschen Solidarität mit den USA endgültig begründete, die diese Aktion organisierten und finanzierten. Stalin beendete die Blockade im Mai 1949. Da war das Grundgesetz der Bundesrepublik Deutschland schon erlassen. Die DDR folgte im Oktober mit ihrer Verfassung.

IV. Deutsche Demokratische Republik

Gruppe Ulbricht

Am Anfang der Weimarer Republik steht ein Machtbündnis von Industrie, Gewerkschaften und Sozialdemokraten. Das Dritte Reich war das Ergebnis einer Koalition ziemlich ahnungsloser konservativer Politiker mit brutalen Nationalsozialisten. Die DDR ist schon vier Jahre vor ihrer Gründung geboren worden. Es war nur noch nicht ganz sicher, was aus dem Kind mal werden würde. Sie ist das Ergebnis der Zusammenarbeit von Sowjets und deutschen Kommunisten, die bei ihnen im Exil lebten. Taufpaten waren ein paar Tausend deutsche Kriegsgefangene, die sich – im Nationalkomitee Freies Deutschland – nach der Niederlage in Stalingrad von der Politik Hitlers abgewendet hatten, mit Hilfe

Abb. 46
Das Hotel „Lux" in der Gorkistraße in Moskau. Hier waren die deutschen Kommunisten untergebracht.

Abb. 47 Berlin am Ende des Krieges, Frankfurter Straße Mai 1945.

sowjetischer Politoffiziere so genannte Antifaschisten wurden und später in großer Zahl wichtige Funktionen in der DDR übernommen haben. Ziel der Gemeinschaft von Sowjets und deutschen Kommunisten der Weimarer Zeit war ursprünglich nicht die Gründung eines ostdeutschen Teilstaats. Langfristig sollte es eher ein antifaschistischer Umbau ganz Deutschlands sein. Was immer das heißen mag. Kurzfristig wurde das erst mal durchgesetzt in der sowjetischen Zone, und zwar ausdrücklich gemeinsam mit Sozialdemokraten und bürgerlichen Parteien. Im Hintergrund war es letztlich aber immer nur ein Bündnis der Sowjets mit deutschen Kommunisten.

Den Anfang machten zehn Männer, die später Gruppe Ulbricht genannt worden sind. In Berlin wurde noch gekämpft, als sie am 30. April 1945 morgens vom Hotel „Lux" abgeholt wurden, in dem die Prominenz der deutschen Exilkommunisten lebte. Es war jener Tag, an dem sich nachmittags ihr größter Feind im Führerbunker eine Kugel in den Kopf jagte. Um diese Zeit landeten sie gerade auf einem kleinen Militärflugplatz in der Nähe von Frankfurt an der Oder, wurden dann zum politischen Stab der Armee gebracht bei Strausberg östlich von Berlin, warteten einen Tag, der dort ruhig und sonnig gewesen ist, und waren pünktlich am 2. Mai in der Hauptstadt, als hier die deutsche Wehrmacht kapitulierte. Wenige Tage später kamen zwei andere Gruppen

Abb. 48
Walter Ulbricht, kurz nach Kriegsende in Berlin.

aus Moskau, eine nach Sachsen, die andere nach Mecklenburg. Überall organisierten sie sofort den Aufbau einer neuen deutschen Verwaltung und die Versorgung der Bevölkerung und nannten den sowjetischen Kommandanten diejenigen, die als Bürgermeister eingesetzt werden sollten und in führende Verwaltungspositionen. Dazu gehörten auch viele Bürgerliche, die in der Hitlerzeit abseits oder sogar in passivem oder aktivem Widerstand gewesen waren, also politisch weit gestreut nach der Parole, die Walter Ulbricht seinen Leuten gleich mit auf den Weg gegeben hatte. „Es ist doch ganz klar: Es muss demokratisch aussehen, aber wir müssen alles in der Hand haben", nämlich die Schlüsselfunktionen. Bürgermeister konnte ruhig ein anderer werden als Aushängeschild.

Schon in der Gruppe Ulbricht findet man jenen typischen Kern der Machtelite, die später diese Schlüsselfunktionen in der DDR übernommen haben. Inneres, Polizei, Sicherheit, dann auch Militär. Sie mussten drei Voraussetzungen erfüllen. Kommunisten, proletarische Herkunft, proletarischer Beruf. Zum Beispiel: Walter Ulbricht, Leiter der Gruppe, damals 51 Jahre alt, Eltern Schneider, er selbst Tischler, bis 1971 in verschiedenen Positionen der mächtigste Mann der DDR. Karl Maron, 44 Jahre alt, Sohn eines Arbeiters, selbst Maschinenschlosser, 1950 Chef der Volkspolizei, 1955 Innenminister. Oder Otto Winzer, 43 Jahre alt, Vater Droschkenkutscher in Berlin, er selbst Schriftsetzer, 1965 Außenminister.

Ebenso später die Reihe der Minister für Staatssicherheit der DDR: 1949 Wilhelm Zaisser, Vater Gendarmeriewachtmeister, er selbst Volksschullehrer. 1953 Ernst Wollweber, Vater Tischler, er selbst Matrose. 1957 Erich Mielke, Vater Stellmacher, er selbst kaufmännischer Angestellter. Die Verteidigungsminister: 1956 Willi Stoph, Vater Arbeiter, er selbst Maurer. 1960 Heinz Hoffmann, Vater Arbeiter, er selbst Maschinenschlosser. 1985 Heinz Kessler, Vater Metallarbeiter, er selbst Maschinenschlosser. Und auch die Nachfolger Ulbrichts: 1971 Erich Honecker, Vater Bergarbeiter, er selbst erst Landarbeiter, dann Dachdeckerlehre. 1989 Egon Krenz, Vater Schmied, er selbst Lehrerstudium. Und noch am Ende 1989 sein Nachfolger Hans Modrow, Vater Arbeiter, er selbst Maschinenschlosser. Erst der 1990 frei gewählte Ministerpräsident Lothar de Maizière hat einen Rechtsanwalt als Vater und ist selbst einer geworden.

Andere kamen nicht in diesen inneren Zirkel der Macht. Das war das Schicksal von Juristen wie Hilde Benjamin und Karl Polak. Beide kamen aus gutem Haus, hatten studiert und eine vorzügliche Bildung. Hilde Benjamin war zwar schon kommunistische Anwältin gewesen im Berliner Arbeiterbezirk Wedding und bekannt als „rote Hilde". Sie wurde in der DDR hohe Richterin und Justizministerin. Aber das nützte alles nichts. Sie hatte nicht den Stallgeruch. Unter Juristen war sie einflussreich. Aber das ist nur relativ. Ein Justizminister hat im Vergleich mit anderen wenig zu sagen, weder im Westen noch im Osten. Ebenso Karl Polak, neben Hilde Benjamin einer der mächtigsten Juristen der DDR und hoch qualifiziert. 1952 bis 1960 ist er Mitarbeiter der Rechtsabteilung des Zentralkomitees gewesen, aber nicht mehr ihr Leiter. Leiter war Klaus Sorgenicht, Sohn eines Musikers, selbst kaufmännischer Angestellter und ohne Studium. Polaks großer Einfluss war zum einen Ergebnis seiner hohen Intelligenz, zum anderen seiner persönlichen Beziehung zu Walter Ulbricht, dessen engster juristischer Berater er gewesen ist.

Karl Polak und die Verfassung der DDR

Was Hugo Preuß für die Weimarer Verfassung war, ist Karl Polak für die der DDR geworden. Wie Hugo Preuß war er Jude, ist 1933 als junger Jurist emigriert, und zwar in die Sowjetunion. Warum dorthin, ist bis heute nicht geklärt. Jedenfalls war Polak damals ein normaler bürgerlicher Jurist ohne erkennbare Verbindung zu Kommunisten. Seine

Abb. 49
Karl Polak, 1962.

Doktorarbeit von 1933 behandelt in herkömmlicher Weise und völlig unpolitisch ein rechtsphilosophisches Problem. Erst in Moskau ist er Marxist geworden, immer noch ohne jede Verbindung mit Exilkommunisten aus der Heimat. Als wissenschaftlicher Mitarbeiter in einem juristischen Institut lernte er russisch und wurde derjenige deutsche Jurist, der das sowjetische Recht am besten kannte. Seine Aufgabe war, die Sowjets in vielen Einzeluntersuchungen zu informieren über die deutsche Rechtsentwicklung vom 19. Jahrhundert bis in die Hitlerzeit. Erst am Ende des Krieges hat er Kontakt gesucht zu Exilkommunisten, wollte zurück nach Hause und sich dort politisch engagieren. So ist er 1946 nicht nur Mitglied der SED geworden, sondern auch der erste Leiter der Rechtsabteilung der Partei. Sein eigentliches Ziel war die Wissenschaft. Dieser Traum ging 1947 in Erfüllung. Er wurde Professor an der Universität Leipzig, ist dort aber schon nach vier Jahren gescheitert. Wohl aus zwei Gründen. Zum einen wegen seines persönlichen Auftretens, auch im Unterricht. Zum anderen, weil er Jude war. Denn damals nach der Gründung des Staates Israel ging eine antizionistische Kampagne auch durch die DDR.

Schon 1946 hat er in der Rechtsabteilung der SED einen Verfassungsentwurf für Deutschland geschrieben, weil die Partei meinte, die Alliierten würden bei einem Treffen ihrer Außenminister in New York eine Entscheidung über das deutsche Schicksal treffen. Da wollte sie mit eigenen Vorstellungen gehört werden. Was sich dann erübrigte. Schon im nächsten Jahr war die Gefahr der deutschen Teilung zu erkennen. Die wollte die SED mit einer Volkskongressbewegung verhindern. Die beiden ersten Kongresse 1947 und 1948 hatten jeweils etwa 2000 Mitglieder aus Ost und West, Abgesandte von Parteien, Gewerkschaften und anderen Verbänden. Der zweite wählte 1948 – ohne jede demokratische Legitimation – einen Verfassungsausschuss von 30 Mitgliedern unter der Leitung von Otto Grotewohl, der später der erste Ministerpräsident der DDR geworden ist. Sein Berater und wichtigstes Mitglied der Kommission war Karl Polak, jetzt noch Professor in Leipzig. Er hat seinen Entwurf von 1946 weitgehend unverändert durchgesetzt. Wie das Grundgesetz war dieser Entwurf eine Reaktion auf die Erfahrungen von Weimar, nur mit anderen Konsequenzen. Zwar wurde hier wie dort die übermächtige Stellung des Reichspräsidenten abgeschafft, aber Polak beseitigte auch die Gewaltenteilung und konzentrierte die ganze Macht auf das Parlament, die Volkskammer. Wenn man es wie er historisch begründet, ist das gar nicht so falsch. Denn der Erfinder dieser Gewaltenteilung – der Baron Montesquieu – hatte im 18. Jahrhundert Gründe, die passten natürlich nicht mehr in unsere Zeit. Aber letztlich war das ein Trick. Dahinter standen schon Überlegungen, die Partei würde Mittel und Wege finden, sich im Parlament die Mehrheit zu sichern. Wie in der Sowjetunion. Also weg mit der Gewaltenteilung. Das zielte auch auf die Justiz. Richter wurden jetzt vom Parlament gewählt. Und – das war entscheidend – auch jederzeit wieder abgewählt. Ihre Unabhängigkeit war beseitigt, obwohl für harmlose Gemüter in Artikel 127 der DDR-Verfassung etwas anderes stand. Man musste es nur genau lesen. Dann war klar, was Sache ist. Die Regierung war ohnehin abhängig vom Parlament wie bei uns und die Stellung der Länder sehr schwach. An sich wollte er sie gleich ganz abschaffen. Ging aber noch nicht. Dafür konnten Einsprüche der Länderkammer gegen Gesetze der Volkskammer ganz leicht zurückgewiesen werden. Ganz anders als nach dem Grundgesetz. Eine Verfassungsgerichtsbarkeit gab es auch nicht. Die Grundrechte waren ähnlich denen der Weimarer Verfassung. So wurde es beschlossen von diesem mysteriösen Ausschuss für den Fall der Fälle, denn man wollte keinen ostdeutschen Teilstaat. Ähnlich wie die Ministerpräsidenten der westdeutschen Länder eine endgültige Teilung verhindern wollten mit dem Parlamentarischen Rat, der nur ein „Grundgesetz" beschließen sollte, keine Verfassung. Allerdings hatte der eine bessere parlamentarische Legitimation.

Als die Gründung der Bundesrepublik mit dem Grundgesetz endgültig beschlossen war, wurde in der sowjetischen Zone Ende Mai 1949 ein dritter Volkskongress zum ersten Mal von den Bürgern gewählt, allerdings mit der dann später üblichen Einheitsliste. Wieder über 2000 Delegierte, darunter wieder ziemlich viele Westdeutsche. Sie bestätigten die vom zweiten Volksrat beschlossene Verfassung und wählten wieder einen Volksrat, 330 Mitglieder, jetzt allerdings nur Ostdeutsche. Dieser letzte Volksrat wartete noch ein wenig bis zur endgültigen Gründung der Bundesrepublik im Westen, also bis zum Zusammentritt der Bundesregierung nach den Wahlen. Dann wurde er zusammengerufen am 7. Oktober 1949 im großen grauen Gebäude des ehemaligen Reichsluftfahrtministeriums Hermann Görings in der Leipziger Straße in Ostberlin, wo heute das Bundesfinanzministerium untergebracht ist, und erklärte sich zur provisorischen Volkskammer im Sinne der vom zweiten Volksrat beschlossenen, vom dritten Volkskongress bestätigten und von der Sowjetischen Militäradministration an diesem 7. Oktober verkündeten Verfassung, die damit an diesem Tag in Kraft getreten war. Es geht auch anders, doch es geht auch so. Diese Verfassung war letztlich nur eine demokratische Fassade für die Herrschaft einer Partei auf dem Weg zum so genannten Sozialismus. Die erste Wahl zur Volkskammer fand ein Jahr später statt. Wieder nach einer Einheitsliste. Nach ihr erhielt die SED 25 Prozent der Sitze, CDU und LDPD je 15 Prozent, Nationaldemokratische Partei und Bauernpartei je 7,5 und der Rest von 30 Prozent wurde aufgeteilt auf „Massenorganisationen“, zum Beispiel Freie Deutsche Jugend, Freier Deutscher Gewerkschaftsbund, Kulturbund. Das war der Trick. Denn über deren Mandate entschied die SED und die meisten Abgeordneten waren ihre Mitglieder. So verfügte die Partei über die absolute Mehrheit. Die Wähler hatten keine Wahl mehr. Wenn sie diese Liste wählten – mit JA –, wählten sie die Sozialistische Einheitspartei. Eine Chance für ein NEIN gab es kaum. Nach der Verfassung waren die Wahlen zwar geheim. Aber wer nicht offen und kontrollierbar abstimmte und stattdessen in eine Wahlkabine ging, hatte Nachteile zu fürchten, schon 1950. Die DDR war die Diktatur einer Partei. Wie Ulbricht es seinen Leuten im Mai 1945 gesagt hatte. „Es ist doch ganz klar: Es muss demokratisch aussehen, aber wir müssen alles in der Hand haben.“ Sie hatten alles in der Hand.

Also änderte sich die Verfassung bald. 1952 erließ die Volkskammer ein Gesetz zur Einführung von Bezirken statt der Länder. Die Landtage verabschiedeten entsprechende Gesetze und stellten ihre Tätigkeit ein. Ebenso die Länderregierungen. Die Länderkammer wurde erst 1958 abgeschafft. Ebenfalls 1952 wurde die kommunale Selbstverwaltung entscheidend geschwächt durch das Prinzip der „doppelten

Unterstellung". Einerseits blieben die örtlichen Verwaltungen weiter abhängig von ihren Gemeinde- und Stadträten, Kreis- und Bezirkstagen. Andererseits waren sie jetzt aber auch weisungsgebunden gegenüber den entsprechenden höheren Behörden bis zu den Ministerien in Berlin. Menschenrechte wurden nicht als Abwehrrechte gegen den Staat verstanden, sondern „sozialistisch" interpretiert als Teilhaberechte. Die letzte wichtige Veränderung kam 1960 nach dem Tod von Präsident Wilhelm Pieck. An seine Stelle trat ein Gremium von 24 Mitgliedern, der Staatsrat, nach dem Vorbild des Obersten Sowjet. Ein kollektives Staatsoberhaupt. Den Vorsitz übernahm Walter Ulbricht. Damit war er auf dem Höhepunkt seiner Macht. Auch das noch – juristisch – das Werk Karl Polaks für seinen Beschützer. Drei Jahre später ist er sehr früh gestorben. Der Staatsrat wurde das wichtigste Staatsorgan, das – neben der Volkskammer – sogar Gesetzgebungskompetenz hatte. Sein Unterorgan war der Nationale Verteidigungsrat, die höchste Instanz in militärischen Fragen, im Rang über dem Verteidigungsministerium.

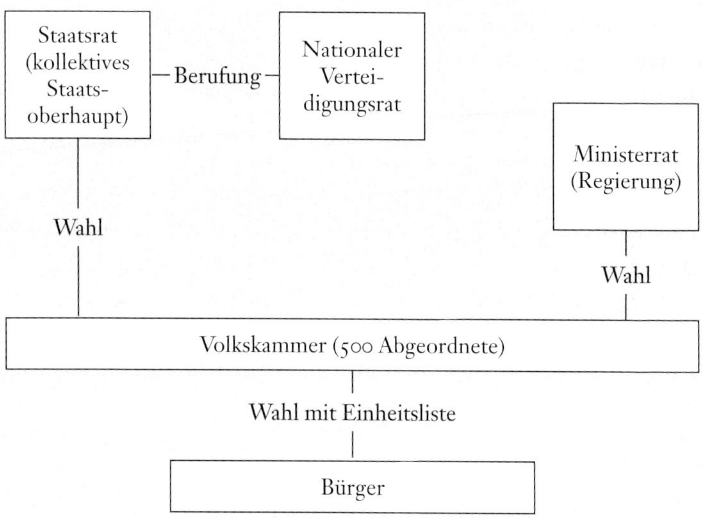

Die Verfassung von 1949 war völlig verändert, die DDR ein sozialistischer Einheitsstaat. Als Zusammenfassung der Veränderungen wurde deshalb 1968 eine neue Verfassung erlassen und durch Volksabstimmung bestätigt. Jetzt also Volkskammer, Staatsrat und – als eine Art

Restregierung – Ministerrat. Alles unter der Flagge der Volkskammer als einziger oberster Instanz. Aber in Artikel 1:

> „Die Deutsche Demokratische Republik ist ein sozialistischer Staat deutscher Nation. Sie ist die politische Organisation der Werktätigen in Stadt und Land, die gemeinsam unter Führung der Arbeiterklasse und ihrer marxistisch-leninistischen Partei den Sozialismus verwirklichen."

Die dritte wichtige Änderung nach der Abschaffung der Länder und der Einrichtung des Staatsrats. Dadurch wurde die oberste Instanz wieder entwertet, denn mit diesem ersten Artikel galt letztlich auch für die Volkskammer, was in einem Gesetz vom 12. Februar 1969 für die Mitarbeiter von Staatsorganen angeordnet wurde, nämlich die Bindung an Beschlüsse der SED. Die Abwertung des Parlaments spiegelt sich auch in der Zahl seiner Sitzungen. In den fünfziger Jahren waren es jährlich noch über 100, in den achtzigern nur 25.

Die neue Verfassung wurde dann 1974 noch einmal leicht geändert und galt in dieser Form, bis die frei gewählte Volkskammer am 17. Juni 1990 Verfassungsgrundsätze beschloss, nach denen die DDR bis zur Wiedervereinigung als freiheitlicher und demokratischer Rechtsstaat existierte. Walter Ulbricht blieb nach seiner Entmachtung 1971 Staatsratsvorsitzender bis zu seinem Tod 1973. Honecker reichte zunächst das Amt als Generalsekretär der Partei.

Aber die Kompetenzen des Staatsrats wurden 1972 zugunsten des Ministerrats beschnitten. Dies und der im selben Jahr mit der Bundesrepublik geschlossene Grundlagenvertrag führten 1974 zu jener Verfassungsnovellierung, die die Beschneidung der Kompetenzen des Staatsrats bestätigte und Artikel 1 neu formulierte. Seine gesamtdeutsche Zielrichtung wurde gestrichen. Die DDR war nun nicht mehr ein sozialistischer Staat „deutscher Nation", sondern „der Arbeiter und Bauern".

Die neue Justiz

Vom Westen betrachtet war die Justiz der DDR eine fremde Welt geworden. Sehr einfach, viel weniger kompliziert als in der Bundesrepublik, bürgernah und mit pädagogischem Eifer. Eine Justiz, in der es möglichst weder Gewinner noch Verlierer geben sollte. Westliche Justiz ist eher „männlich", die der DDR war eher „weiblich" (Inga Markovits). Männlich aggressiv ist die DDR-Justiz nur gegenüber denjenigen gewesen, die sich nicht fügen wollten, die ihren Sozialismus in Frage stellten. Wer konform blieb wie die meisten, der wurde selbst im Strafrecht milde behandelt, wenn er mal einen Fehler machte. Die Justiz war freundlich zu ihren Freunden und feindlich zu den Feinden dieses so genannten Sozialismus. Die Richter hatten keine Roben. Sie trugen normale Kleidung, die Frauen dunkle Kostüme mit hellen Blusen, die Männer Anzüge in gedeckten Farben. DDR-Richter erledigten im Durchschnitt weniger Fälle als ihre Kollegen in der Bundesrepublik, nahmen sich mehr Zeit für das einzelne Verfahren. Anders als ihre westlichen Kollegen waren sie nicht an das gebunden, was Kläger und Beklagte ihnen an Tatsachen und Anträgen vortrugen, sondern mussten auch Probleme klären, die von den Parteien nicht angesprochen wurden. Sie konnten zusätzliche Beweise erheben. Man nennt so etwas im Zivilrecht Untersuchungsgrundsatz. Nach der westlichen Zivilprozessordnung gilt der Verhandlungsgrundsatz, ein Ausdruck der individuellen Freiheit. Besonders im Zivilrecht suchten die Richter der DDR die Harmonie. Dies war zwar fürsorglich, schränkt aber auch die Freiheit des Einzelnen ein. Im politischen Strafrecht ist die Justiz meistens gnadenlos hart gewesen.

Im Großen und Ganzen gesehen kann man sagen, der Grundsatz des Umbaus der Justiz hieß von Anfang an Vereinfachung.

Der Unterschied ist leicht zu erklären. Im Westen ist die Justiz eine riesige komplizierte Maschinerie, eine der wichtigsten Grundlagen unserer ganzen Ökonomie. Denn unsere Wirtschaft ist privat organisiert, die Unternehmen sind privates Eigentum und schließen Verträge ab nach privatem Zivilrecht. Ob Herr X vom Händler H ein Radio kauft oder die Fabrik F vom Stahlwerk S 10000 Tonnen Stahl, ist egal. Beides ist ein privater Kaufvertrag, der geregelt ist in § 433 BGB, und wenn was nicht in Ordnung ist, kommt der Streit vor das Amtsgericht oder das Landgericht. Nicht so in der DDR. Die Wirtschaft war staatlich, nicht privat. Streitigkeiten zwischen Betrieben waren geregelt in einem besonderen Vertragsgesetz, wurden meistens von Parteiinstanzen politisch gelöst und nur selten kam es zu Verfahren vor den wenigen besonderen Vertragsgerichten, die nicht zur Justiz gehörten, sondern Regierungsorgane waren. Für die Justiz blieb als Aufgabe allein die Lösung von Streitigkeiten normaler Bürger und das Strafrecht. Sie hatte bei weitem nicht die Bedeutung wie im Westen. Deshalb war das Programm nicht nur Vereinfachung, sondern auch Reduzierung.

Es begann 1949 mit der Errichtung des Obersten Gerichts. Im Gegensatz zum alten Reichsgericht – und dem Bundesgerichtshof im Westen – hatte es nur noch die Aufgabe, über wichtige politische Strafsachen in erster Instanz zu entscheiden und über die Kassation im Zivil- und Strafrecht. Die Kassation ist ein Rechtsmittel, das nur der Staatsanwaltschaft zusteht, innerhalb eines Jahres gegen Urteile, die von den Parteien im Zivilprozess oder vom Angeklagten im Strafprozess nicht mehr angegriffen werden können. Mit anderen Worten, die Revision, die Entscheidung über Urteile von Oberlandesgerichten im Zivilrecht oder Strafurteile von Landgerichten – die Hauptaufgabe von Reichsgericht und Bundesgerichtshof – war gestrichen, der Rechtsweg für den Bürger verkürzt. Deshalb war das Oberste Gericht ein Gericht neuen Typs. Es war auch sehr viel kleiner als die beiden anderen. Bei seiner Gründung hatte es vierzehn Richter, das alte Reichsgericht 1945 noch über hundert.

1952 wurden die Länder aufgelöst. An ihre Stelle traten Bezirke. Das war der Abschluss einer weiteren Reduzierung und Vereinheitlichung der Justiz. Die alte Vierteilung wurde ersetzt durch eine Dreiteilung der Ebenen. Früher waren es Amtsgericht, Landgericht, Oberlandesgericht, Reichsgericht. Jetzt gab es nur noch Kreisgericht, Bezirksgericht und Oberstes Gericht. Erste Instanz in Zivilsachen war grundsätzlich immer das Kreisgericht. Die Berufung ging zum Bezirksgericht. Dann war Schluss für den Bürger. Die Dreiteilung bedeutete nicht nur Vereinfachung, sondern auch Vereinheitlichung mit dem allgemeinen Aufbau der Verwaltung in Kreisen, Bezirken und Zentrale. Die Vereinheitlichung ist 1960 noch dadurch verstärkt worden, dass die Richter nicht mehr vom Ministerium ernannt, sondern von den entsprechenden Kreistagen und Bezirkstagen gewählt wurden, die Richter des Obersten Gerichts – wie schon vorher – von der Volkskammer, seit Mitte der sechziger Jahre für die jeweilige Wahlperiode. Wiederwahl war üblich. Nur in sehr seltenen Fällen wurden Richter aus politischen Gründen nicht wieder gewählt.

1963 sind die Arbeitsgerichte aufgelöst und in die allgemeine Gerichtsbarkeit eingegliedert worden. Eine weitere Vereinfachung. Die Verwaltungsgerichte waren schon 1952 beseitigt. Und so gab es nur noch eine einzige Gerichtsbarkeit. Mit drei Instanzen. Die Eingliederung der Arbeitsgerichte hatte ihre Ursache nicht nur in der Tendenz zur Vereinfachung und Vereinheitlichung, sondern auch darin, dass es schon seit zehn Jahren Konfliktkommissionen gab, die sich bewährt hatten, mit Laienrichtern in den Betrieben, die einen sehr großen Teil

missionen in den Betrieben. Nach dem Gesetz über gesellschaftliche Gerichte – GGG – waren sie zuständig für Entscheidungen über einfache Zivilrechtsstreitigkeiten oder kleinere Straftaten, die Konfliktkommissionen auch in erster Linie aber für arbeitsrechtliche Probleme. Gegen ihre Entscheidungen war Einspruch möglich zu den Kreisgerichten. Sie haben sich bewährt und die Justiz entlastet. Ihre Mitglieder waren nicht Juristen. Sie wurden in den Wohngebieten von der Volksvertretung des Kreises, in den Betrieben von der Belegschaft gewählt. Der irgendwo im Kreis Potsdam entschiedene Streit würde in der Bundesrepublik vor einem Amtsgericht verhandelt worden sein, möglicherweise nicht nur von einem Zivilrichter, sondern auch noch von einem Strafrichter:

„Beschluss

Die Schiedskommission in, ... behandelte am 31. März 1988 in, ... unter Teilnahme folgender Mitglieder der Kommission ... auf Antrag vom 29. 12. 87 die Sache des S., Alter: ..., wohnhaft in ... gegen Herrn U., Alter: ..., wohnhaft in ... wegen Verfehlung in Anwesenheit der Beteiligten. Es waren weitere zwei Bürger anwesend, darunter die Ehefrau des Herrn U. und der Sohn des Herrn S. Die Beratung ergab folgenden Sachverhalt:

Seit etwa fünf Jahren gibt es zwischen den Familien S. und U. (direkte Nachbarn) Streitigkeiten wegen Lärmbelästigung durch Hunde der Familie S. Aus einem Wurf des Jahres 1985 verblieb einer der Welpen im Besitz der Familie S. Das Muttertier verstarb noch im gleichen Jahr. Dieser junge Rüde wuchs im Zwinger an der Grundstücksgrenze zur Familie U. auf. Er zeichnete sich von Anbeginn seines Lebens durch Bellen am Tage in hoher Stimmlage und oft aus unerklärlichen Gründen aus. Im Jahre 1986 jagte er auf dem Grundstück der Familie U. hinter deren Sohn her und biss ihn. Seitdem wurde die Familie S. durch die Familie U. schriftlich gebeten, sich um die Erziehung ihres Hundes wirkungsvoll zu bemühen. Die in der Beantwortung dieser Schreiben gegebene Zusicherung war am Verhalten des Hundes nicht zu bemerken. Der Hund kläffte weiter in hohen Tönen und war für die Familie U. weiterhin die Ursache für die Beeinträchtigung der Ruhe im Garten. Um sich der Belästigung durch den Hund zu erwehren, warf Herr U. mit heruntergefallenen Äpfeln nach ihm, natürlich ohne Erfolg, da er dadurch noch mehr aufgeschreckt wurde. Ebenfalls störte ihn die Katze der Familie U. und er jagte, wenn er konnte, hinter ihr her. In einem Schreiben vom 8. 12. 1987 forderte Herr S. Herrn U. auf, zukünftig provozierende Handlungen (Würfe, Reizen mit einer Katze u. ä.) zu unterlassen. In der Antwort vom 19. 12. 1987 schreibt Herr U., dass Familie S. der Störenfried in der Ortsmitte sei, da noch immer und viel zu lange schon ihr Kläffer viele Menschen um das Grundstück herum erschreckt.

Diese Aussage wurde von Herrn S. zum Anlass genommen, einen Antrag an die Schiedskommission wegen Verfehlung des Herrn U. zu stellen.

Die Beratung wurde mit dem Ziel durchgeführt, nach einer kameradschaftlichen und beiderseitig kritischen Aussprache die Ursache des nun schon lange Zeit andauernden Konfliktes zu beseitigen, d. h. abzustellen und den Grundstein für eine dauerhafte Lösung zu legen. In der Aussprache wurde u. a. ein Urteil des Bezirksgerichts Potsdam vom 7. 3. 79 (Aktenzeichen 1 BZB 246/78) zitiert, nach dem zur Beseitigung der Ursache des Konflikts die Entfernung eines Hundes vom Nachbargrundstück verlangt wurde.

Obwohl die Beratung nicht einfach war, da die Standpunkte beider Seiten in dem jahrelangen Streit verhärtet waren, konnte eine Aussöhnung erzielt werden.

Im Ergebnis der Beratung bestätigt die Schiedskommission folgende Einigung der Parteien:

1. Die Verpflichtung des Herrn U., sich bei Herrn S. wegen der Äußerung im Brief vom 19. 12. 1987 zu entschuldigen, wird bestätigt.
2. Dazu verpflichtet sich Herr S., derart auf seinen Hund einzuwirken, d. h. Einfluss zu nehmen, dass Lärmbelästigungen nicht mehr auftreten bzw. in erträglichen Grenzen gehalten werden.
3. Beide Parteien werden verpflichtet, zum 30. 6. 1988 schriftlich an die Schiedskommission zu berichten, wie die eingegangenen Verpflichtungen eingehalten wurden.

Unterschrift des Protokollführers	Unterschrift des Vorsitzenden der Schiedskommission“

Ob diese Einigung zu einem endgültigen Ende der Streitigkeiten geführt hat, wissen wir nicht. Die Schiedskommission hatte den beiden Nachbarn eine Frist von drei Monaten gegeben für einen abschließenden Bericht. Das wird zur Beruhigung beigetragen haben und zeigt, dass diese Kommissionen sich nicht nur als Richter über die Vergangenheit verstanden haben, sondern auch als Vermittler für die Zukunft.

Sozialistisches Strafrecht

Kriminalität hat nach marxistischer Auffassung gesellschaftliche Ursachen und entsteht durch die mit dem Privateigentum an Produktionsmitteln verbundene Ausbeutung. Also hätte sie in sozialistischen Ländern verschwinden müssen. Tat sie aber nicht. Deshalb suchte man nach Erklärungen. Auch in der DDR gab es dafür zunächst die stalinistische Klassenkampftheorie. Kriminalität ist danach Widerstand der gestürzten Ausbeuter, zum Teil auch Ergebnis von Resten kapitalistischen Bewusstseins einzelner Bürger. Daraus erklärt sich die außerordentliche Härte des Strafrechts in den fünfziger Jahren, nicht nur im eigentlich politischen Bereich. Denn nach dieser Theorie war jede Form von Kriminalität politisch. Grundlage blieb das Strafgesetzbuch von 1871. Rein politische Straftaten wurden im Wesentlichen nach einem Befehl Nr. 160 der SMAD – Sowjetischen Militäradministration – von 1945 verfolgt als „Diversion" und Sabotage, was ungefähr dasselbe ist. Diversion wurde später zu § 103 des neuen Strafgesetzbuches von 1967, bedeutete auch Schädigung der Volkswirtschaft zum Beispiel durch Vernichtung wichtiger Forschungsunterlagen und konnte in besonders schweren Fällen mit dem Tod bestraft werden, wie schon nach

Abb. 51 Zuchthaus Bautzen.

dem SMAD-Befehl. Besonders grotesk war, dass eine Verfassungsvorschrift von 1949 über Grundrechte verfälscht wurde zu unmittelbar geltendem Strafrecht. In Artikel 6 der Verfassung hieß es im ersten Absatz ganz harmlos, alle Bürger seien gleichberechtigt. Völlig überraschend dann in Absatz 2 die Feststellung, Boykotthetze gegen demokratische Einrichtungen sei ein Verbrechen. Ohne Präzisierung. Daraus machte das Oberste Gericht der DDR 1950 eine Strafvorschrift, nach der Zeugen Jehovas hohe Zuchthausstrafen erhielten unter dem Vorsitz Hilde Benjamins. Ein tolles Stück. Später wurden aufgrund des Artikels 6 Absatz 2 sogar Todesurteile ausgesprochen, bis man 1957 sah, dass es juristisch so nicht weitergeht. Im ersten Strafrechtsergänzungsgesetz wurde es etwas genauer als § 19 formuliert und 1967 im Strafgesetzbuch als staatsfeindliche Hetze in § 109, immer noch ein Gummiparagraph, aber leider mit Parallelen im politischen Strafrecht der Bundesrepublik gegen Kommunisten, allerdings ohne Androhung der Todesstrafe und in der Praxis mit milderen Urteilen.

Nach Stalins Tod 1953 setzte in der Sowjetunion eine Wende ein, mit dem Strafgesetzbuch von 1956, nämlich der Übergang von Klassenkampftheorie zur Freund-Feind-Theorie. Zum einen sei Kriminalität der Kampf von Feinden gegen den Sozialismus. Sie müssten hart bestraft werden. Aber zum anderen sei sie sehr oft nur Straucheln von loyalen Bürgern, von Freunden, denen man helfen müsse. Die DDR folgte zögernd. Zunächst 1957 mit einigen Liberalisierungen im Strafrechtsergänzungsgesetz, dann mit einem Beschluss des Staatsrats vom 30. 1. 61, in dem gefordert wurde, die Gerichte sollten weniger strafen, stattdessen mehr erziehen und bessern. Die ausdrückliche Übernahme der Freund-Feind-Theorie. Außerdem war ja schon 1960 den Konfliktkommissionen der Betriebe ein großer Teil Bagatellkriminalität zur Entscheidung überlassen worden. Gegen dieses neue kriminalpolitische Programm kam Widerstand aus der Wissenschaft, besonders von John Lekschas aus Halle und Joachim Renneberg von der Hochschule für Staat und Recht in Potsdam, beide Verfasser des ersten Lehrbuchs zum Strafrecht, das 1957 erschienen war, mit einer langen und umständlichen Begründung der Klassenkampftheorie. Aber sie wurden zurückgepfiffen durch einen zweiten Beschluss des Staatsrats von 1962, der noch einmal ausdrücklich erklärte, die meisten Straftaten würden nicht aus Feindschaft gegen den Sozialismus begangen. Zwei Jahre später sind die Schiedskommissionen in den Gemeinden eingerichtet worden, ebenfalls zur Entscheidung von Bagatellfällen. Die Zahl der Verfahren vor diesen gesellschaftlichen Gerichten lag danach immerhin bei 30 bis 40 Prozent der Straftaten. Dazu gehörten nicht nur Beleidigung und Hausfriedensbruch, sondern auch leichte Körperverletzung und Betrug.

1967 wurde nach dem neuen Programm ein modernes Strafgesetzbuch erlassen. In ihm blieb zwar die Todesstrafe. Sie wurde erst 1987 abgeschafft. Aber zum Teil ist es weiter gegangen als die späteren Reformgesetze der Bundesrepublik. Eine Aussetzung von Freiheitsstrafen zur Bewährung zum Beispiel war unbegrenzt möglich, auch wenn es mehr waren als zwei Jahre. Seit 1972 war der Schwangerschaftsabbruch nicht mehr strafbar, mit einer Fristenlösung von zwölf Wochen, eines der ersten Gesetze unter der Verantwortung Erich Honeckers. Schon in der Besatzungszeit war durch Ländergesetze die soziale Indikation eingeführt, von 1950 bis 1965 aber wieder gestrichen. Auch die Resozialisierung wurde ernsthafter betrieben als im Westen. Nach dem Wiedereingliederungsgesetz von 1977 mussten die Räte der Kreise den entlassenen Strafgefangenen Wohnung und Arbeit besorgen. Allerdings war der Strafvollzug härter und die Quote der vollzogenen Freiheitsstrafen höher als in der Bundesrepublik. Die Gefangenenziffer der DDR, also die Zahl der Strafgefangenen je 100000 Einwohner, war etwa doppelt so hoch wie im Westen Deutschlands.

Das politische Strafrecht vor dem Obersten Gericht beginnt 1950 in Verfahren meistens unter dem Vorsitz von Hilde Benjamin, die dann 1952 Justizministerin wurde. Es waren Schauprozesse, die Strafen entsetzlich hoch, meistens Zuchthaus von vielen Jahren bis lebenslang und daneben auch Todesurteile. In den siebziger Jahren kamen ständig neue Tatbestände dazu und wurde auch der Strafrahmen oft erweitert. In der Praxis der Gerichte spielten die größten Rolle Gummivorschriften wie staatsfeindliche Hetze, öffentliche Herabwürdigung der staatlichen Organe, Beeinträchtigung staatlicher Tätigkeit oder Rowdytum. Der ungesetzliche Grenzübertritt des § 213 StGB legitimierte in Verbindung mit § 27 des Grenzgesetzes von 1982 die Schüsse an Mauer und Stacheldraht. Das politische Strafrecht blieb sehr hart. Für geringfügige Aufmüpfigkeit gab es hohe Freiheitsstrafen. Verbunden mit dem maßlosen Spitzelwesen des Ministeriums für Staatssicherheit und den Toten an Mauer und Stacheldraht war das die politische, moralische und juristische Katastrophe dieses deutschen Sozialismus. Sie begann für den Staat DDR 1950 mit den Waldheimer Prozessen.

Waldheim, eine kleine sächsische Stadt in der Mitte des Dreiecks Chemnitz, Dresden und Leipzig, liegt malerisch im Tal eines Flusses und auf den Hügeln drumherum. Dort wurde im 19. Jahrhundert nicht nur die Zahnpasta erfunden und der Legostein, es gab auch seit dem 18. Jahrhundert ein berüchtigtes Zuchthaus. „Wer nichts wagt, kommt nicht nach Waldheim", hieß es seit langem in der Umgebung. In seiner Krankenabteilung fanden von April bis Juni 1950 die „Waldheimer Prozesse" statt, eines der dunkelsten Kapitel deutscher Justiz.

Nach der Gründung der DDR löste die Sowjetische Militäradministration nicht nur sich selbst auf, sondern auch ihre letzten drei Internierungslager Bautzen, Buchenwald und Sachsenhausen. Den Strafanstalten der DDR überließ sie 10500 Häftlinge zur Verbüßung der von sowjetischen Militärgerichten ausgesprochenen Strafe und der Volkspolizei 3432, die noch nicht verurteilt waren und ins Zuchthaus Waldheim gebracht wurden. In großer Eile bereitete die SED die Prozesse vor. 20 Sonderstrafkammern wurden gebildet, die Richter vom Berliner Justizministerium aus der ganzen DDR nach politischer Zuverlässigkeit ausgesucht, alles Volksrichter. Walter Ulbricht hatte die Weisung gegeben, die 3432 seien so schnell und so hart wie möglich zu verurteilen. „Urteile unter zehn Jahren dürfen nicht gefällt werden." Er hatte drei Gründe. Die Gefangenen waren seit vier Jahren von den

Abb. 52 Waldheim mit dem Zuchthaus.

Abb. 53 Hilde Benjamin (Mitte) – als Vizepräsidentin des Obersten Gerichts – bei einer der wenigen „öffentlichen" Verhandlungen der Waldheimer Prozesse im Juni 1950.

Sowjets festgehalten. Also durften es keine Unschuldigen sein. Außerdem wollte die DDR der Welt zeigen, dass sie die Verfolgung von NS-Tätern mit großer Energie fortsetzt, im Gegensatz zur „faschistisch" beeinflussten Bundesrepublik, wo Adenauer mit den Alliierten über eine Amnestie verhandelte und außerdem das Gesetz zu Artikel 131 des Grundgesetzes vorbereitete, nach dem ehemalige Nationalsozialisten einen Anspruch auf Wiedereinstellung in den öffentlichen Dienst erhielten. Schließlich war Waldheim ein Vorlauf für Prozesse der Zukunft. Die Partei wollte sehen, wie weit sie gehen konnte mit der politischen Steuerung der Justiz. Und sie sah, es ging so weit, wie sie wollte.

Die Verfahren wurden von der Rechtsabteilung des Zentralkomitees geplant, gesteuert und vor Ort überwacht. Anklageschriften erhielten die Gefangenen oft erst am Abend vor der Verhandlung. Verteidiger wurden kaum und die Öffentlichkeit war gar nicht zugelassen. Erst zum Schluss gab es im Rathaus von Waldheim zehn Prozesse mit „erweiterter Öffentlichkeit" gegen Angeklagte, bei denen man sicher sein konnte, dass die Beweise ausreichten. Denn die anderen Urteile ergingen fast nur auf der Grundlage sowjetischer Protokolle, die nicht weiter überprüft wurden, und zwar meistens wegen Verbrechen gegen die Menschlichkeit nach dem Kontrollratsgesetz Nr. 10 von 1945 und einer Kontrollratsdirektive Nr. 38 von 1946. Die Richter waren angewiesen, Urteile unter fünf Jahren nur zu erlassen, wenn vorher eine Kommission zugestimmt hatte, zu der Vertreter des Zentralkomitees, des Justizministeriums und der Volkspolizei gehörten. Nur vier Angeklagte wurden freigesprochen, 32 zum Tode verurteilt und die meisten zu Freiheitsstrafen zwischen 15 und 25 Jahren. Alles in sechs Wochen. Das heißt, jede Kammer hat täglich mindestens drei Verfahren durchgeführt, die Urteile beraten, verkündet und geschrieben. Viele Verhandlungen dauerten nur eine halbe Stunde. Viele Angeklagte waren unschuldig oder sind nur wegen ihrer Mitgliedschaft in NS-Organisationen verurteilt worden. Selbst ein Hitlerjunge war dabei, der am Ende des Krieges als Siebzehnjähriger in einem militärischen Ausbildungslager eine Uniform getragen hatte. Das war alles. Er wurde zu acht Jahren Gefängnis verurteilt. Nur 14 Angeklagte erhielten weniger als fünf Jahre.

Mit anderen Worten, das ganze war eine Farce, Unrecht, diktiert von der Partei. Als das allmählich bekannt wurde, gab es weltweit Proteste, auch innerhalb der DDR, sehr energisch von Otto Nuschke, dem Vorsitzenden der Ost-CDU und stellvertretenden Ministerpräsidenten. Deshalb wurden schon zwei Jahre später 1000 Verurteilte entlassen, viele Strafen herabgesetzt und Anfang der sechziger Jahre waren nur noch ganz wenige – und wohl wirklich Schuldige – in Haft.

Recht in den Händen totalitärer Politik

Zur Hegemonie der Politik über das Recht in der DDR

von Wolfgang Ullmann

Wer die Geschichte des Rechtes in der DDR überblickt, steht vor einer ebenso einzigartigen wie bestürzenden Abfolge von Paradoxien. Das beginnt schon mit dem Anfang und dem Ende dieser Geschichte. Kaum vergleichbar mit anderen Epochen in der präzisen Bestimmbarkeit ihres Anfangs und Endes, haben beide Daten doch eine merkwürdige Zweideutigkeit. Der Beginn mit dem 7. Oktober 1949, der Gründung der Deutschen Demokratischen Republik, ist gerade rechtsgeschichtlich nicht verstehbar ohne den Vorangang der Jahre der sowjetisch besetzten Zone von 1945 bis 1949, in denen Recht und Rechtspflege unter dem Besatzungs- und Hoheitsrecht der Sowjetischen Militäradministration Deutschlands ausgeübt und vollzogen wurden. Ähnlich doppeldeutig das Ende mit dem Beitritt der DDR zur Bundesrepublik Deutschland am 3. Oktober 1990, denn ein nicht irrelevanter Teil des DDR-Rechtes erlangte in Form der Anlage II zum Einigungsvertrag, der staatsrechtlichen Urkunde des Beitritts, eine fortdauernde Gültigkeit auch nach der Vereinigung der beiden deutschen Staaten.

Für die Schicksale des Rechtes in den 40 Jahren der SED-Herrschaft wurde die Tatsache entscheidend, dass es in den vier Jahren der Sowjetischen Militäradministration die Rechtsauffassung der Stalin-Ära war, die alles administrative und justizielle Handeln bestimmte. Ein gravierendes Faktum, das weder die Konsolidierungen nach der Staatsgründung von 1949 noch die Reformansätze nach dem Mauerbau von 1961 und der Verfassungsreform von 1968 und 1974 außer Kraft setzen konnten. Dies umso weniger, als Ulbricht und das Politbüro eine solche Revision nie im Sinne hatten, sondern ihre Justizpolitik nur den jeweiligen Umständen anzupassen bestrebt waren.

Zu den schwersten Verbrechen, die man beiden Totalitarismen des 20. Jahrhunderts vorwerfen muss, gehört die flächendeckende Rechtszerstörung in ihrem jeweiligen Herrschaftsbereich, betrieben um Staatskriminalität für immer unverfolgbar bleiben zu lassen, indem der Unterschied zwischen Recht und Unrecht schlechterdings liquidiert oder so modifiziert wurde, dass Unrecht immer nur dort konstatiert werden konnte, wo zuvor Einzelne oder Gruppen als politische Gegner und damit als so genannte „Volksfeinde“ identifiziert waren.

Die Folgen dieser Ausgangsposition sind so bekannt, dass an sie nur erinnert zu werden braucht. Das Kontrollratsgesetz Nr. 38 über Internierungsmaßnahmen der vier Besatzungsmächte wurde in der Sowjetzone so angewandt, dass Internierungen auf Grund von Verhaftungen ohne jedes rechtlich geregelte Verfahren auf bloße Denunziation hin oder gar völlig willkürlich vorgenommen werden konnten. Die Folgen waren von makabrer Symbolik: Die gerade befreiten Konzentrationslager füllten sich erneut mit politischen Häftlingen. Zu den alten kamen neue Massengräber wie in dem bekannten Beispiel des Lagers 2 von Sachsenhausen, als ob so anschaulich wie möglich dokumentiert werden sollte, wie die beiden Totalitarismen die Rechtszerstörungen des jeweils anderen als Rechtfertigung der eigenen Unmenschlichkeiten in Anspruch nahmen.

Aber auch wo es zu regelrechten Verfahren kam, führte etwa die Anwendung des Strafrechtes der russischen Sowjetrepublik zu einer Praxis, die allen rechtsstaatlichen Prinzipien Hohn sprach, zumal der SMAD-Befehl Nr. 201 Verfahrensformen wie Haftbeschwerde, Beweiserhebung und jede Form der Verteidigung explizit ausschloss.

So führt eine direkte Linie von der Anwendung der §§ 57 und 58 des Strafgesetzbuches der RSFSR durch die SMAD, in denen alles, was irgendwie und irgendwo als „Anschlag auf die Errungenschaften der proletarischen Revolution" (aaO. § 57 Abs. 2) gekennzeichnet werden konnte, zu einem Straftatbestand erklärt wurde, zu jenem berüchtigten Artikel 6 der DDR-Verfassung von 1949, in dem jede Kritik an „demokratischen Einrichtungen" (d.h. Einrichtungen der DDR) als „Boykotthetze" und damit als zu ahndendes Verbrechen normiert wurde.

Man kann es als eine Art Selbstdurchsetzung der Faktizitäten des Rechtes ansehen, dass nicht nur in der Sowjetunion, sondern auch in anderen kommunistischen Ländern wie der DDR sich rechtsdogmatische Klärungen auf die Länge als unerlässlich erwiesen.

In der DDR geschah eine solche durch die von Ulbricht organisierte Babelsberger Konferenz 2./3. April 1958. Schon ihre Thematik drückt aus, dass die politische Instrumentalisierung des Rechtes durch die Partei, die den Tatbestand der Rechtsbeugung per definitionem ausschließt, uneingeschränkt festgehalten wird. Ulbrichts Grundsatzreferat thematisierte die marxistische Staatsauffassung und in dem auf den Ergebnissen der Babelsberger Konferenz fußenden Studienplan des Jurastudiums von 1959 heißt es denn auch: „Die juristischen Fakultäten haben Staatsfunktionäre auszubilden."

Man vergesse angesichts solcher Sätze nie, dass sie nach marxistischer Lehre Teil einer Übergangsepoche sein sollten, in der auf das Ende des Staates und damit auch des Rechtes hinzuarbeiten war. Diese Zielsetzung erklärt es auch, dass die in Babelsberg festgelegte Linie gegen „Positivismus, Normativismus, Individualismus" des bürgerlichen – im Sinne von nichtmarxistischen – Rechts auch nicht in den sechziger Jahren verlassen wurde, als nach dem „Rechtspflegeerlass" vom 4. April 1963 eine durchgreifende Modernisierung der DDR-Justiz in Gang gesetzt wurde, an deren Ende wichtige Kodifizierungen wie das Familiengesetzbuch von 1965 standen. Im Rahmen dieser Reformdiskussion ist auch die Thematik eines „sozialistischen Rechtsstaates" aufgegriffen und über „Grundrechte der sozialistischen Persönlichkeit" gesprochen worden. Aber konnte diese Diskussion zu praktisch relevanten Ergebnissen führen, wenn ihre Hauptvoraussetzung die fundamentale Freiheitsberaubung des Mauerbaus vom 13. August 1961 war?

Man kann die neue sozialistische Verfassung der DDR von 1968 und ihre Erweiterung durch den Begriff des „sozialistischen Staates deutscher Nation", der freilich nach dem Grundlagenvertrag mit der Bundesrepublik Deutschland 1972 geändert werden musste, als eine Art Zusammenfassung dieser Reforminitiativen betrachten. Aber der ausführliche Grundrechtsteil von Art. 19–40, in dem die Parteien ganz beiläufig im Artikel über die Versammlungsfreiheit erwähnt werden, ist von vornherein konterkariert durch die im Fundamentalartikel 1 festgeschriebene Herrschaft der SED als Verfassungsprinzip. Ist es nicht beinahe ein Hohn, wenn die gleiche Verfassung in Art. 48 die Volkskammer als „oberstes Machtorgan" der Republik bezeichnet, die Sondervollmachten des Politbüros aber nur im SED-Statut erscheinen? Man übertreibt darum gewiss nicht, wenn man behauptet, dass ein System hoch paradoxer

Widersprüche an den Realitäten scheitern musste. In diesem Sinne erscheint es als folgerichtig, dass die Volkskammer der DDR die ihr vom Art. 48 bis dahin zugeschriebene oberste Macht zum ersten Mal wirklich ausübte, als sie am 1. Dezember 1989 die Herrschaftsprivilegien der SED beseitigte und damit den Weg zur Demokratisierung der DDR und ihrer Vereinigung mit der Bundesrepublik eröffnete.

Werdauer Oberschüler

Im südlichen Sachsen bei Zwickau liegt Werdau, eine mittlere Kleinstadt. Seit 1950 war dort wie damals an vielen Orten der DDR heimlich eine Oppositionsgruppe von Jugendlichen aktiv, die meisten von ihnen Oberschüler. Sie schrieben und verteilten Flugblätter, störten mit Stinkbomben politische Veranstaltungen und sind in Verbindung gewesen mit einer antikommunistischen Organisation in Westberlin, der Kampfgruppe gegen Unmenschlichkeit. Sie hatten erkannt, dass es nur eine Scheindemokratie war, die als DDR gegründet worden war, die Wahlen eine Täuschung und die politische Justiz ein Terrorinstrument. Also schrieben sie Flugblätter gegen die ersten Wahlen zur Volkskammer im Oktober 1950. „Wir alle sehnen uns nach Frieden, nach der Einheit Deutschlands in Freiheit. Weg mit den Volksverrätern – wählt mit NEIN." Oder zum Todesurteil des Dresdner Landgerichts gegen den Oberschüler Hermann Joseph Flade im Januar 1951, der wie sie heimlich Flugblätter verteilte, von Volkspolizisten überrascht wurde und sich mit seinem Taschenmesser gegen die Festnahme gewehrt hatte. Das Flugblatt in Werdau hatte die Überschrift „Freiheit – Feindschaft dem Terror". Sie warnen vor der Telefonüberwachung des sowjetischen Geheimdienstes – „NKWD hört mit" – oder beschreiben die Bespitzelung durch den Staatssicherheitsdienst der DDR, „Fluch den SED-Henkern". Es gibt viel Unruhe in der Stadt, die Menschen diskutieren, Polizei und Staatssicherheit fahnden. Sie suchen monatelang. Schließlich werden im Mai 1951 zwei von ihnen verhaftet, nachts beim Verteilen von Flugblättern. Die anderen sprechen morgens über Möglichkeiten der Flucht. Nur wenigen Sympathisanten und Mitwissern ist

Abb. 54 Die Werdauer Oberschüler, darunter 9 der späteren Angeklagten, bei einem Tanzstundenball 1950.

sie gelungen. Viele zögern, sind mitten im Abitur. Die Aktivisten werden alle verhaftet.

Der Prozess gegen 19 Angeklagte begann am 3. Oktober 1951 morgens vor dem Landgericht Zwickau und endete nachts um halb eins mit dem Urteil. Wenige Minuten vor der Verhandlung kamen Rechtsanwälte, stellten sich vor als Pflichtverteidiger, einer für jeweils drei oder vier der Jugendlichen. Deren Eltern wollten ihre Kinder endlich im Prozess wieder sehen, wurden aber von der Polizei mit Gummiknüppeln aus dem Gerichtsgebäude getrieben. Das Urteil stand schon fest, vereinbart in Vorgesprächen des Generalstaatsanwalts und der Staatssicherheit in Dresden mit den Richtern. Jugendstrafrecht sollte nicht angewendet werden und die Höhe der Strafen entsprach der Brutalität, mit der die Justiz der DDR damals gegen viele andere Jugendliche vorgegangen ist:

Joachim Gäbler	18 J. alt,	15 J. Zuchthaus
Karl-Heinz Eckardt	16 J. alt,	14 J. Zuchthaus
Gerhard Schneider	19 J. alt,	13 J. Zuchthaus
Sigrid Roth	17 J. alt,	12 J. Zuchthaus
Theobald Körner	18 J. alt,	10 J. Zuchthaus
Heinz Rasch	18 J. alt,	10 J. Zuchthaus
Achim Beyer	19 J. alt,	8 J. Zuchthaus
Günter Fritzsche	17 J. alt,	7 J. Zuchthaus

Gerhard Büttner	17 J. alt,	6 J. Zuchthaus
Hermann Krauß	18 J. alt,	6 J. Zuchthaus
Gottfried Karg	19 J. alt,	5 J. Zuchthaus
Siegfried Müller	19 J. alt,	5 J. Zuchthaus
Walter Dassler	31 J. alt,	3 J. Zuchthaus
Manfred Stets	24 J. alt,	3 J. Zuchthaus
Günther Kahler	19 J. alt,	2 J. Zuchthaus
Gudrun Pleier	18 J. alt,	2 J. Zuchthaus
Edgar Göldner	17 J. alt,	2 J. Zuchthaus
Wolfram Schürer	18 J. alt,	2 J. Zuchthaus
Anneliese Stets	16 J. alt,	2 ½ J. Zuchthaus

Sie blieben viele Jahre in Haft. Erst 1956 sind diejenigen von ihnen allmählich freigelassen worden, die die völlig überhöhten Strafen erhalten hatten. Die meisten flohen dann in dic Bundesrepublik.

Einiges war allerdings anders als in anderen Verfahren. Einen Tag vor der Verhandlung in Zwickau las Ministerpräsident Grotewohl in einer Westberliner Zeitung, dass der Prozess stattfinden würde und hohe Zuchthausstrafen drohten. Das wollte er verhindern, denn nach dem Todesurteil gegen Flade fürchtete er eine neue Welle der Empörung in der internationalen Presse. Er telefonierte mit Justizminister Fechner. Der schickte einen seiner Hauptabteilungsleiter nach Zwickau, um das Verfahren zu stoppen. Aber der reitende Bote des Königs kam zu spät. Am 4. Oktober morgens um halb zehn war er in der Stadt. Das Gericht hatte das Urteil schon in der Nacht gesprochen. Die Lenkung der Rechtsprechung war eben 1951 erst in den Anfängen. Später funktionierte das besser. Eines der krassesten Beispiele:

Der Fall Wiebach

Am 24. Juni 1955 begann vor dem Obersten Gericht in Ostberlin ein Prozess gegen fünf Männer wegen Spionage für westliche Geheimdienste, die mit dem Rundfunksender RIAS in Westberlin zusammengearbeitet haben sollen. Die „Strafsache gegen fünf Agenten des RIAS". Zehn Tage vor dem Beginn des Prozesses schickte der Leiter der Rechtsabteilung des Zentralkomitees, Klaus Sorgenicht, an Walter Ulbricht eine Hausmitteilung mit einem Bericht über die Angeklagten, was ihnen vorgeworfen wird, wer die Anklage vertritt und den Vorsitz im Gericht hat. Die Angeklagten hatten jeder für sich gehandelt. Der

SED
HAUSMITTEILUNG

95

AN	VON ABTEILUNG	DIKTATZEICHEN	DATUM	ERLEDIGUNGS-VERMERK
Genossen Walter Ulbricht	Staatl. Organe	Str/Hl	14.6.55	
Betr.: Strafsache gegen 5 Agenten des RIAS (Wiebach und Andere)				

Die Beschuldigten sind Agenten des RIAS und haben durch die Lieferung von Spionageinformationen politischen, wirtschaftlichen und militärischen Charakters die Durchführung von Sabotage- und Diversionsakten unterstützt und zur Vorbereitung eines neuen Krieges beigetragen.

Der Beschuldigte W i e b a c h war bis Februar d.J. bei der DEWAG und berichtete an den RIAS über Inhalt und Verlauf der Betriebsversammlungen bei der DEWAG, über Versorgungsschwierigkeiten, über die Struktur des Betriebes, über Namen und Tätigkeit von SED-Mitgliedern, über die Tätigkeit der BGL, der FDJ und der Gesellschaft für Sport und Technik, über laufende Aufträge der Regierung und des ZK.
Nach seiner Entlassung lieferte er Informati...
der S...

... im Obersten Gericht
...

Die Anklage wird Genosse Dr. Melsheimer vertreten, den Vorsitz führt der Präsident des Obersten Gerichts, Dr. Schumann.
Die Verhandlung wird öffentlich durchgeführt. Es sollen wieder Delegationen aus Betrieben und die Presse teilnehmen.

Folgende Strafen sind beabsichtigt:

Wiebach	~~lebenslängliches Zuchthaus~~
Baier	15 Jahre Zuchthaus
Krause	lebenslängliches Zuchthaus
Gast	12 Jahre Zuchthaus
Vogt	8 Jahre Zuchthaus

Staatliche Organe

Sorgenicht

Abb. 55 Hausmitteilung der SED im Fall Wiebach mit den Vermerken Walter Ulbrichts: „Vorschlag Todesurteil“ und „Einverstanden“.

Zusammenhang des Prozesses wurde über den RIAS konstruiert. Über Joachim Wiebach heißt es:

> „Der Beschuldigte Wiebach war bis Februar d. J. bei der DEWAG und berichtete an den RIAS über Inhalt und Verlauf der Betriebsversammlungen bei der DEWAG, über Versorgungsschwierigkeiten, über die Struktur des Betriebes, über Namen und Tätigkeit von SED-Mitgliedern, über die Tätigkeit der BGL (Betriebsgewerkschaftsleitung, U. W.), der FDJ und der Gesellschaft für Sport und Technik, über laufende Aufträge der Regierung und des ZK (Zentralkomitee, U. W.).
>
> Nach seiner Entlassung lieferte er Informationen über Objekte der Sowjetarmee und der KVP (Kasernierte Volkspolizei, U. W.), über die Stärke der Einheiten und über deren Waffen in den Gebieten Potsdam, Angern, Mirow, Leisnig, Schwerin und Peitz. Bei diesen Fahrten horchte er die Bewohner aus und fertigte verleumderische Berichte an. Bei den Treffs im RIAS lieferte er ferner Informationen über Staatsakte der Regierung, über Besuche ausländischer Delegationen und sonstige Veranstaltungen. Ähnliche Berichte gab er auch an das „Bundesamt für Verfassungsschutz" und an den CIC (Counter Intelligence Corps, U. W.). Insbesondere für die letztgenannte Spionagezentrale lieferte er Spionageberichte militärischen Charakters aus dem Gebiet Jüterbog und trug militärische Objekte in Messtischblätter beim CIC ein."

Nach dem Bericht über die vier anderen am Ende eine Art Drehbuch wie bei allen Prozessen, die der Partei politisch wichtig waren:

> „Die Hauptverhandlung wird am 24. Juni 1955 beim Obersten Gericht beginnen. Die Anklage wird Genosse Dr. Melsheimer vertreten, den Vorsitz führt der Präsident des Obersten Gerichts, Dr. Schumann. Die Verhandlung wird öffentlich durchgeführt. Es sollen wieder Delegationen aus Betrieben und die Presse teilnehmen.
>
> Folgende Strafen sind beabsichtigt:
>
> Wiebach lebenslängliches Zuchthaus
> Baier 15 Jahre Zuchthaus
> Krause lebenslängliches Zuchthaus
> Gast 13 Jahre Zuchthaus
> Vogt 8 Jahre Zuchthaus"

Darunter der handschriftliche Vermerk „Einverstanden W. Ulbricht". Aber die für den Angeklagten Wiebach vorgesehene Strafe hatte er durchgestrichen und darüber geschrieben: „Vorschlag Todesurteil." Am 27. Juni ist Joachim Wiebach vom Obersten Gericht zum Tode verurteilt worden. Das Urteil wurde vollstreckt. Günther Krause und Manfred Vogt erhielten ebenso die vorgeschlagenen Strafen. Bei Willi Gast ging das Gericht drei Jahre höher. Richard Baier erhielt zwei Jahre weniger. Sozusagen als Rest richterlicher Unabhängigkeit, die auch später noch in der Verfassung von 1968 garantiert war.

Die Auflösung des Zivilrechts

Fundament des Zivilrechts war 1945 immer noch das Bürgerliche Gesetzbuch, auch in der sowjetischen Zone. In den Westzonen und später in der Bundesrepublik ist es die Grundlage der Wirtschaftsordnung geblieben mit seinen beiden Eckpfeilern, dem Privateigentum auch am Unternehmen und der Vertragsfreiheit ohne staatliche Reglementierung. Für den Aufbau einer sozialistischen Wirtschaft war es natürlich völlig ungeeignet. Deshalb ist dieser bisher im BGB geregelte Riesenbereich des Zivilrechts dort immer weiter eingeengt und aufgelöst worden. Es begann schon in der Besatzungszeit und endete mit dem Zivilgesetzbuch 1975, das dem BGB die letzte Geltung genommen hat. Ein langer Prozess der Auflösung des Zivilrechts in zum großen Teil völlig anders geregelte Einzelbereiche. Die fünf wichtigsten waren Bodenrecht, Vertragsrecht der Betriebe, Familienrecht, Zivilgesetzbuch und schließlich das Arbeitsrecht, das schon in der Weimarer Zeit als eigenständiger Bereich außerhalb des BGB entstanden war. Diese Bereiche wurden in der DDR Rechtszweige genannt.

Mit der Bodenreform und weiteren Enteignungen waren zuletzt mehr als 60 Prozent der Fläche der DDR so genanntes sozialistisches Eigentum, für das die Regeln des BGB nicht mehr galten, sondern eine große Zahl von Einzelvorschriften. Das sozialistische Eigentum war unterteilt in verschiedene Arten, die beiden wichtigsten Volkseigentum – für Betriebe und Wohnungsbauunternehmen – und genossenschaftliches Eigentum zum Beispiel der landwirtschaftlichen Produktionsgenossenschaften. Zentraler Begriff der vielen Sonderregeln war die Rechtsträgerschaft, eine Art geschützter Besitz, der mit staatlicher Genehmigung übertragen werden konnte. Diese vielen Regeln, das war das Bodenrecht.

Abb. 56 Demonstration zur Bodenreform anlässlich der Aufteilung des ehemaligen „Königlichen Rittergutes Helfenberg“ bei Cunnersdorf in Sachsen.

Auch das Vertragsrecht der Betriebe ist schon in der Besatzungszeit entstanden und wurde in der DDR immer weiter ausgebaut, zuletzt durch das Vertragsgesetz von 1982. Verträge über Lieferungen und Zahlungen zwischen Betrieben mussten abgeschlossen werden im Rahmen staatlicher Wirtschaftspläne und genehmigt von staatlichen Stellen.

Das Familienrecht der DDR hat früher und konsequenter als die Bundesrepublik Ernst gemacht mit der Gleichheit von Männern und Frauen. Das liberale Zerrüttungsprinzip für die Scheidung des Ehegesetzes von 1938 wurde beibehalten, anders als im Westen, wo es unter Adenauer ersetzt wurde durch das alte konservativ-christliche Verschuldensprinzip. Erst die sozialliberale Koalition hat es hier 1976 wieder eingeführt. Der Anwaltszwang für Ehescheidungen war im Osten schon 1948 abgeschafft und alles – sehr frauenfreundlich – zusammengefasst und verbessert im Familiengesetzbuch von 1965, das Werk der Justizministerin Hilde Benjamin.

1975 wurde nach langem Zögern das neue Zivilgesetzbuch erlassen, das endgültige Ende des BGB in der DDR. Sehr vereinfacht gesprochen war es eine Art Verbraucherschutzgesetz für die Bürger, mit 480 Paragraphen auch sehr viel kürzer und einfacher als das BGB. Es war nach Lebensbereichen geordnet und regelte auch Wohnen und Erholung, Schutz des Lebens, der Gesundheit und des Eigentums und das Erbrecht. Das Erstaunliche war seine Sprache. Zum ersten Mal seit dem Preußischen Allgemeinen Landrecht von 1794 gab es ein deutsches Gesetzbuch, das lebendig und volksnah geschrieben war und das jeder verstehen konnte. Ein Journalist mit juristischer Ausbildung, Karl-Heinz Arnold, hatte den Auftrag erhalten, die von der Juristenkommission vorgelegte Fassung stilistisch zu überarbeiten.

Das Arbeitsrecht, zuletzt 1961 geregelt im zweiten Gesetzbuch der Arbeit, wurde stark verändert. Gewerkschaften und Betriebsräte – als Betriebsgewerkschaftsleitung, BGL – hatten eine Doppelfunktion. Zum einen sind sie Interessenvertreter der Beschäftigten gewesen, zum anderen Gehilfen der Betriebsleitung bei der Planerfüllung. Streiks waren verboten. Mit anderen Worten, das kollektive Arbeitsrecht wurde sehr geschwächt. Das individuelle Arbeitsrecht ist verbessert worden, nicht nur beim Kündigungsschutz, auch im Urlaubsrecht und Mutterschutz. Der Mutterschutz mit 26 Wochen Freistellung von der Beschäftigung war sogar erheblich besser als in der Bundesrepublik, in der es nur 14 Wochen sind.

Die Babelsberger Konferenz und das Verwaltungsrecht

Im Potsdamer Stadtteil Babelsberg steht ein riesiges graues Gebäude aus dem Dritten Reich mit der damals typischen monumentalen Einschüchterungsarchitektur. Es wurde der Sitz der Deutschen Akademie für Staats- und Rechtswissenschaft „Walter Ulbricht“. Hier fand Anfang April 1958 eine Tagung statt von 500 Juristen. Sie saßen dicht gedrängt in einem großen holzgetäfelten Saal und hörten eine Rede Walter Ulbrichts. Er sprach drei Stunden. Dann wurde diskutiert. Die Babelsberger Konferenz. Im Westen ist sie nicht beachtet worden, wurde erst nach der Wende 1989/90 Gegenstand großen Interesses in der Bundesrepublik, weil man an Streitigkeiten darüber unter ostdeutschen Rechtswissenschaftlern merkte, dass diese Tagung der Höhepunkt gewesen ist von stalinistischem Druck auf damals junge Professoren, die seit dem Anfang der fünfziger Jahre eine marxistische Rechtswissenschaft entwickelten. Das ist gar nicht so einfach gewesen, weil Marx und Engels sich zum Recht immer nur nebenbei geäußert

Abb. 57 Die Tagungsstätte der Babelsberger Konferenz, damals Sitz der deutschen Akademie für Staats- und Rechtswissenschaft „Walter Ulbricht“, heute der Juristischen Fakultät der Universität Potsdam und der Wirtschafts- und Sozialwissenschaften.

hatten und die sowjetischen Vorbilder je nach politischer Lage mit konjunkturellen Schwankungen belastet waren. Nach der antistalinistischen Wende in der Sowjetunion sind dann einige dieser jungen Professoren zu weit gegangen in die Richtung westlicher rechtsstaatlicher Vorstellungen.

Die Wende in Moskau hatte 1956 begonnen auf dem 20. Parteitag der KPdSU mit einer zunächst geheim gehaltenen Rede Chruschtschows über die Verbrechen Stalins. Das sickerte schnell durch auch in der DDR, wurde aber von Ulbricht gleich wieder gestoppt, zuerst schon Ende 1956 mit der „Liquidierung der Harich-Gruppe“, wie er das in seiner Babelsberger Rede nannte, und Ende 1957 mit der Unterdrückung einer Opposition in der Parteispitze um Karl Schirdewan und Ernst Wollweber.

Im April 1958 waren die Juristen dran. Die Konferenz ist das Werk Karl Polaks gewesen, der auch die Rede Ulbrichts geschrieben hatte. Es war eine Kanonade gegen Sündenböcke, die dem Recht eine gewisse Selbstständigkeit geben wollten im Sinne der Kontrolle politischer Macht. Recht als Maß von Macht nannten sie das später. Hauptangeklagte waren der Rechtsphilosoph Hermann Klenner von der Berliner Humboldt-Universität und Karl Bönninger, Professor für Staats- und Verwaltungsrecht in Leipzig. Klenner durfte gar nicht erst erscheinen und Bönninger, damals wohl noch ein fröhlicher junger Mensch, hatte nicht begriffen, dass dies keine wissenschaftliche Tagung war, sondern ein politisches Scherbengericht. Jedenfalls diskutierte er munter mit, verteidigte seine Thesen und war weit entfernt von der unterwürfigen Selbstkritik der anderen. Zur Abschreckung von Sympathisanten wurden Klenner und er aus der Universität entfernt und in die Provinz geschickt, Klenner als Bürgermeister eines Dorfes im Oderbruch, Bönninger als Sekretär im Rat des Landkreises Leipzig. Nach einiger Zeit durften sie wieder zurück in die Wissenschaft, zuerst Bönninger, später auch Klenner. Weswegen das große Interesse westdeutscher Wissenschaftler an der Babelsberger Konferenz einer gewissen Komik nicht entbehrt. Denn sie waren völlig uninteressiert und fanden es völlig normal, als 1990/91 fast alle marxistischen Juraprofessoren der DDR aus politischen Gründen von bundesrepublikanischen „Abwicklern" für immer aus ihren Ämtern entfernt worden sind, auch Klenner und Bönninger. Zeitweilige Entfernung aus dem Amt ist vielleicht interessanter als endgültige. Wie auch immer. Seit April 1958 hat die Rechtswissenschaft der DDR akzeptiert, dass Recht der Politik zu dienen und nicht die Aufgabe hat, sie nach juristischen Maßstäben zu beurteilen. Es war eben ein Staat, in dem das Recht nur eine untergeordnete Rolle und die Politik die erste Geige spielte. Bis 1989/90 gab es „Babelsberger" und einige mehr oder weniger heimliche „Antibabelsberger", zum Beispiel Hermann Klenner und Karl Bönninger, die sich auch durch die Entfernung in die Wüste nicht hatten überzeugen lassen.

Neben der Wissenschaft ging es in Babelsberg auch noch um Wichtigeres, nämlich um Verwaltungsrecht, sozusagen der Lackmustest für die Rolle von Recht in autoritären Regimen. Verwaltungsrecht ist nämlich nicht nur das Recht des Funktionierens von Verwaltung, sondern in erster Linie das Instrument ihrer Kontrolle, das Recht des Bürgers gegen die Verwaltung, wenn sie seine Rechte verletzt. Es ist entstanden als Symbol des Rechtsstaats im 19. Jahrhundert. Das ging zu weit im so genannten Sozialismus. Für Karl Polak war das bürgerlich individualistisch. Also weg damit. Verwaltungsgerichte waren in der DDR schon 1952 abgeschafft worden bei Gelegenheit der Beseitigung der Länder und ihrer Justizhoheit. Aber das Verwaltungsrecht war immer noch da als Teil juristischer Ausbildung und Praxis. Sein Ende wurde in Babelsberg verkündet, von Walter Ulbricht in seiner Rede am 2. April 1958 mit dem von Karl Polak formulierten Satz:

> „So ist die Trennung von Staatsrecht und Verwaltungsrecht ein bürgerliches Prinzip, das wir aufgeben sollten."

Auf Deutsch: Staatsrecht ist das Recht des Staates. Verwaltungsrecht ist das Recht des Bürgers gegen den Staat. Jetzt soll es nur noch Staatsrecht geben ohne solche Rechte des Bürgers. So blieb es viele Jahre. Aber allmählich ist das Verwaltungsrecht wieder auferstanden. Aus zwei Gründen. Erstens, weil jede Verwaltung Regeln braucht, will sie wirksam funktionieren. Zweitens, weil Willkür und Ungleichbehandlung zu Unruhe unter Bürgern führt, die auch für einen sozialistischen Staat schädlich ist.

Deshalb wurde 1961 mit einem „Erlass des Staatsrats über die Eingaben der Bürger" das Eingabenwesen gesetzlich geregelt, das sich – nach sowjetischem Vorbild – schon in den fünfziger Jahren entwickelt hatte. Es stammt aus dem Absolutismus des 18. Jahrhunderts und ging in der Sowjetunion auf die Zarenzeit zurück. Ein paternalistisches System, in dem die Verwaltung über Beschwerden der Bürger selbst entscheidet. In der DDR wurde davon millionenfach Gebrauch gemacht und die Erfolgsquote soll genauso hoch gewesen sein wie die von Verwaltungsprozessen in der Bundesrepublik. Seit Mitte der sechziger Jahre kam allmählich auch das materielle Verwaltungsrecht zurück. 1979 erschien die erste Auflage eines Lehrbuchs mit diesem Titel. Aber die Verwaltungsgerichtsbarkeit blieb tabu. Erst 1988 erging – wohl als Reaktion auf Kritik im Ausland – ein „Gesetz über die Zuständigkeit und das Verfahren der Gerichte zur Nachprüfung von Verwaltungsentscheidungen" (GVGV). Und seit dem 1. Juli 1989 waren dafür die allgemeinen Gerichte zuständig. Aber großes Gewicht hat das in dem einen Jahr bis zum Ende der DDR nicht mehr gehabt. Die Bürger blieben bei ihren Eingaben. Daran hatten sie sich in 40 Jahren gewöhnt.

Gerechtigkeit und Recht und Unrecht

Was war das nun? Die Meinungen gehen bekanntlich auseinander. Hier Nostalgie und Verklärung, dort Unrechtsstaat. Selbst das Recht steht in Frage. War alles Recht, was als Gesetz von der Volkskammer erlassen wurde oder – wie bei uns – als Verordnung der Regierung nach gesetzlicher Ermächtigung? In der Regel ja, denn die DDR war ein Staat und Gesetz ist Gesetz. Nachzulesen bei Gustav Radbruch in seiner Rechtsphilosophie, nicht nur in der dritten Auflage 1932, auch in der fünften 1956, aber seit 1946 mit jener Ausnahme der nach ihm benannten Formel. Auch gesetzliches Recht ist nicht Recht, sondern Unrecht, wenn es in unerträglicher Weise der Gerechtigkeit widerspricht.

Abb. 58
Eines der Todesopfer an der Berliner Mauer, Peter Fechter, 1962.

Eine einzige solche Ausnahme ist bisher anerkannt für das Recht der DDR von der Rechtsprechung und herrschenden Meinung der Wissenschaft in der Bundesrepublik. Es ist die Kombination zweier gesetzlicher Vorschriften, nach denen an Mauer und Stacheldraht getötet werden durfte, wer das Land ohne staatliche Genehmigung verlassen wollte. Das war geregelt in § 27 des Grenzgesetzes und § 213 des Strafgesetzbuches der DDR. Wird nicht anerkannt. Keine gültigen Gesetze, kein Recht, sondern Unrecht. In der Tat widerspricht es elementaren Geboten der Gerechtigkeit, wenn ein Staat Gesetze erlässt, nach denen erschossen werden kann, wer einfach nur gehen will.

Gerechtigkeit? Das alte Problem von Aristoteles bis heute. Was meinten denn diese Marxisten dazu im Staat der DDR? Zum Beispiel jene 500 im großen Saal der Babelsberger Akademie? Sie hatten einige Schwierigkeiten. Denn Karl Marx hat sich weder zum Recht genauer geäußert noch zu Gerechtigkeit, über Gerechtigkeit manchmal sogar nur ironisch, wenn er bürgerliche Vorstellungen meinte. Und seine

Abb. 59 Eine Selbstschussanlage SM 70 an der Grenze zur Bundesrepublik. SM 70 heißt Splitterminen, die ab 1970 an die Grenzzäune montiert wurden und Flüchtlinge auf grausame Weise zerfetzten und töteten.

eigenen? Nothing. Seinen Kampf gegen die Ausbeuterklasse des Kapitalismus hat er nicht begründet mit Forderungen nach Gerechtigkeit, sondern mit der historischen Notwendigkeit des Zusammenbruchs ihres Systems als Folge seiner inneren Widersprüche. Diese Gewissheit gab seinen Kommunisten mehr Kraft als der Ruf nach Gerechtigkeit, den sie als sozialdemokratisch ablehnten, als sie noch nicht an der Macht waren. Aber jetzt? Mussten sie sich Gedanken machen.

Ihre Gedanken bewegten sich natürlich im allgemeinen Rahmen des historischen dialektischen Materialismus von Marx und Engels, mit der Betonung auf historisch. Also, auf die Frage nach der Gerechtigkeit antwortet der kluge Marxist, es kommt darauf an. Es kommt darauf an, für welche historische Zeit man das wissen will. Es gibt keine allgemeine Vorstellung von Gerechtigkeit, die für alle Zeiten gleich gültig ist. Die antike Gerechtigkeit ist eine andere als die mittelalterliche oder die der bürgerlichen Gesellschaft. Damit haben sie sogar Recht. Der Gedanke stammt von Georg Wilhelm Friedrich Hegel. Das Denken der Menschen verändert sich im Lauf der Zeit, auch das Recht und die Gerechtigkeit. Von Hegel hat Marx viel gelernt, ihn – wie er sich ausdrückte – nur vom Kopf auf die Füße gestellt. Auch der große Philosoph der Freiheit hat es schon ähnlich gesehen, Immanuel Kant. Für ihn war Gerechtigkeit die Eigenschaft einer Gesellschaft in ihrem bür-

Abb. 60
Plakat von Roland Beier, 1990.

gerlichen Zustand. Daraus ergab sich für die marxistischen Juristen der DDR ganz einfach, Gerechtigkeit sei die Eigenschaft einer Gesellschaft in ihrem sozialistischen Zustand. So haben sie es natürlich nicht formuliert. Das wäre zu auffällig gewesen. In ihrem offiziellen Lehrbuch zur Staats- und Rechtsphilosophie – es gab für jedes juristische Teilfach jeweils immer nur ein einziges Lehrbuch, fester hellgrauer Leinenband, dunkle Schrift, Staatsverlag der DDR – konnte man lesen, das „sozialistische Recht ist gerechtes Recht, weil es die Macht der Arbeiterklasse und ihrer Verbündeten zu verwirklichen hilft. Die Diktatur des Proletariats ist die erste und grundlegende Verwirklichung sozialistischer Gerechtigkeit“. Und dann wurde immer ergänzt, sozialistische Moral, sozialistisches Recht und sozialistische Gerechtigkeit seien eine untrennbare Einheit.

Eine nicht ganz ungefährliche Einheit, wenn man sich ein wenig auskennt in der Geschichte des Rechts. Die zeigt nämlich, dass es sich immer um Gesellschaften mit stark konventionellem Druck und ohne in-

Abb. 61 Das Ministerium für Staatssicherheit an der Normannenstraße in Berlin-Lichtenberg.

dividuelle Freiheit handelt, in denen man diese Einheit findet. Deshalb auch die große Tat des großen Chinesen aus Königsberg. Immanuel Kant hat Recht und Moral getrennt im Interesse der Freiheit und der moralischen Selbstverwirklichung des Einzelnen, dem man über das Recht nicht moralische Vorschriften machen darf. Denn dann kann er sich nicht freiwillig zu höchster Moralität entwickeln, sondern nur gezwungen vom Recht. Das ist zwar ähnlich schief gelaufen wie der Sozialismus der DDR, aber theoretisch einwandfrei und im Prinzip auch richtig. Was lehrt uns das? In der DDR war auch rechtstheoretisch die Gleichheit wichtiger als die Freiheit. Und praktisch ist es so gewesen, dass diese ehrwürdigen alten proletarischen Kommunisten der DDR einen kapitalen Fehler machten. Sie haben die Not der Arbeiter in der Weimarer Zeit gesehen und hatten einen Traum. Dieser Traum war, dass jeder Arbeit haben sollte, genug zu essen und ein Dach überm Kopf. Den haben sie sich in der DDR erfüllt, dabei die Freiheit ein wenig vergessen und sind – unter anderem – deshalb zugrunde gegangen. Zu Recht. Für Nostalgie oder Verklärung besteht also kein Anlass, zumal das Ganze ziemlich repressiv betrieben wurde, um es etwas deutlicher auszudrücken als nur mit konformistischem Druck und Fehlen individueller Freiheit.

Aber war es deshalb ein Unrechtsstaat? Dieser beliebte Kampfbegriff ist genauso eine Irreführung wie wissenschaftliche Bücher mit dem Titel *„Recht und Justiz im SED-Staat"* mit dem Nur-Syndrom. Also es wird darin immer nur das Strafrecht beschrieben, und zwar nicht das ganze, sondern immer nur das politische, und zwar möglichst nur das besonders harte der stalinistischen Zeit unter Walter Ulbricht. Geschichte wird eben von den Siegern geschrieben, die dann auch die Begriffe beherrschen.

Wenn man fair sein will, kommt man ins Grübeln. Vieles ist menschenverachtend gewesen, was da geschah, nicht nur das politische Strafrecht, auch der krakenhafte Wahnsinn des Ministeriums für Staatssicherheit und die vielen Toten und Verstümmelten an der Mauer und der Grenze zur Bundesrepublik. Kein Zweifel, die DDR war kein Rechtsstaat. Aber ist das Gegenteil von Rechtsstaat immer Unrechtsstaat? Das Recht spielte in der DDR eine untergeordnete Rolle, anders als bei uns. Es wurde kontrolliert von der Politik. Der Vorwurf Unrechtsstaat würde für die DDR stimmen, wenn man damit einen Staat meint, der erhebliches Unrecht begangen hat. Aber wo kommen wir da hin? Das will ich lieber nicht vertiefen. Der Vorwurf geht weiter. Der Vorwurf Unrechtsstaat meint einen Staat, in dessen Zentrum ein verbrecherischer Wille steht, also die Parallele mit der Hitler-Diktatur, für die das Wort erfunden worden ist. Und diese Parallele ist falsch. Die DDR hat nicht millionenfachen Mord zu verantworten, keinen Krieg vom Zaun gebrochen und ist nicht untergegangen in einer Orgie von Zerstörung und Gewalt. Die DDR war weder Rechtsstaat noch Unrechtsstaat. Sie war eine Diktatur. Die Historiker streiten sich noch, ob eine „moderne" (Jürgen Kocka), eine „sozialistische" (Christoph Klessmann) oder eine „Fürsorge-Diktatur" (Konrad Jarausch). Sollen sie. Im Recht war sie eine andere Welt. Recht war dort eine Randerscheinung, anders als in der Bundesrepublik, spielte keine große Rolle – außer im politischen Strafrecht –, hatte trotzdem eine ausreichende Ordnungsfunktion, war einfach, scheute den Konflikt, war nicht so militant „männlich" wie westliches Recht, sondern eher „weiblich", wurde im unpolitischen Strafrecht milder und die Mechanismen der Resozialisierung nach hartem Strafvollzug sind besser gewesen als in der Bundesrepublik, mit Einweisung in eine Wohnung und einen Arbeitsplatz, oft sogar den alten. Auch die Regeln für die Gleichheit von Männern und Frauen waren besser. Das Recht war Dienerin der Politik geworden. Das bleibt als Mahnung für die Zukunft. Aber auch der Rechtsstaat Bundesrepublik ist da nicht immer ohne Fehl und Tadel gewesen.

V. Bundesrepublik

Bonn ist nicht Weimar: das Grundgesetz

Die Verfassung der Bundesrepublik hat keinen Hugo Preuß oder Karl Polak. Sie ist das Ergebnis der Beratungen von Männern und Frauen, die als Politiker oder Juristen die Weimarer Zeit erlebt hatten und nun daran gingen, für eine Übergangszeit die vorläufige Verfassung eines westdeutschen Teilstaates zu entwerfen. Sie wollten Fehlentwicklungen der Weimarer Demokratie verhindern, die mit der Hitlerdiktatur endeten. So ist das Grundgesetz eine Reaktion auf Hitler und Weimar mit dem Ziel des Aufbaus einer stabilen Demokratie nach westlichem Muster. Das ist gelungen und wurde 1956 bestätigt im Titel eines Buches von Fritz René Allemann – damals Bonner Korrespondent einer Schweizer Tageszeitung – „*Bonn ist nicht Weimar*".

Als die Spannungen zunahmen zwischen Ost und West mit Währungsreform und Berliner Blockade im Juni 1948, riefen die westlichen Militärgouverneure die elf deutschen Ministerpräsidenten der Länder ihrer drei Besatzungszonen nach Frankfurt am Main und übergaben ihnen dort am 1. Juli 1948 die „Frankfurter Dokumente". Es waren drei. Das erste war der Auftrag zur Einberufung einer verfassunggebenden Versammlung bis zum 1. September, die eine Verfassung des neuen Staates ausarbeiten sollte. Das zweite war die Aufforderung für eine bessere Neugliederung der weitgehend zufällig zustande gekommenen westdeutschen Länder. Das dritte enthielt die Grundzüge eines künftigen Besatzungsstatus, unter dem der westdeutsche Staat existieren würde. Die Militärgouverneure forderten eine Verfassung auf demokratischer und stark föderalistischer Grundlage mit der Garantie von Menschenrechten und stellten ihre Genehmigung in Aussicht, wenn sie diesen Forderungen entsprechen würde.

Die Ministerpräsidenten zögerten. Sie fürchteten, ein Teilstaat würde die deutsche Einheit gefährden. Am 21. und 22. Juli trafen sie sich in Rüdesheim und einigten sich auf einen Kompromiss, entschieden sich für die Annahme des Angebots der Alliierten, aber mit der Einschränkung, dass nicht eine Verfassung beschlossen werden sollte, sondern nur ein Grundgesetz, das wie eine Verfassung wirken, aber keine vollständige und endgültige Verfassung sein sollte. Deshalb sei es auch nicht von einer verfassunggebenden Versammlung zu beschließen, die von Bürgern gewählt wird, und danach auch nicht in einer Volksabstimmung zu bestätigen, wie es demokratischen Grundsätzen für den Erlass von Verfassungen entspricht. Akteure sollten die Länderparlamente sein, nicht die Bürger selbst. Die Länderparlamente sollten Abgeordnete wählen für einen Parlamentarischen Rat, der das Grundgesetz beschließt, das dann von diesen Parlamenten bestätigt wird und nicht von den Bürgern. Die Alliierten waren einverstanden. Auf der Frankfurter Schlusskonferenz am 26. Juli sagte der Franzose Pierre König: „Wenn sie akzeptieren, die volle Verantwortung zu übernehmen, so können wir ihnen sagen: en avant."

Im August wählten die westdeutschen Landtage 65 Vertreter des Parlamentarischen Rats, nämlich 27 von CDU/CSU, 27 von der SPD, fünf von der FDP und je zwei von der Deutschen Partei, Zentrum und der KPD. Westberlin schickte fünf Beobachter. Sie kamen zusammen in Bonn am 1. September 1948 und verhandelten acht Monate. Die Schlussabstimmung fand statt am 8. Mai 1949.

Die Beratungen des Parlamentarischen Rats waren vorbereitet durch einen so genannten Verfassungskonvent, ein informelles Gremium, das vom 10. bis 23. August 1948 in Herrenchiemsee einen Entwurf formulierte, auf dessen Grundlage in Bonn verhandelt wurde, ähnlich wie bei den Entwürfen von Preuß und Polak in Weimar und für die DDR. Der Konvent bestand aus Regierungsvertretern und Sachverständigen. Die wichtigsten Entscheidungen sind schon hier gefallen. So die über die Stellung des Bundespräsidenten, der nicht mehr wie in der Weimarer Republik den Kanzler ohne das Parlament ernennen, das Parlament jederzeit auflösen und auch keine Notstandsbefugnisse mehr haben sollte. Stattdessen die Stärkung des Bundeskanzlers durch das kons-

Abb. 62
Vorfahrt zur Eröffnungsfeier des Parlamentarischen Rats im Bonner Museum König am 1. September 1948.

truktive Misstrauensvotum, mit dem er nur abgewählt werden kann, wenn der Bundestag gleichzeitig einen Gegenkandidaten wählt. Ein starkes Bundesverfassungsgericht mit umfangreichen Kompetenzen als Sicherung gegen die Aushöhlung der Verfassung, wie sie mit dem Ermächtigungsgesetz von 1933 eingeleitet wurde. Schließlich die Entscheidung für einen Bundesrat mit Vertretern der Landesregierungen statt eines Senats, in dem die Vertreter von den Bürgern der einzelnen Länder gewählt werden.

Der Parlamentarische Rat ergänzte den Entwurf mit wesentlichen Einzelheiten. Hier wurde über den Namen des Staates entschieden. Auf Vorschlag von Theodor Heuß einigte man sich auf „Bundesrepublik Deutschland" und meldete mit dem Wort „Deutschland" den Anspruch an auf Vertretung aller Deutschen. Hier fiel die Entscheidung für die unmittelbare Geltung aller Grundrechte in Art. 1 Abs. 3 – anders als nach der Weimarer Verfassung – und die Rechtsweggarantie dafür in Artikel 19.

Heftige Auseinandersetzungen gab es um die Kompetenzen von Bund und Ländern, besonders bei den Finanzen. Sollen die Länder den Bund finanzieren oder die Bundesregierung die wichtigsten Steuern einnehmen und einen Teil an die Länder geben? Die SPD wollte eine möglichst starke Stellung der Zentrale, Konrad Adenauer als Präsident des Parlamentarischen Rates vertrat die Meinung der Alliierten, die

Abb. 63
Die Pädagogische Akademie in Bonn. Hier verhandelte der Parlamentarische Rat. Danach war sie das Gebäude des Bundestages.

möglichst starke Länder gefordert hatten. Aber hinter seinem Rücken einigte sich die SPD unter Kurt Schumacher mit den Militärgouverneuren darauf, dass der Bund die Steuerhoheit erhält und die Stellung der Länder geschwächt wird. Auch die Aufnahme von Volksabstimmungen war umstritten quer durch die Parteien. Viele Mitglieder des Parlamentarischen Rates meinten, mit ihnen in Weimar schlechte Erfahrungen gemacht zu haben und Theodor Heuß – der bald zum Bundespräsidenten gewählt wurde – meinte sogar:

> „... Herr Kollege Menzel (SPD, U.W.) ... hat das Problem Volksinitiative und Volksbegehren angeschnitten. Ich meine: Cave canem, ich warne davor, mit dieser Geschichte die künftige Demokratie zu belasten."

Cave canem ist lateinisch und heißt auf Deutsch, hüte dich vor dem Hund. Womit das deutsche Volk gemeint war, das zwölf Jahre lang Adolf Hitler zugejubelt hatte. Das war die überwiegende Meinung damals. Volksentscheidungen wurden abgelehnt. Am 10. Mai 1949 wurde noch das Wahlgesetz für den ersten Bundestag beschlossen und am selben Tag fiel – sehr knapp – die Entscheidung für Bonn als Sitz von Parlament und Regierung. Dann stimmten die Länderparlamente ab, nur Bayern dagegen. Und am 12. Mai 1949, dem Tag, an dem die Berliner Blockade aufgehoben wurde, haben auch die Alliierten dem Grundgesetz ihre Zustimmung gegeben. Es ist am 23. Mai vom Parlamentarischen Rat veröffentlicht worden und am 24. Mai 1949 in Kraft getreten. Ein Provisorium mit gewolltem Mangel an demokratischer Legitimation. Im Lauf der Zeit ist er dadurch geheilt worden, dass die Bürger der Bundesrepublik es zunehmend akzeptiert haben, zum Beispiel auch durch die Teilnahme an den Wahlen. Sagen die Professoren des Staatsrechts und haben wohl sogar Recht.

Die Grundrechte – eine Erfolgsgeschichte

von Jutta Limbach

Mit dem Grundgesetz ist den Deutschen der dritte Startversuch in die Demokratie geglückt. Unter seiner Geltung hat sich die Bundesrepublik Deutschland zu einem stabilen demokratischen Gemeinwesen entwickelt. Diesen Erfolg haben die Mitglieder des Parlamentarischen Rates in den Jahren 1948/49 in ihren kühnsten Hoffnungen nicht vorausgesehen. Im Gegenteil: Man vermied bewusst die Bezeichnung „Verfassung". Angesichts der fehlenden Souveränität Deutschlands und der Tatsache, dass die zu gründende Bundesrepublik nur dessen westlichen Teil umfassen konnte, regten sich zunächst starke Widerstände gegen die Absichten der Alliierten, aus ihren Besatzungszonen einen Separatstaat zu bilden. Diese Vorbehalte beherrschten auch den aus den Vertretern der Landtage gebildeten Parlamentarischen Rat. Immer wieder wurde betont, dass man nicht die Verfassung Deutschlands oder Westdeutschlands zu erarbeiten habe, sondern ausschließlich das Grundgesetz für ein Staatsfragment. In rund neun Monaten entwarfen die Mitglieder des Parlamentarischen Rates das Grundgesetz, das als eine Übergangsverfassung das staatliche Leben in den drei westlichen Besatzungszonen vorläufig ordnen sollte. Doch das Grundgesetz überdauerte sogar das Ende der deutschen Teilung und wurde schließlich am 3. Oktober 2000 zur gesamtdeutschen Verfassung.

Trotz der intendierten Vorläufigkeit stellt das Grundgesetz eine systematisch geschlossene Verfassung dar, in der die Staatsordnung umfassend geregelt und mit den Grundrechten zu einer Einheit zusammengefasst worden ist. Unter dem Eindruck des bitteren Anschauungsunterrichts in Unmenschlichkeit haben die Mitglieder des Parlamentarischen Rates die Verfassung mit einem Katalog der Grundrechte eröffnet. Das Bekenntnis zur Unantastbarkeit der Menschenwürde und zur freien Entfaltung der Persönlichkeit war und ist eine Antwort auf die Entartung des Rechts im Nationalsozialismus und die im Schatten dieses Unrechtssystems arbeitende Maschinerie der Menschenvernichtung. Die Erfahrungen der vorausgegangenen Schreckensherrschaft haben die Schöpfer der Verfassung nicht nur veranlasst, die Grundrechte als einklagbare subjektive Rechte zu formulieren. Sie haben ausdrücklich die Gesetzgebung, Verwaltung und Rechtsprechung unmittelbar an diese Grundrechte gebunden (Art. 1 Abs. § GG). Jeder Mann und jede Frau sollte sich auf diese berufen und ihren Respekt durch staatliche Organe erzwingen können. Wir sprechen in diesem Zusammenhang vom Vorrang der Verfassung. Diese Regelung gilt als die „eigentliche Großtat" des Parlamentarischen Rates.[1]

Sich mit Entschiedenheit zum Prinzip des Vorrangs der Verfassung zu bekennen, mag eine weise Entscheidung sein, das eigentliche Problem besteht jedoch darin, diesem Prinzip in der Wirklichkeit Respekt zu verschaffen. Ein in der Verfassung verbriefter Katalog der Grundrechte reicht für sich allein nicht aus, um einen die Menschenrechte achtenden Rechtsstaat zu errichten, auch wenn kraft des Grundgesetzes alle Staatsorgane die Grundrechte zu respektieren und durchzusetzen haben. Das Scheitern der Weimarer Republik und die darauf folgende Diktatur haben gelehrt, dass eine Demokratie ohne gerichtlich durchsetzbare Menschenrechte nicht bewahrt werden kann. Zwar kannte schon die Weimarer Reichsverfassung Bürgerrechte. Ihr umfangreicher Katalog der „Grundrechte und Grundpflichten der Deutschen" war seinerzeit einzigartig. Doch wurden diese weiterhin nur als Programmsätze verstanden, die gesetzgeberischer Initiativen harrten. In bewusster Abkehr von solchen schlichten Direktiven schufen die Mütter und Väter des Grundgesetzes unmittelbar geltende Grundrechte, die der Bürger notfalls im Klagewege verfolgen kann.

Seine „praktische Pointe" erhält das Prinzip vom Vorrang der Verfassung erst mit der Einführung der Verfassungsgerichtsbarkeit, also einer Instanz, die Gesetze, Richtersprüche oder Maßnahmen der Reinigung aufheben kann, wenn diese mit den Grundrechten unvereinbar sind. Das von den Müttern und

Vätern des Grundgesetzes geschaffene Bundesverfassungsgericht ist von Alfred Grosser als die ohne Zweifel originellste und interessanteste Institution des deutschen Verfassungssystems bezeichnet worden. Dieses Gericht sollte nicht nur kontrollieren, ob die Gesetze im Einklang mit der Verfassung stehen und Kompetenzstreitigkeiten zwischen staatlichen Organen schlichten. Es sollte voran die Aufgabe haben, einem jeden Einwohner Deutschlands den nötigen Schutz gegen die Eingriffe in die ihm verfassungsmäßig zugesicherten Grundrechte zu gewähren.[2]

Mit der Verfassungsbeschwerde kann jeder Mann und jede Frau bei dem Bundesverfassungsgericht Schutz suchen, vorausgesetzt, sie glauben ihre Grundrechte durch Akte staatlicher Gewalt verletzt. Die Verfassungsbeschwerde hat den Bürger und die Bürgerin zu Wächtern des Grundgesetzes bestellt. Ihrer Aufmerksamkeit, ihrem Rechtssinn und nicht zuletzt ihrem Widerspruchsgeist ist es zu danken, dass das Bundesverfassungsgericht als Hüter individueller Grundrechte tätig werden kann.

Angerufen von Abertausenden von Bürgern und Bürgerinnen hat das Bundesverfassungsgericht obrigkeitsstaatliche Tradition aufgebrochen und dem Prinzip des freiheitlich-demokratischen Rechtsstaats Konturen verschafft.[3] Die Rechtsprechung zu den Grundrechten hat nicht nur bewirkt, dass das Grundgesetz konkrete Gestalt gewonnen und in unserem politischen Gemeinwesen Wurzeln geschlagen hat.[4] Sie hat darüber hinaus das Bewusstsein der Bevölkerung dafür geschaffen, dass sie staatlichen Maßnahmen nicht wehrlos ausgesetzt ist.[5] Die Entscheidungen haben nicht zuletzt auch den Sinn der öffentlichen Akteure dafür geschärft, dass der Katalog der Grundrechte unmittelbar geltendes Recht darstellt.

Insbesondere die Rechtsprechung des Gerichts zur Meinungs- und Pressefreiheit hat die Offenheit des politischen Prozesses in Deutschland gefördert. Am Anfang gewissermaßen stand das Lüth-Urteil, laut dem das Grundrecht auf freie Meinungsäußerung für eine freiheitlich-demokratische Staatsordnung schlechthin konstituierend ist, „denn es ermöglicht erst die ständige geistige Auseinandersetzung, den Kampf der Meinungen, der ihr Lebenselement ist".[6] Auch hat das Gericht mit vielen Entscheidungen den Sinn für die Pressefreiheit geschärft.[7] Ein Blick auf die werdenden Demokratien in Osteuropa und anderswo macht deutlich, dass sich nur dort die Verfassungsgerichte gegenüber der Politik und den alten Kadern behaupten können, in denen eine freie Presse, d.h. unerschrockene Journalisten und Journalistinnen, am Werke sind.

Die Entscheidungen des Bundesverfassungsgerichts zu den Kommunikationsgrundrechten haben nicht nur den Sinn für die Bedeutung der Meinungs- und Pressefreiheit in einer Demokratie geschärft. Diese Rechtsprechung hat zugleich einen wichtigen Beitrag für das Instrumentarium, die Maßstäbe und Methoden des Grundrechtsschutzes geleistet. So werden die Grundrechte von dem Bundesverfassungsgericht nicht nur als Abwehrrechte des Einzelnen gegen den Staat begriffen. Vielmehr beeinflussen sie auch das Verhältnis der Bürger untereinander. Das Kompliment, das Gericht habe den Grundrechten Ausstrahlungskraft verliehen, ist wörtlich zu nehmen, denn nach seiner Ansicht strahlen die Grundrechte in alle Rechtsgebiete aus, so dass alle Vorschriften im Geiste dieses objektiven Wertesystems ausgelegt und angewandt werden müssen. Diese Auslegung hat sich als außerordentlich zukunftsträchtig erwiesen, denn sie hat auch das Privatrecht unter den Einfluss der Grundrechte gestellt. Die Auswirkung hat vor allem in Fällen eine Rolle gespielt, in denen Freiheitsrechte mit sozialstaatlichen Zielen, etwa mit den Rechten der Verbraucher, kollidierten. Wiederholt hat das Bundesverfassungsgericht sich bemüht, das Spannungsverhältnis zwischen der Vertragsfreiheit auf der einen und dem Schutz des sozial Schwächeren auf der anderen Seite auszutarieren.

Diese Entscheidungen haben wegen des dadurch erweiterten Kontrollradius nicht nur Beifall ausgelöst. Denn strahlen die Grundrechte in alle Bereiche des Rechts aus, so führt das zu einer Allgegenwart der Grundrechte im einfachen Recht.[8] Die Grenze zwischen der Auslegung des einfachen Gesetzesrechts und der Auslegung der Grundrechte wird allzu leicht verwischt.

Das führt zu Grenzkonflikten zwischen dem Tätigkeitsbereich des Bundesverfassungsgerichts und dem der übrigen Staatsorgane, seien es die anderen Gerichte oder das Parlament. Gewiss ist nicht zu leugnen, dass das Bundesverfassungsgericht das Grundgesetz auch fortentwickelt hat. Das Recht auf informationelle Selbstbestimmung ist das probate Beispiel. Das Gericht hat sich des Öfteren den Vorwurf des politischen Aktivismus gefallen lassen müssen. Wobei nicht verkannt werden sollte, dass die Entscheidungen des Gerichts gern „als Ausdruck des wahren Rechts gefeiert oder als Unrecht gebrandmarkt werden, je nachdem, ob die Entscheidungen in das Konzept der eigenen Politik" passen oder nicht (Ernst Friesenhahn). Dessen ungeachtet muss das Bundesverfassungsgericht stets auch in eigener Sache darauf bedacht sein, dass das gewaltengeteilte Zusammenspiel der Verfassungsorgane in der Bundesrepublik Deutschland funktioniert, und seinen Aufgabenbereich stets sorgfältig abstecken.

Resümierend ist festzustellen, dass der Schutz der Grundrechte in der Bundesrepublik Deutschland eine Erfolgsgeschichte ist. Die Rechtsprechung des Bundesverfassungsgerichts hat mit dazu beigetragen, dass den Deutschen der Übergang von einer Untertanen- zur Staatsbürgerkultur geglückt ist. Hier ist vorzugsweise an die Entscheidungen zu denken, die mehr Liberalität im Umgang mit Menschen anmahnen, die anders denken, glauben und sich verhalten. Einige Entscheidungen – vor allem zum Schutz von Minderheiten – haben heftige Kontroversen entfacht. Geradezu einen heiligen Aufruhr haben die Beschlüsse zum Kruzifix im Klassenzimmer und zum Tucholsky-Zitat „Soldaten sind Mörder" ausgelöst.[9] Manch einer sah schon den Untergang des Abendlandes heraufkommen. Bei dieser teilweise maßlosen Kritik geriet eine Erfahrung fast in Vergessenheit, nämlich, dass die Weimarer Republik nicht an einem radikalen Gebrauch der Freiheitsrechte oder an allzu großer Toleranz gegenüber Minderheiten zu Grunde gegangen ist. Die erste Demokratie auf deutschem Boden ist vielmehr an eingewurzelten obrigkeitsstaatlichen Traditionen gescheitert.

Die hier nur in Stichworten skizzierte Rechtsprechung des Bundesverfassungsgerichts ist auch eine Frucht dieser Einsicht.

[1] So Franz-Josef Kunert, Das Grundgesetz im Parlamentarischen Rat, in: Juristische Schulung 1979, S. 322 ff., 326.
[2] Art. 93 Abs. 1 Nr. 1, 2, 4a GG.
[3] Der Aufstieg der Bundesrepublik zum Rechtsstaat wird – auch für den in der Welt des Rechts nicht professionell Bewanderten – von Rolf Lamprecht intellektuell unterhaltend und meinungsfreudig, entlang den Artikeln des Grundrechtskatalogs dargestellt, in: Vom Untertan zum Bürger – Die Erfolgsgeschichte der Grundrechte, Baden-Baden, 1999.
[4] Konrad Hesse, Verfassungsrechtsprechung im geschichtlichen Wandel, in: Juristenzeitung 1955, S. 265, 266.
[5] Benda/Klein, Lehrbuch des Verfassungsprozessrechts, 1991, Rdnr. 313.
[6] BVerfGE 7, 198 <208>.
[7] Vgl. als ein Beispiel die Spiegel-Entscheidung BVerfGE 20, 162.
[8] Ossenbühl, Verfassungsgerichtsbarkeit und Fachgerichtsbarkeit, in: Festschrift für H. P. lpsen, 1977, S. 129.
[9] BVerfGE 93, 1 und BVerfGE 93, S. 266.

„Männer und Frauen sind gleichberechtigt“

Monatelang hat eine Frau im Parlamentarischen Rat für die Gleichberechtigung gekämpft, denn die Herren in Herrenchiemsee hatten es sich leicht gemacht. Ihr Entwurf übernahm einfach den Text der Weimarer Verfassung:

> „Männer und Frauen haben grundsätzlich dieselben staatsbürgerlichen Rechte und Pflichten.“

Also erstens grundsätzlich. Das heißt, Ausnahmen sind zulässig. Und zweitens staatsbürgerlich. Nicht bürgerlich. Da lag der Hase im Pfeffer. Im Bürgerlichen Gesetzbuch galt 1949 noch immer männliches Familienrecht. Mit der Formulierung der Weimarer Verfassung würde es wohl bis heute gelten. Der Mann gab der Familie seinen Namen. Er bestimmte den Wohnsitz und hatte die väterliche Gewalt, entschied allein über Schule und Ausbildung der Kinder und über ihren Umgang. Das Vermögen der Frau war „der Verwaltung und Nutznießung des Mannes unterworfen". Darüber durfte sie nicht verfügen, nur er. Auch die Gewinne gehörten ihm. Außerdem entschied er über ihre Berufstätigkeit, konnte jederzeit ihre Arbeitsverhältnisse kündigen und sie zurückholen zu ihren Kindern, Heim und Herd. Das hat sich nun alles geändert und ist die Leistung einer einzigen Frau. Im Parlamentarischen Rat gab es immerhin vier unter siebzig Mitgliedern, darunter eine energische. Sie meinte, auch hier sei die Weimarer Verfassung nicht mehr zeitgemäß und stellte den Gegenantrag, einfach, klar und ohne Wenn und Aber:

„Männer und Frauen sind gleichberechtigt."

Sie hieß Elisabeth Selbert, kam aus Kassel, Tochter eines Gefängnisbeamten, war Postbeamtin, wurde 1918 Mitglied der SPD und heiratete einen Helden der Revolution, einen Buchdrucker, der im Kasseler Arbeiter- und Soldatenrat aktiv geworden war und Mitglied in der SPD blieb. Beide waren jung und merkten, dass politische Arbeit wirkungsvoller ist mit akademischer Bildung. Einer der beiden sollte an die Universität und sie entschieden sich für die Ehefrau, inzwischen Mutter von zwei Kindern, weil sie die bessere Schulbildung hatte und schneller das Abitur nachholen konnte als er. 1926 beginnt sie das Jurastudium, wird im letzten Moment 1934 noch Rechtsanwältin und kann die Familie ernähren, während ihr Mann einige Zeit im KZ übersteht. 1945 sind beide wieder politisch aktiv, Elisabeth Selbert im Parteivorstand der SPD. So kam sie in den Parlamentarischen Rat.

Ihr Antrag gegen den Entwurf aus Herrenchiemsee scheitert zunächst an einem Vermittlungsvorschlag, der nicht so weit ging mit Gleichheit und Emanzipation und nicht dazu geführt hätte, das ganze BGB zu ändern, was ein Chaos geben würde, wie viele befürchteten, auch die anderen Frauen im Parlamentarischen Rat. Der Vermittlungsvorschlag kommt von Richard Thoma, verdienstvoller Staatsrechtler der Weimarer Zeit und mit Gerhard Anschütz Herausgeber des berühmten Handbuchs des Deutschen Staatsrechts, früher Universität Heidelberg, jetzt Professor in Bonn und Mitglied des Parlamentarischen Rats. Es geht nicht anders. Ich muss hier die Geschichte erzählen, denn sie gehört zur Gleichheit von Männern und Frauen. Professor Thoma stand, wie man damals zu sagen pflegte, unter dem Pantoffel. Bei einem Empfang der Juristischen Fakultät für Thomas Mann im Heidelberger Schloss stellte der Dekan ihm seine Kollegen

Abb. 64
Elisabeth Selbert, 1948/49.

vor. Richard Thoma ist dran. Der Dekan: „Darf ich bekannt machen? Herr Thomas Mann – Frau Thoma's Mann."

Der Verwässerungsvorschlag Richard Thomas wurde angenommen am 5. Oktober 1948 in einem Unterausschuss:

> „Alle Menschen sind vor dem Gesetz gleich. Das Gesetz muss Gleiches gleich, es kann Verschiedenes nach seiner Eigenart behandeln. Jedoch dürfen die Grundrechte nicht angetastet werden."

Der Antrag Selbert war abgelehnt. Dasselbe noch einmal am 5. Dezember im Hauptausschuss. Endgültig. Nun wird Frau Selbert zur Wanderpredigerin, wie sie das nannte. Sie zieht durch die Lande, mobilisiert ihre Partei, Gewerkschaften, Frauenverbände und hat großen Erfolg da draußen. Die bekannten Waschkörbe kommen mit Protesten in den Parlamentarischen Rat und sie wirken. Neue Abstimmung am 18. Januar 1949. Jetzt sind plötzlich alle für den Antrag Selbert. „Es war die Sternstunde meines Lebens", sagte sie später. Nicht nur ihres eigenen. Auch aller Frauen der Bundesrepublik. Wie man daran sieht, welcher Widerstand zu überwinden war selbst mit diesem einfachen und klaren Satz in fünf Worten des Artikels 3 Absatz 2: Männer und Frauen sind gleichberechtigt. 44 Jahre hatte es gedauert, bis allein im Familienrecht alle juristischen Hürden genommen waren. Bis 1993. Wie würde die Gleichberechtigung sich in der Bundesrepublik entwickelt haben, wenn Richard Thomas Vorschlag geblieben und Elisabeth Selbert nicht kämpferisch nach draußen gegangen wäre? Erst einmal bestimmte eine Übergangsvorschrift in Artikel 117 des Grundgesetzes:

> „Das dem Artikel 3 Absatz 2 entgegenstehende Recht bleibt bis zu seiner Anpassung an diese Bestimmung des Grundgesetzes in Kraft, jedoch nicht länger als bis zum 31. März 1953."

Aber wir hatten eine ziemlich konservative Regierung unter Konrad Adenauer mit einer christlichen Mehrheit von CDU/CSU und in der Bibel steht, die Frau sei dem Manne untertan. Also bis zum 31. März 1953 war nichts passiert, das BGB geblieben wie seit 1900. Was nun? Das Oberlandesgericht Frankfurt entscheidet, Artikel 117 des Grundgesetzes sei verfassungswidrig, weil zu ungenau. Wie soll man denn entscheiden, was alles im BGB gegen Artikel 3 Absatz 2 verstößt? Geht doch gar nicht. Doch, sagt das Bundesverfassungsgericht. Es geht. Man muss von Fall zu Fall entscheiden. Vorher hatte das Gericht in Karlsruhe Gutachten eingeholt von verschiedenen Institutionen. Wie es das oft macht. Hier der Kern eines Gutachtens des Bundesgerichtshofs von 1953, ein Bild jener Zeit:

> „Was die Menschen- und Personenwürde angeht, so sind Mann und Frau völlig gleich; und das muss streng in allem Recht zum Ausdruck kommen. Streng verschieden sind sie aber nicht nur im eigentlich Biologisch-Geschlechtlichen, sondern auch in ihrer seinsmäßigen, schöpfungsmäßigen Zueinanderordnung zu sich und dem Kind in der Ordnung der Familie, von Gott gestiftet und daher für den menschlichen Gesetzgeber undurchbrechbar. Die Familie ist nach der Schöpfungsordnung eine streng ihrer eigenen Ordnung folgende Einheit; Mann und Frau sind „ein Fleisch". An diesen Urtatbestand (außerhalb des ehewirtschaftlichen Bereichs) Rechtsformen gesellschaftlicher Art herantragen zu wollen, ist widersinnig. Innerhalb der strengen Einheit der Familie sind Stellung und Aufgabe von Mann und Frau durchaus verschieden. Der Mann zeugt Kinder; die Frau empfängt, gebiert und nährt sie und zieht die Unmündigen auf. Der Mann sichert, vorwiegend nach außen gewandt, Bestand, Entwicklung und Zukunft der Familie; er vertritt sie nach außen; in diesem Sinne ist er ihr „Haupt". Die

Abb. 65 Das Bundesverfassungsgericht entscheidet am 18. Dezember 1953 über die Verfassungsmäßigkeit von Artikel 117 des Grundgesetzes, nachdem das der Gleichberechtigung entgegenstehende Familienrecht in diesem Jahr außer Kraft getreten ist. 2. v. l. ist die Berichterstatterin Erna Scheffler („Klein Erna").

> Frau widmet sich, vorwiegend nach innen gewandt, der inneren Ordnung und dem inneren Aufbau der Familie. An dieser fundamentalen Verschiedenheit kann das Recht nicht doktrinär vorübergehen, wenn es nach der Gleichberechtigung der Geschlechter in der Ordnung der Familie fragt."

Hat aber nichts genützt und das Bundesverfassungsgericht ein Machtwort gesprochen. So wurde nun von Fall zu Fall entschieden mit gewisser Komik. Zwei Fälle waren eindeutig. Der Güterstand der Nutznießung und Verwaltung ist ein Verstoß gewesen gegen Artikel 3 Absatz 2, im Übrigen auch jenes Kündigungsrecht des Mannes bei Berufstätigkeit seiner Frau. War ab sofort unwirksam. Im Übrigen wussten die Herren sich zu helfen, die in der Justiz und Rechtswissenschaft nun von Fall zu Fall entscheiden sollten. Sie haben das Wort Ordnungsvorschrift erfunden. Also Regeln des BGB, die angeblich nur Ordnungsfunktion haben wie § 2 der Straßenverkehrsordnung, also:

> „Fahrzeuge müssen die Fahrbahn benutzen, von zwei Fahrbahnen die rechte."

Ob links oder rechts ist egal. Das kann man in England lernen. Es muss nur eine bestimmte Ordnung eingehalten werden. Also die Kinder erhalten den Namen des Mannes. Reine Ordnungsvorschrift. An den der Frau haben sie damals gar nicht gedacht. Und Papa hat die väterliche Gewalt. Einer muss ja für Ordnung sorgen. Auch kein Verstoß gegen Artikel 3 Absatz 2. So blieb es bis 1957. Dann erließ der Bundestag mit

Adenauers Mehrheit ein Gleichberechtigungsgesetz. Beide Eltern haben die elterliche Sorge, wie man es jetzt nannte. Donnerwetter. Aber was ist, wenn sie sich nicht einigen können? Naja, dann muss eben doch einer entscheiden. Und wer? Papa. § 1628 BGB. So bleibt es zwei Jahre. Dann klärt mal wieder das Bundesverfassungsgericht. Dieser so genannte Stichentscheid des Vaters verstößt gegen Elisabeth Selberts Artikel 3 Absatz 2 und ist deshalb verfassungswidrig. Sehr unangenehm und nun müssen die Gerichte so urteilen, wie es über 20 Jahre später von der sozialliberalen Koalition in das Gesetz geschrieben worden ist. § 1628 BGB letzte Fassung:

> „Können sich die Eltern in einer einzelnen Angelegenheit oder in einer bestimmten Art von Angelegenheiten der elterlichen Sorge, deren Regelung für das Kind von erheblicher Bedeutung ist, nicht einigen, so kann das Familiengericht auf Antrag eines Elternteils die Entscheidung einem Elternteil übertragen."

Das mit der Bestimmung des Wohnorts hatte sich inzwischen auch erledigt. Blieb der Name der Frau. 1976 kam auch er endlich ins Spiel, als die sozialliberale Koalition das Scheidungsrecht neu geregelt hat nach dem Zerrüttungsprinzip. § 1355 BGB. Mann und Frau können bei der Eheschließung bestimmen, wie der Familienname sein soll. Entweder der des Mannes oder der Frau. Aber was ist, wenn sie nichts sagen? Gar nicht dran gedacht haben, das Thema gemieden oder sich nicht geeinigt? Dann entscheidet das Gesetz. Wer gibt dann nach dem Gesetz der Familie den Namen? Papa. Bis 1991. Dann kommt wieder das Bundesverfassungsgericht und erklärt auch das für verfassungswidrig wegen Verstoßes gegen Artikel 3 Absatz 2. 1993 hat der Bundestag die letzte Lücke geschlossen. Seitdem heißt es in § 1355:

> „Die Ehegatten sollen einen gemeinsamen Familiennamen (Ehenamen) bestimmen. Die Ehegatten führen den von ihnen bestimmten Ehenamen. Bestimmen die Ehegatten keinen Ehenamen, so führen sie ihren zurzeit der Eheschließung geführten Namen auch nach der Eheschließung …"

Wenn sie nicht wollen, was sie sollen, behält jeder seinen eigenen. Und die Kinder? Das ist genauso geregelt wie beim Sorgerecht. Und nun ist das „dem Artikel 3 Absatz 2 entgegenstehende Recht" im BGB tatsächlich nicht mehr in Kraft und alles angepasst, 44 Jahre nach Elisabeth Selberts Kampf gegen die Männer im Parlamentarischen Rat. Den Schluss hat sie nicht mehr erlebt, ist 1986 gestorben, fast 90 Jahre alt.

Moderne Verfassungsgerichtsbarkeit beginnt mit der Entscheidung des amerikanischen Obersten Gerichts vom 24. Februar 1803 im Prozess Marbury gegen Madison. Damals ist zum ersten Mal ein Gesetz für verfassungswidrig erklärt worden. In Deutschland war Ähnliches vorgesehen nach § 126 der Paulskirchenverfassung von 1849, die aber nicht wirksam wurde. Und so dauerte es noch 100 Jahre. In der Weimarer Republik gab es zwar den Staatsgerichtshof. Er war jedoch im Wesentlichen nur zuständig für Prozesse zwischen dem Reich und den Ländern. Als 1924 Richter des Reichsgerichts andeuteten, sie würden in Zukunft möglicherweise Gesetze auf ihre Vereinbarkeit mit der Verfassung überprüfen, folgte in der Wissenschaft eine ausführliche Diskussion. Die Mehrheit war dagegen. Am bekanntesten wurde eine Schrift Carl Schmitts, „*Der Hüter der Verfassung*", 1929. Richter hätten nicht die Kompetenz, sagte er. Sie sollen Gesetze anwenden, nicht überprüfen. Hüter der Verfassung sei der Reichspräsident. Nachdem jedoch gerade der mit Hitlers Ernennung zum Reichskanzler den Prozess der Verfassungszerstörung eingeleitet hatte, war man sich einig in Herrenchiemsee und im Parlamentarischen Rat, dass man für die Sicherung der Zukunft ein starkes Verfassungsgericht brauchen würde.

1951 hat es seine Arbeit aufgenommen, in zwei Senaten, jeder mit zwölf Richtern, je zur Hälfte gewählt vom Bundestag und Bundesrat. Im Verfassungsstreit um die Wiederbewaffnung erlebte es 1952 seine erste Krise mit heftigen Angriffen nicht nur des Bundeskanzlers, sondern auch von Justizminister Thomas Dehler, weil es vorläufige Beschlüsse gefasst hatte, die nach Meinung der beiden in die falsche Richtung gingen. „Dat ham wa uns so nich vorjestellt", sagte Konrad Adenauer als ehemaliger Präsident des Parlamentarischen Rates und Justizminister Dehler erklärte mit Drohgebärde für den Haushalt des Gerichts: „Das Bundesverfassungsgericht ist in einer erschütternden Weise vom Wege des Rechts abgewichen und hat damit eine ernste Krise geschaffen." Das Gericht muss oft in politisch brisanten Fragen entscheiden. Es hat also auch eine politische Geschichte. Sie beginnt mit dieser Krise und ist schnell erzählt.

Das Gericht lavierte sich durch. Es wartete die Wahlen 1953 ab, die Adenauer haushoch gewonnen hat. So konnte er die Verfassung – in Art. 74 Ziff. 1 GG – ändern lassen, was nun den Aufbau der Bundeswehr möglich machte und die Richter brauchten nicht mehr zu entscheiden. Danach begann die Bundesregierung einen langen und zähen Kampf

Abb. 66
Eröffnungsfeier für das Bundesverfassungsgericht 1951 im Karlsruher Staatstheater (von links Bundespräsident Theodor Heuss, Präsident des BVerfG Hermann Höpker-Aschoff, Bundeskanzler Konrad Adenauer).

um die politische Mehrheit im Gericht, den sie im Lauf der Zeit unter anderem dadurch gewonnen hat, dass die Zahl der Richter in beiden Senaten reduziert wurde, 1956 und 1963 um jeweils zwei. Dadurch fielen mehr Sitze derjenigen Richter weg, die von der SPD benannt waren. Seitdem hat jeder Senat nur acht Mitglieder. Die Richter werden gewählt mit Zweidrittelmehrheit je zur Hälfte vom Bundestag und vom Bundesrat. Deshalb auch ihre Kompetenz zur Prüfung von Gesetzen auf ihre Verfassungsmäßigkeit. Denn mit Zweidrittelmehrheit im Bundestag und Bundesrat kann auch die Verfassung geändert werden.

In den fünfziger Jahren hat das Gericht mit einer behutsamen liberalen Rechtsprechung seine Autorität begründet und in Fragen der großen Politik nur ein einziges Mal in einem für Adenauer wichtigen Fall gegen ihn entschieden, nämlich 1961 gegen seine Pläne für ein Regierungsfernsehen. Auch die sechziger Jahre blieben ruhig. Die SPD bereitete sich nach dem Godesberger Programm mit der Umarmungstaktik Herbert Wehners vor auf die Regierungsverantwortung in der großen Koalition und vermied grundsätzliche Auseinandersetzungen mit der CDU/CSU auch vor Gericht. Erst in den siebziger Jahren bekamen die Entscheidungen des Bundesverfassungsgerichts eine beachtliche Bedeutung für die Politik. Mit einer großen Zahl brisanter Entscheidungen, zum Beispiel 1975 gegen die Reform der Strafbarkeit des Schwangerschaftsabbruchs oder 1978 gegen die Wehrdienstverweigerung. Nur einmal hat es in einer wichtigen Frage zugunsten der Regierung entschieden, nämlich 1979 beim Mitbestimmungsgesetz. Seit den

Abb. 67 Gebäude des Bundesverfassungsgerichts im Karlsruher Schlosspark.

achtziger Jahren bewegte es sich auf einer mittleren Linie. Mal entschied es für die Regierung Kohl – zum Beispiel bei der so genannten Nachrüstung mit Atomraketen oder bei Einsätzen der Bundeswehr im Ausland, Stichwort „AWACS" – und mal gegen sie wie beim Volkszählungsgesetz 1983 oder den Akten der Flick-Affäre 1984. Nach dem so genannten Kruzifix-Beschluss von 1995 kam die zweite Krise des Gerichts, die nicht ungefährlich gewesen ist für sein Ansehen und seine Autorität, als es erklärte, es sei verfassungswidrig, Klassenzimmer staatlicher Schulen zu schmücken mit der Nachbildung des gekreuzigten Jesus Christus, wenn Schüler oder ihre Eltern nicht einverstanden sind. Das führte nicht nur zu ähnlich überzogener Kritik aus Bonn wie 1952. Es kamen auch massive Angriffe der bayerischen Staatsregierung, die ihren Höhepunkt erreichten auf einer Großdemonstration vor der Münchener Feldherrnhalle. Das Gericht hat es Gott sei Dank ohne größeren Schaden überstanden.

Im Übrigen hat es mit Hunderten anderer Entscheidungen in einer weltweit einmaligen Feinsteuerung großen Einfluss genommen auf die gesamte Entwicklung des Verfassungsrechts der Bundesrepublik, besonders durch seine Rechtsprechung zu den Grundrechten. Schon früh hat es sie nicht nur als Abwehrrechte gegen den Staat verstanden, sondern auch als Wertentscheidungen, die für alle Bereiche des Rechts gelten, auch im Zivil- und Strafrecht. Die Verfassung ist seitdem nicht mehr nur der Rahmen für das Funktionieren der Staatsorgane, sondern auch Grundlage der gesamten gesellschaftlichen Ordnung. Das so genannte Wertesystem. Eine der großen Leistungen des Gerichts. Sie begann 1958 mit dem Lüth-Urteil.

Das Lüth-Urteil

Erich Lüth war Senatsdirektor und Leiter der Hamburger Pressestelle. Als Vorsitzender des Hamburger Presseklubs hat er 1950 eine Rede gehalten zur Eröffnung der „Woche des deutschen Films“ und kam darauf zu sprechen, dass bald ein neuer Film in die Kinos kommen sollte, den Veit Harlan gedreht hatte, der Regisseur von „Jud Süß“, dem schlimmsten antisemitischen Machwerk der Filmgeschichte des Dritten Reichs. Harlan war deshalb sogar wegen Verbrechens gegen die Menschlichkeit nach dem Kontrollratsgesetz Nr. 10 angeklagt und vom Schwurgericht Hamburg nur wegen Befehlsnotstands freigesprochen worden, weil Goebbels ihn am Anfang des Krieges dazu gezwungen habe. Im Übrigen sei mit „Jud Süß“ der objektive und subjektive Tatbestand eines Verbrechens gegen die Menschlichkeit erfüllt.

Erich Lüth sah durch das Wiederauftreten Veit Harlans die Aussöhnung mit Israel gefährdet und sagte deshalb in seiner Rede, Verleiher und Theaterbesitzer müssten jetzt Charakter zeigen. Da hakte die Firma nach, die den neuen Film produzierte. In einem Brief fragte sie, mit welcher Berechtigung er die Erklärung gegen Harlan abgegeben habe. Lüth antwortete in einem offenen Brief, den er der Presse übergab. Es sei nicht nur das Recht, sondern sogar die Pflicht anständiger Deutscher, „sich im Kampf gegen diesen unwürdigen Repräsentanten des deutschen Films über den Protest hinaus auch zum Boykott bereitzuhalten“. Daraufhin erwirkte die Firma gegen ihn zunächst eine einstweilige Verfügung und dann auch ein Urteil vor dem Landgericht Hamburg, in dem ihm verboten wurde, das deutsche Publikum aufzufordern, den neuen Film nicht zu besuchen. Der Boykottaufruf sei – nach ständiger Rechtsprechung – eine sittenwidrige Schädigung im Sinne des § 826 BGB. Erich Lüth hat dagegen Verfassungsbeschwerde erhoben. 1958 hat das Bundesverfassungsgericht das Urteil des Landgerichts aufgehoben. Es habe Erich Lüths Grundrecht auf Meinungsfreiheit nach Art. 5 Abs. 1 GG verletzt. Die Frage war, ob Grundrechte nur Abwehrrechte gegen den Staat sind. Dazu das Bundesverfassungsgericht:

> „Die grundsätzliche Frage, ob Grundrechtsnormen auf das bürgerliche Recht einwirken und wie diese Wirkung im Einzelnen ge-

Abb. 68
Szene aus Veit Harlans Film „Jud Süß".

dacht werden müsse, ist umstritten. Die äußersten Positionen in diesem Streit liegen einerseits in der These, dass die Grundrechte ausschließlich gegen den Staat gerichtet seien, andererseits in der Auffassung, dass die Grundrechte oder doch einige und jedenfalls die wichtigsten von ihnen auch im Privatrechtsverkehr gegen jedermann gälten … Ohne Zweifel sind die Grundrechte in erster Linie dazu bestimmt, die Freiheitssphäre des Einzelnen vor Eingriffen der öffentlichen Gewalt zu sichern; sie sind Abwehrrechte des Bürgers gegen den Staat.

Ebenso richtig ist aber, dass das Grundgesetz, das keine wertneutrale Ordnung sein will, in seinem Grundrechtsabschnitt auch eine objektive Wertordnung aufgerichtet hat und dass gerade hierin eine prinzipielle Verstärkung der Geltungskraft der Grundrechte zum Ausdruck kommt. Dieses Wertesystem, das seinen Mittelpunkt in der innerhalb der sozialen Gemeinschaft sich frei entfaltenden menschlichen Persönlichkeit und ihrer Würde findet, muss als verfassungsrechtliche Grundentscheidung für alle Bereiche des Rechts gelten; Gesetzgebung, Verwaltung und Rechtsprechung empfangen von ihm Richtlinien und Impulse. So beeinflusst es selbstverständlich auch das bürgerliche Recht; keine bürgerlich-rechtliche Vorschrift darf in Widerspruch zu ihm stehen, jede muss in seinem Geiste ausgelegt werden."

Deshalb würde die Auslegung des § 826 BGB bei Berücksichtigung der Meinungsfreiheit des Art. 5 Art. 1 GG in diesem Fall ergeben, dass der Boykottaufruf nicht gegen die guten Sitten verstoßen habe. Veit Harlan sei durch „Jud Süß" politisch schwer belastet und Erich Lüth durfte davon ausgehen, dass sein Wiederauftreten als Regisseur die Herstellung eines wahren inneren Friedens mit dem jüdischen Volk gefährden würde. Also könne sein Verhalten nicht als unsittlich im Sinne des § 826 BGB angesehen werden. Juristen sprechen seitdem von der Drittwirkung von Grundrechten, die nicht nur Wirkung haben zwischen einem Bürger und dem Staat, sondern auch gegenüber einem Dritten, nämlich einem anderen Bürger, in jenem Fall für Erich Lüth gegenüber Veit Harlan und seinem Filmverleih.

Mein Leben

von Marcel Reich-Ranicki

„Wenn das Denkmal (Mahnmal für die ermordeten Juden, Anmerkung der Redaktion) errichtet sein wird, werde ich es mir ansehen. Ob ich dabei viel empfinden werde, weiß ich nicht, gewiss nicht so viel wie im Dezember 1970, als ich das Bild sah, das durch die Weltpresse ging – das Bild des vor dem Denkmal des Warschauer Gettos knieenden Willy Brandt. Damals wusste ich, dass ich ihm bis zum Ende meines Lebens dankbar sein werde.

Zum ersten Mal nach dem Warschauer Kniefall traf ich Willy Brandt Ende Januar 1990 in Nürnberg: Er war, schon von schwerer Krankheit gezeichnet, gekommen, um den neunzigjährigen Hermann Kesten, den Schriftsteller, den Juden, den Emigranten, zu ehren. Ich habe versucht, Willy Brandt mit einigen unbeholfenen Worten zu danken. Er fragte mich, wo ich überlebt hätte. Ich erzählte ihm so knapp wie möglich, dass wir, Tosia und ich, im September 1942 von deutschen Soldaten zusammen mit Tausenden anderer Juden auf ebenjenen Warschauer Platz geführt worden waren, auf dem heute das Getto-

Denkmal steht. Dort hätte ich zum letzten Mal meinen Vater und meine Mutter gesehen, bevor sie in die Züge nach Treblinka getrieben wurden.

Als ich mit meinem kurzen Bericht fertig war, hatte jemand Tränen in den Augen. Willy Brandt oder ich? Ich weiß es nicht mehr. Aber ich weiß sehr wohl, was ich mir dachte, als ich 1970 das Foto des knieenden deutschen Bundeskanzlers sah: Da dachte ich mir, dass meine Entscheidung, 1958 nach Deutschland zurückzukehren und mich in der Bundesrepublik niederzulassen, doch nicht falsch, doch richtig war. Fassbinders Stück, der Historikerstreit und die Walser-Rede, allesamt wichtige Symptome des Zeitgeistes, haben daran nichts geändert."

Marcel Reich-Ranicki, Mein Leben

Justiz und Anwaltschaft

Im Aufbau und in der personellen Besetzung hatte die Justiz sich nicht verändert seit dem Ende des Dritten Reichs. Immer noch die veraltete Viergliederung der Zivil- und Strafgerichte in Amtsgericht, Landgericht, Oberlandesgericht und – an Stelle des Reichsgerichts in Leipzig – der Bundesgerichtshof in Karlsruhe. Die Entnazifizierung war in der Justiz genauso gescheitert wie in anderen Bereichen des öffentlichen Dienstes. 1951 kam mit dem Gesetz zu Artikel 131 des Grundgesetzes noch mal ein neuer Schub ehemaliger Nationalsozialisten in die Richterschaft. Das prägte bis in die siebziger Jahre die Haltung der Strafjustiz bei der Verfolgung von NS-Verbrechen. Anfang der Sechziger führte das zu einem ersten Ansatz von Justizkritik in der Ausstellung „Ungesühnte Nazijustiz" des Sozialistischen Deutschen Studentenbundes über Richter der Bundesrepublik, die in der Hitlerzeit unmenschliche Urteile gesprochen hatten, nicht zur Verantwortung gezogen waren und zum Teil noch im Amt gewesen sind. Mitte der sechziger Jahre forderten liberale Richter um die „Justizreformer" Theo Rasehorn und Rudolf Wassermann eine Demokratisierung der Justiz und Reform der Juristenausbildung, um autoritäre Strukturen der Richterschaft zu verändern. Was nicht gelang. Dann kam am 29. November 1967 Fritz Teufel und hat mit einem einzigen Satz ein kleines Stück Rechtsgeschichte der Bundesrepublik geschrieben. Er war Mitglied der linksradikalen Kommune 1 während der Studentenrevolte und Angeklagter in einem Prozess wegen Landfriedensbruchs, in dem er einen Monat später freigesprochen wurde. In der Verhandlung blieb er sitzen, als das Gericht erschien. Der Vorsitzende Richter verlangte, er solle aufstehen. Fritz Teufel räkelt sich hoch mit den Worten: „Naja, wenn's der Wahrheitsfindung dient." Ein befreiendes Lachen ging durch die Republik. Es veränderte das Klima in den Gerichtssälen, zumal eine neue Generation von Juristen heranwuchs, die nicht so autoritär war wie ihre Vorgänger.

Nicht nur das Klima in den Gerichten änderte sich, auch die Möglichkeit des Zutritts für den einfachen Bürger, der den Weg dorthin oft nicht gehen will, besonders aus finanziellen Gründen. In der Rechtssoziologie nennt man es das Problem des Zugangs zum Recht. Eines der größten Hindernisse ist die finanzielle Ungleichheit bei Streitigkeiten von Parteien. Der Wohlhabende hat den längeren Atem, braucht die Kosten nicht zu scheuen, die den Armen davon abhalten, sein Recht durchzusetzen. Deshalb wurde 1980 das alte unzulängliche Armenrecht verbessert zu einer Prozesskostenhilfe, die den Zugang zum Recht für viele verbesserte. Allerdings hatte sie einen Fehler, der im Lauf der Jahre die finanzielle Situation derjenigen verschlechterte, deren Anwalts- und Gerichtskosten vom Staat finanziert wurden. Nach einem Urteil des Bundesverfassungsgerichts von 1988 verstieß das gegen das Sozialstaatsgebot und den Gleichheitssatz. Deshalb hat der Bundestag 1994 mit einer Änderung der Zivilprozessordnung diesen Fehler beseitigt. Und es kam noch etwas hinzu: Die Rechtsschutzversicherung erleichtert zunehmend und in erheblichem Umfang den Zugang zum Recht und übernimmt damit eine soziale Funktion. Sie ist entstanden in den zwanziger Jahren für Anwalts- und Gerichtskosten im Zusammenhang mit Verkehrsunfällen als Pendant zur Haftpflichtversicherung für Kraftfahrzeuge. Die ständigen Erweiterungen in der Bundesrepublik Deutschland führten zum Einschluss auch anderer rechtlicher Auseinandersetzungen. In den achtziger Jahren hatten über 40 Prozent aller Haushalte eine Rechtsschutz-Police. Heute werden von den Versicherern über 3 Millionen Rechtsschutzfälle finanziert.

Auch die Anwaltschaft machte nach dem Krieg zunächst weiter wie gewohnt. Die freie Advokatur wurde wiederhergestellt, selbstständige

Abb. 69 Die problematische Vergangenheit und Gegenwart deutscher Juristen dargeste
Schulze“ (2. Fassung, 1965); Privatbesitz.

m Leipziger Maler Werner Tübke in seinem Bild „Lebenserinnerungen des Dr. jur.

Abb. 70
Fritz Teufel mit seinem Verteidiger Horst Mahler und seiner Mutter im Berliner Kriminalgericht Moabit bei der Eröffnung des Prozesses wegen Landfriedensbruchs im November 1968.

Anwaltskammern mit einer Bundesrechtsanwaltskammer, und 1947 ist der Deutsche Anwaltverein neu gegründet worden. Allmählich stieg die Zahl der Anwältinnen. 1960 waren es 3 Prozent, 1999 immerhin 25 Prozent. In den achtziger Jahren beginnt ein dramatischer Umbruch, ähnlich wie in der freien Wirtschaft, der sich die Anwaltschaft immer mehr annähert, vor dem Hintergrund von Computerisierung, moderner Telekommunikation und Globalisierung. Ausgelöst wurde er durch eine Juristenschwemme und die Entscheidung des Bundesverfassungsgerichts von 1987, die die alten Standesrichtlinien beseitigte und die Bahn frei machte für eine atemberaubende Entwicklung in den neunziger Jahren. Die Zahl der Anwälte verdoppelte sich von 1990 bis 2002 auf über 120000. Überörtliche Sozietäten entstanden, die vorher verboten waren, und entwickelten sich zu Riesenkanzleien mit mehreren Hundert Anwälten, auch als GmbH oder Aktiengesellschaft. Die Spezialisierung nahm zu mit Fachanwälten, die vorher – außer im Steuerrecht – nicht erlaubt waren. Werbung wurde zugelassen – bisher undenkbar – und neue Formen von „Dienstleistung" entstanden wie Mediation – außergerichtliche Streitschlichtung – oder telefonische Beratung über so genannte Hotlines. Die Beschränkung auf den Ort der Zulassung entfiel in wichtigen Bereichen. Seit dem 1. Januar 2000 können Anwälte vor allen Landgerichten der Bundesrepublik auftreten, seit dem 1. August 2002 auch vor allen Oberlandesgerichten. Und es geht noch weiter. Mit der europäischen Einigung wurde auch das nationale Zulassungsrecht überschritten. Wer die Voraussetzungen für die Zulassung zur Anwaltschaft in einem Land der Europäischen Union erfüllt, kann sie auch in einem anderen beantragen.

Entwicklungen im Zivilrecht I

Für die Bundesrepublik blieb das Bürgerliche Gesetzbuch Grundlage ihrer bürgerlichen Gesellschaft und Wirtschaft. Nur die Vorschriften des Eherechts waren 1938 unter Adolf Hitler herausgenommen und geregelt in einem eigenen Ehegesetz. 1976 kamen sie durch die Reform des Scheidungsrechts unter der sozialliberalen Koalition wieder zurück ins BGB, allerdings mit neuen Regelungen. Im Übrigen war der Wortlaut des Gesetzes im Wesentlichen derselbe geblieben. Trotzdem hat sich viel verändert seit 1949. Ein Gesetz kann nicht jeden Einzelfall regeln, auch wenn es noch so ausführlich ist wie das BGB mit seinen 2385 Paragraphen. Dann müssen eben Gerichte entscheiden, wie der Wortlaut einer Vorschrift zu verstehen ist. Juristen sprechen von Auslegung oder Interpretation. Man nennt das richterliche Rechtsfortbildung. Ein Beispiel:

Das Kind als Schaden

Der Bundesgerichtshof hatte 1980 ein umstrittenes Problem zu lösen. Im BGB kann man zwar lesen, dass bei schuldhafter Verletzung von Vertragspflichten der Schaden zu ersetzen ist. Was aber ist ein Schaden?

Eine verheiratete junge Frau hatte zwei Kinder und ließ sich 1972 sterilisieren aus medizinischen Gründen und auf ärztlichen Rat. Die Sterilisation wurde in einem Krankenhaus des Freistaats Bayern fehlerhaft durchgeführt. Die Frau wurde schwanger und bekam Zwillinge. Die Zahl ihrer Kinder hatte sich verdoppelt, die Familienplanung war durchkreuzt und sie klagte gegen den Freistaat als Träger der Krankenkasse auf Schadensersatz, nämlich auf Unterhaltszahlung für die Zwillinge. Die Sterilisation war eine Vertragsverletzung. Aber hatte sie einen Schaden? Nein, sagte das Oberlandesgericht Bamberg:

> „Die Geburt und Existenz eines Menschen stellt keinen Schaden dar. Kinder gelten nach den christlich-humanistischen Kulturvor-

stellungen, wie sie unserer Rechts- und Gesellschaftsordnung zugrunde liegen, als besonders hohe Werte, mögen sie aus persönlichen, wirtschaftlichen oder sozialen Erwägungen auch noch so unerwünscht sein; die Geburt und die Existenz eines Kindes kann nicht als Schadensfall angesehen werden, denn eine Werteverwirklichung lässt sich nicht zugleich als Schaden qualifizieren."

Doch, meinte der Bundesgerichtshof und hat das Bamberger Urteil aufgehoben. Denn die Belastung mit Unterhaltsverpflichtungen für Kinder ist ein Schaden, wenn die Familienplanung durchkreuzt wird. Man müsse unterscheiden zwischen dem Kind, das kein Schaden sei, und dem mit ihm verbundenen Unterhaltsaufwand, der einen Schaden darstelle. Eine seit dem Mittelalter beliebte juristische Argumentation, die Unterscheidung, distinctio, ein logischer Kunstgriff, um Widersprüche in überlieferten Traditionen zu harmonisieren. Im Ergebnis sicherlich richtig. Aber letztlich wird doch das Kind als Schaden angesehen. Inzwischen gibt es mehrere ähnliche Urteile.

Entwicklungen im Zivilrecht II

Die richterliche Rechtsfortbildung hat im Zivilrecht der Bundesrepublik an Bedeutung zugenommen, weil das BGB immer älter wurde und die gesellschaftliche und wirtschaftliche Entwicklung immer schneller. Das Schadensersatzrecht hat sich dabei am meisten verändert aus vielen Gründen. Die große Zunahme der Motorisierung, des Straßenverkehrs und der Unfälle gehörte dazu und auch das vom Bundesverfassungsgericht entwickelte Wertesystem der Grundrechte, das letztlich auch schon bei der Entstehung eines allgemeinen Persönlichkeitsrechts eine Rolle spielte, bei dessen Verletzung Wiedergutmachung gefordert werden kann. Dazu gleich die beiden wichtigsten Urteile.

Neben dem Schadensersatzrecht ist der Verbraucherschutz stark erweitert worden. Am Anfang steht das Abzahlungsgesetz von 1894. In ihm wurden so genannte Verwirkungsklauseln für unwirksam erklärt. Das waren Vereinbarungen in Kaufverträgen mit Ratenzahlungen, nach denen der Verkäufer bei Verzug des Käufers mit den Zahlungen des Kaufpreises nicht nur die Sache zurückfordern, sondern auch die schon gezahlten Raten behalten kann. Das blieb in der Bundesrepublik noch lange der einzige Schutz.

Dann begannen die Gerichte, ihn langsam auszubauen mit einer großen Zahl von Urteilen zu allgemeinen Geschäftsbedingungen von Firmen bei Verträgen mit ihren Kunden. Sie wurden zunehmend für unwirksam erklärt als Verstoß gegen den in § 242 BGB formulierten allgemeinen Grundsatz von Treu und Glauben. 1976 ist diese Rechtsprechung im Gesetz über Allgemeine Geschäftsbedingungen sehr übersichtlich zusammengefasst worden. 1986 erging das Gesetz über den Widerruf von Haustürgeschäften, nach dem der – möglicherweise unbedachte – Abschluss von Geschäften rückgängig gemacht werden kann, zu denen man veranlasst – oder überredet – worden ist in einer Wohnung, am Arbeitsplatz oder bei so genannten Kaffeefahrten. 1990 wurde das alte Abzahlungsgesetz erweitert zum Verbraucherkreditgesetz, das auch vor überzogenen Forderungen bei Darlehensverträgen schützt. Zuletzt ist im Jahre 2000 das Fernabsatzgesetz erlassen worden, das die Möglichkeit des Widerrufs gibt bei Bestellungen nach Katalogen, im Internet oder ähnlichen Angeboten von Versandunternehmen. Schließlich ist schon 1968 mit einem Urteil des Bundesgerichtshofs – „Hühnerpest" – die Produzentenhaftung eingeführt worden. Ein altes Problem, weil Verbraucher beim Kauf von Waren regelmäßig nur Verträge mit Händlern abschließen, nicht mit Fabrikanten. Nach dem BGB war das schwer zu lösen. Aber der Bundesgerichtshof hat es geschafft. Heute haften Unternehmen grundsätzlich auch ohne Verschulden für Schäden von Verbrauchern, die durch fehlerhafte Produkte entstehen.

Das gesamte Schuldrecht – das Recht der Verträge und des allgemeinen Schadensersatzes außerhalb von Verträgen – ist zu einem großen Teil völlig verändert worden durch das Schuldrechtsreformgesetz von 2001, die größte Veränderung des BGB seit seinem In-Kraft-Treten am 1. Januar 1900. Die allgemeinen Verjährungsfristen sind verkürzt, die für Mängel im Kaufrecht verlängert worden. Das Kaufrecht wurde modernisiert und gelöst von seinen veralteten Ursprüngen im römischen Recht. Die Verbraucherschutzgesetze sind aufgehoben worden und eingearbeitet in das BGB. Die Paragraphen wurden verändert und auch ein Jurist mit guten Kenntnissen im Zivilrecht hat es nicht leicht, sich wieder zurechtzufinden. Der Oldtimer BGB ist fast wieder zeitgemäß geworden.

Im Sachenrecht gab es nur zwei wichtige Veränderungen. 1951 kam mit dem Wohnungseigentumsgesetz die Möglichkeit von Sondereigentum und 1956 entstand mit einer Entscheidung des Bundesgerichtshofes – „Dittmann-Anhänger" – das Anwartschaftsrecht als neues dingliches Recht, über das sein Inhaber frei verfügen kann, nämlich der Abzahlungskäufer, der noch nicht alle Raten bezahlt hat. Beides bedingt durch die Kapitalknappheit beim Wiederaufbau in den fünfziger Jahren, der dadurch angekurbelt werden sollte.

Zum Familienrecht ist das Wesentliche gesagt im Abschnitt über die Gleichberechtigung von Männern und Frauen. Die von Art. 6 Abs. 5 des Grundgesetzes geforderte Gleichstellung der nichtehelichen Kinder mit den ehelichen kam erst 1969 und unvollständig. Zur selben Zeit entwickelte sich ein neues dazugehöriges Rechtsinstitut, die nichteheliche Lebensgemeinschaft. Ihre Anerkennung wurde 1970 eingeleitet durch die Abkehr des Bundesgerichtshofes von seiner bisherigen Rechtsprechung zum so genannten Geliebtentestament, das seitdem grundsätzlich nicht mehr sittenwidrig ist und 1974 durch die Streichung des Kuppeleiparagraphen, nach dem bisher beim Zusammenwohnen nichtehelicher Paare die Vermieter mit einem Bein im Gefängnis standen. Auf vielfältige Weise ist diese Lebensgemeinschaft inzwischen allmählich juristisch akzeptiert worden, durch die Rechtsprechung zur gemeinsamen Wohnung, beim Sorgerecht für gemeinsame Kinder und im Sozialhilfe- und Steuerrecht. Für die Zukunft bedeutet es, dass eine neue freie Eheform neben der gesetzlichen des BGB entsteht, ähnlich wie schon öfter in der Geschichte des Rechts. Und schließlich gibt es nun auch die Möglichkeit, eine gesetzlich anerkannte und der Ehe ähnliche Lebenspartnerschaft einzugehen für „zwei Personen gleichen Geschlechts“, wie es heißt im Lebenspartnerschaftsgesetz von 2001.

Dr. Hjalmar Schacht & Co.

Hjalmar Schacht, arme Herkunft, großer Ehrgeiz, konservativ, macht eine erstaunliche Karriere in der privaten Bankwirtschaft, ist in der Weimarer Zeit und unter Hitler Reichsbankpräsident, unter Hitler außerdem Wirtschaftsminister, finanziert seine Kriegsvorbereitungen, wird aber aus beiden Ämtern entlassen, weil er Bedenken äußert, bleibt Minister ohne Geschäftsbereich, amtsenthoben 1943, verhaftet nach dem Attentat vom 20. Juli 1944 und im Konzentrationslager bis Kriegsende, freigesprochen im großen Nürnberger Prozess und eröffnet ein Bankhaus in Hamburg. Dazu erscheint 1952 in der „Welt am Sonntag“ ein kritischer Artikel unter der Überschrift „Dr. Hjalmar Schacht & Co. eine politische Betrachtung anlässlich der Eröffnung des neuen Bankhauses“. Schacht schickt über seinen Anwalt ein Gegendarstellungsverlan-

Abb. 71
Hjalmar Schacht, 1952.

gen, das von der Zeitung gekürzt und nur als Leserbrief veröffentlicht wird. Bei der Kürzung fiel z. B. weg die Wiedergabe von Auszügen aus dem Nürnberger Urteil. Der Anwalt klagt gegen den Springer-Verlag mit dem Antrag, in der Zeitung unter der Rubrik „Leserbriefe" die Behauptung zu widerrufen, er habe einen Leserbrief geschrieben.

Das Hamburger Landgericht hat der Klage stattgegeben mit der Begründung, die „Welt am Sonntag" habe den Anwalt mit dieser Art der Veröffentlichung verleumdet, was strafbar ist nach § 187 StGB und dann auch zivilrechtlich zum Schadensersatz verpflichtet. Das Oberlandesgericht konnte nichts Ehrenrühriges erkennen im Sinne des Strafgesetzes und wies die Klage ab. Der Bundesgerichtshof hat 1954 entschieden, darauf käme es hier gar nicht an, denn es gäbe ein allgemeines Persönlichkeitsrecht, dessen Verletzung den Anspruch auf Schadensersatz begründet:

> „Nachdem nunmehr das Grundgesetz das Recht des Menschen auf Achtung seiner Würde und das Recht auf freie Entfaltung seiner Persönlichkeit auch als privates von jedermann zu achtendes Recht anerkennt, … muss das allgemeine Persönlichkeitsrecht als ein verfassungsmäßig gewährleistetes Grundrecht anerkannt werden."

Das erste Urteil zum allgemeinen Persönlichkeitsrecht. Es sei hier durch die Zeitung verletzt worden, denn:

„Jede sprachliche Festlegung eines bestimmten Gedankeninhalts ist, und zwar auch dann, wenn der Festlegungsform eine Urheberschutzfähigkeit nicht zugebilligt werden kann, Ausfluss der Persönlichkeit des Verfassers. Daraus folgt, dass grundsätzlich dem Verfasser allein die Befugnis zusteht, darüber zu entscheiden, ob und in welcher Form seine Aufzeichnungen der Öffentlichkeit zugänglich gemacht werden ..."

Und der Schaden müsse dadurch beseitigt werden, dass die Zeitung ihre Behauptung widerrufe, der Anwalt habe als normaler Leser einen Brief geschrieben.

Der Herrenreiter-Fall

Vier Jahre nach der ersten Entscheidung zum allgemeinen Persönlichkeitsrecht ist der Bundesgerichtshof 1958 noch weitergegangen. In diesem Prozess war Kläger der Mitinhaber einer Kölner Brauerei, der privat als Herrenreiter an Springturnieren teilnahm. Es ging um ein Foto, das ihn bunt und eindrucksvoll zeigt, wie er männlich mit seinem Pferd eine Hürde nimmt. Die Firma Okasa hatte es ohne seine Einwilligung für die Werbung ihrer Produkte verwendet. Sie stellte pharmazeutische Präparate her zur Stärkung der sexuellen Potenz, „Okasa Silber für den Mann, Gold für die Frau". Ein vornehmer Mann braucht das Zeug nicht, um solche Hürden zu nehmen, meinte der Herrenreiter vielleicht und klagte gegen die Firma auf Schadensersatz. Der Anspruch war an sich begründet, nicht nur wegen Verletzung des Rechts am eigenen Bild, sondern auch des allgemeinen Persönlichkeitsrechts. Aber wo war der Schaden? Ein Widerruf wie beim Hamburger Anwalt war nicht möglich – er war tatsächlich gesprungen – und ein Anspruch auf Ersatz eines entsprechenden Honorars ebenso wenig, denn er hätte seine Einwilligung nie gegeben. Blieb noch die Möglichkeit von Schmerzensgeld. Aber § 253 BGB:

„Wegen eines Schadens, der nicht Vermögensschaden ist, kann Entschädigung in Geld nur in den durch das Gesetz bestimmten Fällen gefordert werden."

Dafür kam allein § 847 BGB in Frage, in dem gesagt wird, dass Schmerzensgeld zu zahlen ist bei Körperverletzung oder Freiheitsberaubung. Beides war der Firma nicht vorzuwerfen. Der Bundesgerichtshof hat trotzdem entschieden, der Herrenreiter könne wegen Verletzung des allgemeinen Persönlichkeitsrechts ein Schmerzensgeld von 10000 DM verlangen. Die Begründung:

> „Bei Beeinträchtigungen der vorliegenden Art, durch die in den natürlichen Herrschafts- und Freiheitsraum des Einzelnen unter schuldhafter Verletzung seines Persönlichkeitsrechtes eingegriffen wird, kann der nach dem Grundgesetz gebotene wirksame Rechtsschutz, solange es an einer gesetzlichen Sonderregelung fehlt, tatsächlich nur durch ihre Einbeziehung in die in § 847 BGB angeführten Verletzungstatbestände erzielt werden, weil ihre Schadensfolgen auf Grund der Natur des angegriffenen Rechtsgutes zwangsläufig in erster Linie auf immateriellem Gebiet liegen."

In der Rechtswissenschaft ist viel darüber gestritten worden, ob so etwas methodisch zulässig ist. Der Bundesgerichtshof hat diese Rechtsprechung seitdem unbeirrt weitergeführt, andere Gerichte sind ihm gefolgt und der Widerspruch hat sich erledigt, nachdem das Bundesverfassungsgericht diese richterliche Rechtsfortbildung für verfassungsgemäß erklärt hat. So kann man bis heute bei schweren Verletzungen des allgemeinen Persönlichkeitsrechts Schmerzensgeld verlangen, wenn eine andere Wiedergutmachung der Schädigung – zum Beispiel durch Widerruf – nicht möglich ist. Mancher Bürger hat davon schon profitiert, wenn etwa in der Sensationspresse Einzelheiten seines Privatlebens ohne seine Einwilligung an die Öffentlichkeit gezogen worden sind.

Arbeitsrecht und soziales Mietrecht

Die Entwicklung des Arbeitsrechts der Bundesrepublik lässt sich in drei Sätzen zusammenfassen. Das kollektive Arbeitsrecht – der Gewerkschaften, des Streiks und der Betriebsräte – wurde nach seiner Zerstörung im Dritten Reich wiederhergestellt, allerdings mit Rückschritten gegenüber der Weimarer Zeit. Das individuelle Arbeitsrecht wurde weiter ausgebaut und verbessert, zum Beispiel im Jugendschutz, Mutterschutz oder Urlaubsrecht. Nach dem Zusammenbruch des Ostblocks Anfang der neunziger Jahre kommt beides ins Rutschen durch das, was man seitdem Globalisierung und Standort Deutschland nennt.

Das Streikrecht wird zum ersten Mal schon 1952 eingeschränkt, zur selben Zeit wie die Rechte von Betriebsräten, die damals durch ein

Abb. 72 Der große Saal des Bundesarbeitsgerichts mit seinem Vorsitzenden Hans Carl Nipperdey (3. von links) im Januar 1955.

neues Betriebsverfassungsgesetz geregelt wurden. Gegen den Entwurf dieses Gesetzes streikten die Zeitungsdrucker einige Tage. Es gab keine Zeitungen. Adenauer sprach von strafbarer Nötigung eines Verfassungsorgans und die Zeitungsverleger gaben Gutachtenaufträge an die Professoren Alfred Hueck und Hans Carl Nipperdey. Die standen beide in der Tradition der Schule von Walter Kaskel, der in der Weimarer Zeit Kopf des unternehmerfreundlichen Arbeitsrechts gewesen ist. Die Sinzheimer-Schule war in der Bundesrepublik ausgestorben, also diejenigen Professoren, die bis 1933 auf der Seite der Gewerkschaften standen. Sie mussten emigrieren und wurden von den konservativen Juristenfakultäten nach dem Krieg nicht wieder berufen. Das hat unser Arbeitsrecht bis heute entscheidend beeinflusst.

Das Streikrecht der Bundesrepublik ist geprägt durch das Gutachten von Nipperdey. Er kam zu dem Ergebnis, der Zeitungsdruckerstreik sei rechtswidrig gewesen und verpflichte die IG Druck zur Zahlung von Schadensersatz. Das Reichsgericht hatte noch bis 1933 gesagt, was im „Lohn- und Klassenkampf“ zwischen Gewerkschaften und Unternehmern üblich wäre, könne nicht rechtswidrig sein. Nun kam Professor Nipperdey und erklärte, jeder Streik sei grundsätzlich ein rechtswidriger Eingriff in das Recht am Unternehmen und verpflichte zum Schadensersatz. Es gäbe nur eine Ausnahme, wenn der Streik drei Bedingungen erfüllt. Wenn er nämlich erstens von einer Gewerkschaft geführt wird, also nicht nur in einem Betrieb etwa vom Betriebsrat, zweitens unter Einhaltung bestimmter Regeln, die vorher mit dem Arbeitgeberverband ausgehandelt wurden, und wenn er drittens nur das Ziel hat, einen Tarifvertrag auszuhandeln. Dann sei der Streik „sozialadäquat". Ein neuer Begriff. Nach dieser Nipperdey'schen Formel wird bis heute entschieden. Der Zeitungsdruckerstreik damals war rechtswidrig, denn er wurde zur Verhütung des Betriebsverfassungsgesetzes geführt, nicht zum Zweck des Abschlusses eines Tarifvertrages. In der Sprache von Hans Carl Nipperdey ein verbotener politischer Streik. Und so lauteten damals auch schnell die Urteile der Arbeitsgerichte. Zwei Jahre später ist Nipperdey unter Adenauer Präsident des neu gegründeten Bundesarbeitsgerichts in Kassel geworden und hat seine Formel und manches Ähnliche fleißig durchgesetzt. Mehr oder weniger sind die Gewerkschaften auf diese Weise in ein enges Netz von neuen Regeln des Streikrechts gebunden worden. Das war vielleicht eine der Ursachen dafür, dass bis heute in der Bundesrepublik verhältnismäßig wenig gestreikt wird, und damit wohl auch eine der Bedingungen für das „Wirtschaftswunder" der fünfziger und sechziger Jahre. Die ebenfalls unternehmerfreundliche Rechtsprechung des Bundesarbeitsgerichts zur Aussperrung wurde dagegen seit den siebziger Jahren teilweise zurückgenommen. Zunächst sagte es, jedes Arbeitsverhältnis werde durch sie aufgelöst und müsse danach neu begründet werden. Seit 1971 wirkt sie nur noch suspendierend, nicht lösend und steht seit 1980 sogar unter dem Vorbehalt der Verhältnismäßigkeit. Auch zum Streik wurde das Gericht etwas milder. Seit 1976 sind immerhin kurze Warnstreiks zulässig. Allerdings wurde das Arbeitskampfrisiko der Gewerkschaften 1986 vom Bundestag wesentlich erhöht durch eine Neufassung von § 116 Arbeitsförderungsgesetz. Seitdem gibt es kein Arbeitslosengeld, wenn Betriebe ihre Produktion einstellen müssen wegen Zulieferungsschwierigkeiten durch Streiks in anderen Gebieten. Das zwingt die Gewerkschaften, auch hier viele Millionen zu zahlen.

Seit den neunziger Jahren wird eine Aufweichung besonders des individuellen Arbeitsrechts gefordert, dessen sozialer Schutz die Konkurrenzfähigkeit des Standorts Deutschland im eisigen Wind der Globalisierung gefährde. Einen ersten Anlauf machte die Regierung Kohl 1996. Die volle Lohnfortzahlung bei Krankheit wurde herabgesetzt auf 80 Prozent und der Geltungsbereich des Kündigungsschutzes einge-

Das funktioniert zwar auch nicht, ist aber besser als Rache. Franz von Liszt forderte damals schon das Verbot der völlig unsinnigen kurzen Freiheitsstrafen – die meistens zu neuen Straftaten führen – und ihren Ersatz durch Geldstrafen, außerdem die Möglichkeit der Strafaussetzung zur Bewährung, also erstmal nur einen Denkzettel. Als 1962 der erste Entwurf der Bundesregierung für eine Strafrechtsreform vorgelegt wurde, war das im Wesentlichen noch die klassische Schule. Neben der Gefängnisstrafe sollte es weiter ein diskriminierendes Zuchthaus geben, das Liszt abschaffen wollte, sollten die kurzen Freiheitsstrafen bestehen bleiben und manche sogar noch erhöht werden, zum Beispiel die für Ehebruch, 1962.

Nun endlich regte sich Widerstand. Es waren die wissenschaftlichen Enkel Franz von Liszts. Sein Schüler war Gustav Radbruch. Dessen Schüler und andere veröffentlichten 1966 einen Alternativentwurf für eine Strafrechtsreform. Also Abschaffung der kurzen Freiheitsstrafen, Abschaffung des Zuchthauses, Erweiterung der Strafaussetzung zur Bewährung und Entrümpelung des Sexualstrafrechts, zum Beispiel Abschaffung der Strafe für Ehebruch. 1966, das ist das Jahr der großen Koalition von CDU/CSU und SPD gewesen. Justizminister war Gustav Heinemann, SPD. Der hat auf der Grundlage dieses Alternativentwurfs die Strafrechtsreform vorbereitet, die dann nach seiner Wahl zum Bundespräsidenten von der sozialliberalen Koalition durchgeführt wurde. Nun waren wir im Strafrecht endlich angelangt nicht nur bei Cesare Beccaria 1764, sondern auch bei Franz von Liszt 1882.

1968 ist das Ordnungswidrigkeitengesetz erlassen worden, das Bagatelldelikte entkriminalisierte. Und von 1969 bis 1974 ergingen fünf Strafrechtsreformgesetze, bis das Strafgesetzbuch 1975 endgültig in einer Neufassung veröffentlicht wurde. Die Strafbarkeit des Ehebruchs wurde abgeschafft, ebenso die der Homosexualität unter erwachsenen Männern und die Kuppelei auf schwere Fälle reduziert. Geldstrafen traten an die Stelle von kurzen Freiheitsstrafen und dafür wurde das Tagessatzsystem eingeführt. Abschluss dieser Reform war ein Gesetz, das der Bundestag 20 Jahre später beschlossen hat, das 6. Strafrechtsreformgesetz, im Wesentlichen mit zwei Schwerpunkten. Zum einen die Harmonisierung von Strafrahmen, zum anderen die Verschärfung der Strafen für sexuellen Missbrauch von Kindern. Das eine war notwendig wegen der Ungleichheit von Strafen etwa für Körperverletzung auf der einen Seite und für Vermögensdelikte auf der anderen, also Diebstahl oder Betrug und ähnliche, die höher bestraft wurden, weil beim Erlass des Strafgesetzbuches im 19. Jahrhundert Eigentum und Vermögen höher bewertet wurden als die körperliche Unversehrtheit. Das andere schien notwendig, weil kurz vorher wieder ein neues Mordopfer gefunden war in einer Schreckensserie von Sexualdelikten an Mädchen – die leider auch durch höhere Strafdrohungen nicht verhindert werden können. Politiker müssen manchmal so tun, als ob sie was tun. Man nennt das symbolic use of politics.

Am meisten umstritten war die Reform des Schwangerschaftsabbruchs. Die neue Fristenlösung der §§ 218 bis 219 StGB von 1974 wurde 1975 vom Bundesverfassungsgericht aufgehoben. Dann beschloss der Bundestag 1976 eine Indikationslösung. Sie blieb bis 1992, als eine neue Fristenlösung beschlossen wurde, um die Frauen in den neuen Bundesländern nicht schlechter zu stellen als vorher. In der DDR war seit 1972 der Schwangerschaftsabbruch innerhalb von zwölf Wochen erlaubt. Die neue Lösung des Bundestages enthielt eine zusätzliche Beratungspflicht. Aber auch dieses Gesetz hat das Bundesverfassungsgericht 1993 für verfassungswidrig erklärt. Erst seit 1995 gilt eine Neufassung, nämlich eine Fristenlösung mit einer Beratungspflicht, die nach § 219 StGB die Aufgabe hat, „die Frau zur Fortsetzung der Schwangerschaft zu ermutigen".

Diese Tendenz des Gesetzgebers zur Liberalisierung von Strafrecht hat sich in der Rechtsprechung der Gerichte fortgesetzt. Sogar im Fall des Prototyps aller Straftaten, des Mordes. 1976 hat das Landgericht Verden nach Art. 100 des Grundgesetzes einen Mordprozess ausgesetzt, weil es den § 211 StGB für verfassungswidrig hielt, und die Frage dem Bundesverfassungsgericht vorgelegt. Der Übergang zum einfachen Totschlag des § 212 StGB sei fließend. Es käme auf Nuancen an. Aber die Rechtsfolgen seien völlig verschieden. Beim Totschlag können mildernde Umstände im Rahmen von fünf bis 15 Jahren Freiheitsstrafe berücksichtigt werden. Für Morde gibt es ohne Ausnahme nur lebenslang. Das sei ein Verstoß gegen den Gleichheitssatz. Besonders die Heimtücke spielt als Merkmal für die Unterscheidung von Mord und Totschlag in der Praxis der Gerichte die größte Rolle. Wer heimtückisch handelt, begeht einen Mord. Aber was ist das? Die juristische Formel dafür lautet, Heimtücke sei die „bewusste Ausnutzung der Arg- und Wehrlosigkeit des Opfers". Im einzelnen Fall bedeutet das wieder Millimeterarbeit. Millimeterarbeit, die darüber entscheidet, ob wegen Mord oder Totschlag verurteilt wird, ob die Strafe lebenslang ist oder zeitlich begrenzt. Dazu ein unter Juristen bekanntes Beispiel:

Der Brei-Fall

1955 ist er vom Bundesgerichtshof entschieden worden. Eine junge Mutter hatte ihr drei Wochen altes Baby getötet. Sie fürchtete um ihre Ehe, weil ihr Mann den Verdacht hatte, das Kind stamme aus einem Ehebruch. Er wollte sich scheiden lassen. Sie dachte an Selbstmord und tötete schließlich das Kind, indem sie Schlaftabletten in seinen Brei mischte. Mord oder Totschlag? Der Bundesgerichtshof sagte, es kommt drauf an. Wenn die Tabletten bitter schmecken und von ihr mit dem Brei vermischt wurden, um diesen Geschmack zu überdecken, dann war von ihr „der natürliche Abwehrinstinkt des Kindes ausgeschaltet". Heimtücke, Mord, lebenslang. Wenn nicht, dann hätte das Kind sie auch so genommen. Keine Heimtücke, Totschlag und eine zeitliche Freiheitsstrafe, bei der man ihre sehr schwierige psychische Situation berücksichtigen kann. Bei § 211 ist das nicht möglich. Die Entscheidung eines Landgerichts wurde aufgehoben und zurückverwiesen. Es solle prüfen, ob die Schlaftabletten einen bitteren Geschmack hatten oder nicht.

Entwicklungen im Strafrecht II

Das ist es, was das Landgericht Verden 1976 mit seiner Vorlage meinte, als es sagte, fast gleich gelagerte Fälle würden zu völlig verschiedenen Verurteilungen führen. Der Gleichheitsgrundsatz der Verfassung sei verletzt. Millimeter entscheiden die Differenz von lebenslang bis zu zwei oder drei Jahren. Ein sinnloses Sezieren mit Begriffen. Man hat es oft genug kritisiert. Außerdem zerstöre die lebenslange Freiheitsstrafe die Persönlichkeit des Gefangenen. Das widerspräche der Würde des Menschen.

Das Bundesverfassungsgericht hat 1977 entschieden. Für die zerstörerische Wirkung der lebenslangen Freiheitsstrafe gäbe es noch keine sicheren wissenschaftlichen Erkenntnisse. Aber der Gesetzgeber müsse dafür sorgen, dass ein Gefangener nach angemessener Frist entlassen werde. Das hat der Bundestag 1981 getan. Die Frist beträgt jetzt regelmäßig 15 Jahre. Im Übrigen sei der Mordparagraph 211 des Strafgesetzbuches noch verfassungsgemäß, wenn man ihn eng auslegt. Dem ist die Rechtsprechung im Ergebnis gefolgt. Der Bundesgerichtshof hat im selben Jahr 1981 einen Ausweg gefunden:

Der Türkenmord-Fall

Im März 1979 tötete der türkische Angeklagte seinen türkischen Onkel, der ein Jahr vorher seine Frau vergewaltigt hatte. Die Ehe des Angeklagten war dadurch zerstört, denn seine Frau nahm ihm übel, dass es jemand aus seiner Familie war, der das getan hatte. Sie wollte sich scheiden lassen und versuchte später, sich umzubringen. An jenem Tag im März 1979 trafen sich die beiden Männer auf der Straße. Der Onkel verhöhnte den Neffen, protzte mit der Vergewaltigung seiner Frau, sagte, er werde auch ihn umbringen. Der ging nach Hause, nahm eine Pistole, sagte seiner Frau, er werde den Onkel jetzt endlich erschießen, ging zu dem Lokal, wo er ihn vermutete, traf ihn dort auch, wie er mit drei anderen Karten spielte, grüßte, stellte sich an die Theke, war sich bewusst, dass der Onkel keinerlei Angriff von ihm erwartete, zog die Pistole, schoss auf ihn und traf ihn tödlich. Das Schwurgericht beim Landgericht Münster hat den Angeklagten wegen Mordes zu lebenslanger Freiheitsstrafe verurteilt. Der Bundesgerichtshof hat das Urteil 1981 aufgehoben und gesagt, es sei zwar ein Mord gewesen, aber er müsse milder bestraft werden.

Das geht an sich nicht. Denn der Mordparagraph hat eine starre Regelung. Es gibt nur eine Strafe, lebenslang. Keine mildernden Umstände. Deshalb hatte das Bundesverfassungsgericht 1977 gesagt, man müsse die Mordmerkmale eng auslegen und möglichst wegen Totschlags bestrafen, dessen Strafmaß beweglich ist. Das war hier aber nicht so einfach. Denn der Angeklagte hatte tatsächlich die Arglosigkeit seines Onkels ausgenutzt. Der saß mit den anderen ruhig beim Kartenspiel und ahnte nichts, was dem Angeklagten, wie er vor Gericht sagte, auch „durchaus recht" war. Er hatte also heimtückisch gehandelt, wie es in § 211 steht, denn das ist die bewusste Ausnutzung der Arg- und Wehrlosigkeit des Opfers. So definiert man das immer. In der strafrechtlichen Literatur war zwar schon öfter vorgeschlagen worden, man solle in solchen extremen Fällen annehmen, der Täter habe nicht heimtückisch gehandelt, weil die besondere Verwerflichkeit fehle, wenn man so verzweifelt ist wie dieser türkische Angeklagte. Also keine Heimtücke, kein Mord, nur Totschlag. Man nennt das „negative Typenkorrektur". Das war es wohl auch, was das Bundesverfassungsgericht im Auge hatte, die restriktive Auslegung. Aber der Bundesgerichtshof wollte diesen Weg nicht gehen.

Der Weg war ihm zu ungenau. Für die „besondere Verwerflichkeit" und die Extremfälle gebe es keine festen Maßstäbe. Die Rechtsprechung werde dann zu unsicher und ungleichmäßig. Also nicht negative Typenkorrektur, aber die Rechtsfolge dürfe nicht lebenslange Freiheitsstrafe sein. Auch wenn es im Gesetz so steht. Die lebenslange Freiheitsstrafe in solchen Fällen widerspreche dem verfassungsrechtlichen Grundsatz der Verhältnismäßigkeit. Das Bundesverfassungsgericht habe 1977 gesagt, mit der lebenslangen Freiheitsstrafe müsse man vorsichtig umgehen. Das sei von verfassungswegen geboten. Also solle die Strafe für Mord bei außergewöhnlichen Umständen nach § 49 des Strafgesetzbuches gemildert werden. Der Fall dieses türkischen Angeklagten sei so einer, in dem man das machen müsse.

Es gibt nämlich im Strafgesetzbuch einige Straftaten, die Milderungsmöglichkeiten haben, für die § 49 dann die genaueren Regeln gibt. Dort wird gesagt, dass zum Beispiel an die Stelle der lebenslangen eine Freiheitsstrafe von mindestens drei Jahren tritt. Nur: Das muss in dem betreffenden Paragraphen ausdrücklich vorgesehen sein, und beim Mord hat der Gesetzgeber das ganz bewusst nicht getan. Macht nichts, sagt der Bundesgerichtshof, § 49 ist trotzdem anwendbar. Man nennt so etwas eine Analogie. Sie soll nur bei außergewöhnlichen Umständen möglich sein.

Die Strafrechtswissenschaft war mit dieser Entscheidung überhaupt nicht einverstanden. Es gab lauten Protest. Das Urteil sei gegen das Gesetz ergangen, *contra legem*. Was rechtstechnisch an sich erlaubt ist.

Abb. 73
Der Bundesgerichtshof in Karlsruhe.

Von „objektiver Rechtsbeugung“ war die Rede, ein Vorwurf, der noch weiter geht. Nur wenige haben zugestimmt, und der Bundestag, der seit der Entscheidung des Bundesverfassungsgerichts von 1977 aufgefordert war, endlich etwas zu tun, hat bis heute nicht reagiert. Insofern war die Entscheidung des Bundesgerichtshofes schon sinnvoll. Wenigstens der türkische Angeklagte ist inzwischen längst entlassen. Mit einem lebenslangen Urteil hätte er mindestens 15 Jahre in der Haftanstalt bleiben müssen. Selbst Erich Mielke hat von dieser Rechtsprechung profitiert, als er 1993 vom Landgericht Berlin wegen Mordes nicht zu lebenslanger Freiheitsstrafe verurteilt worden ist, sondern nur zu sechs Jahren. 1931 hatte er in Berlin zwei Polizisten erschossen, die nichts ahnend Streife gingen. Er schoss von hinten. Also Heimtücke. Also Mord. Das Landgericht entschied nach § 49 StGB, weil der Fall 62 Jahre zurücklag, Mielke inzwischen 85 Jahre alt und die Situation damals deswegen außergewöhnlich war, weil die Polizei kurz vorher ohne rechtfertigenden Grund Kommunisten erschossen hatte.

Politische Justiz

Das politische Strafrecht war kurvenreich und jeweils angepasst dem Wandel der Zeiten. Vier Phasen lassen sich unterscheiden. Verschärfung in den fünfziger Jahren. Die Sechziger sind eine Zeit der Liberalisierung. In den siebziger und achtziger Jahren wird es wieder verschärft, in den Neunzigern liberalisiert. Die Erklärung ist einfach. Je größer die Gefahr von links, umso härter wird zugeschlagen. Das Gefühl von Sicherheit erlaubt Gelassenheit. In den fünfziger Jahren drohte die Gefahr des Kommunismus nicht nur östlich der deutsch-deutschen Grenze im Kalten Krieg, auch im Inneren der Bundesrepublik durch die KPD, die unterstützt wurde von ihren Genossen im Osten. Also Verschärfung. Mit dem Wirtschaftswunder wurde diese Gefahr gebannt in den sechziger Jahren. Wer wollte schon so leben wie in der DDR? Man wurde sicherer und liberaler. In den siebziger und achtziger Jahren entstand mit der Studentenrevolte von 68 eine eigene neue Linke, neue Unruhe, Antiatomkraftkampagne, Friedensbewegung und – ebenfalls hervorgegangen aus der Revolte – der Terrorismus der Roten Armee Fraktion. Das politische Strafrecht verschärfte sich. Nach dem Zusammenbruch des Ostblocks fühlte man sich in den neunziger Jahren wieder wohler, auch die neue Linke wurde schwächer und das politische Strafrecht liberaler.

Abb. 74
Sitzblockade der Prominenten vor der US-Basis in Mutlangen als Demonstration gegen die Stationierung neuer Atomraketen, September 1983. Heinrich Böll, Petra Kelly, Gerd Bastian und andere. Sie sind noch wegen gewaltsamer Nötigung verurteilt worden.

In den fünfziger Jahren wird der strafrechtliche Staatsschutz verstärkt. Bisher gab es nur Hochverrat – Umsturz von innen – oder Landesverrat als Unterstützung eines äußeren Feindes. Nun kam beides zusammen, die KPD im Inneren und ihre Zusammenarbeit mit der DDR jenseits der Grenze. Deshalb wurde zwischen den beiden Abschnitten Hochverrat und Landesverrat ein neuer in das Strafgesetzbuch aufgenommen mit der Überschrift Staatsgefährdung. Die Vorverlagerung des Staatsschutzes in den Bereich der Gesinnung. Die Vorbereitung eines Streiks zum Beispiel ist nicht strafbar. Machen es aber Kommunisten, war das jetzt verfassungsfeindliche Sabotage und ist noch heute strafbar nach § 88 des Strafgesetzbuches. Selbst die Mitgliedschaft in einer kommunistischen Organisation wurde bestraft als Tätigkeit in einer verfassungsverräterischen Vereinigung. Tausende Kommunisten saßen in unseren Gefängnissen. Die Strafen für politische Gegner waren hier allerdings nicht so hoch und maßlos wie in der DDR.

Abb. 75 Stammheimer Prozess, Gerichtszeichnung von Erich Dittmann, hinten die Angeklagten, v. l. n. r. Jan Carl Raspe, Andreas Baader (mit Mikrofon), Gudrun Ensslin, Ulrike Meinhof (mit isolierendem Abstand zu den anderen), vor ihnen die Verteidiger, Otto Schily, der Verteidiger Gudrun Ensslins, den Kopf in die Hand gestützt. Juni 1975 (mit freundlicher Genehmigung des ZDF).

Die sechziger Jahre beginnen mit einer Entscheidung des Bundesverfassungsgerichts von 1961 gegen die Bestrafung der bloßen Mitgliedschaft in der KPD vor ihrem Verbot 1956. Die erste Niederlage der Rechtsprechung im politischen Strafrecht. Zur Unterstützung der Ostpolitik des neuen Außenministers Willy Brandt wurde 1968 der Abschnitt Staatsgefährdung zum Teil beseitigt, zum Teil entschärft und eine Amnestie erlassen. Es waren aber nur noch wenige Kommunisten angeklagt oder in Strafhaft. 1970 wurden die Vorschriften zum Landfriedensbruch entschärft und eine Amnestie erlassen zugunsten der revoltierenden Studenten, die das aber nicht besänftigte. Ein Jahr vorher war 1969 schon die Verschärfung der nächsten Phase vorbereitet mit dem „Laepple-Urteil" des Bundesgerichtshofs, der das friedliche Sitzen bei Blockaden auf der Straße als Gewalt ansah und deshalb als Nötigung bestrafte. Erst 26 Jahre später – als die Friedensbewegung sich auf die Straße gesetzt hatte vor US-Stützpunkten mit neuen Atomraketen – ist diese Rechtsprechung vom Bundesverfassungsgericht als Verstoß gegen das Grundgesetz gestoppt worden.

In den siebziger und achtziger Jahren wurden die Schrauben des politischen Strafrechts wieder angezogen. Es begann 1974 mit einem Sondergesetz zur Vorbereitung des Stammheimer Prozesses gegen die erste Generation der Roten Armee Fraktion – Andreas Baader, Gudrun Ensslin, Ulrike Meinhof, Holger Meins und Jan Carl Raspe. Die Verteidigungsrechte wurden eingeschränkt. 1976 kam mit den §§ 80a und 130a eine neue Vorverlagerung des Staatsschutzes in den Bereich von Meinungen, die als „verfassungsfeindliche Befürwortung von Straftaten" und „Anleitung zu Straftaten" unter die Drohung strafrechtlicher Verfolgung gestellt wurden. Im selben Jahr ist § 129a erlassen worden, „Bildung terroristischer Vereinigungen", eine Vorschrift, deren wichtigste Funktion darin besteht, dass schon der Vorwurf allein automatisch die Untersuchungshaft zur Folge hat, ohne dass wie sonst Flucht- oder Verdunkelungsgefahr gegeben sein muss. 1977 gab es das Kontaktsperregesetz, nach dem in Notsituationen der Beistand selbst gewählter Verteidiger nicht mehr zur Verfügung steht. Seit 1978 müssen Angeklagte, die wegen § 129a verfolgt werden, von ihren Verteidigern beim Gespräch im Gefängnis durch eine dicke Panzerglasscheibe getrennt werden und können sich mit ihnen nur über Mikrophon unterhalten. 1981, kurz vor dem Ende der sozialliberalen Koalition, sind §§ 80a und 130a wieder gestrichen worden mit der Begründung, sie seien überflüssig. Aber 1986 wurde § 130a von der liberalkonservativen Koalition wieder eingeführt, mit leichten Verschärfungen. 1985 hat man den Landfriedensbruch wieder so ähnlich formuliert wie vor 1970, allerdings mit einigen Einschränkungen, 1986 wurde die Vorschrift des § 129a auf militante Anarchisten oder Autonome ausgedehnt, die nicht wie die Terroristen schwerste Straftaten begehen, sondern überwiegend Sachbeschädigungen. Und 1989 hat man das Demonstrationsstrafrecht noch einmal verschärft. Seitdem sind Vermummung und die so genannte „passive Bewaffnung" – Helme, Schutz gegen Tränengas und Wasserwerfer – selbstständige Straftaten, und zwar nicht nur bei einer Demonstration, sondern – „vorverlagert" – schon auf dem Weg dorthin. Im selben Jahr ist es der CDU gelungen, bei der FDP endlich den Widerstand gegen die „Kronzeugenregelung" zu brechen, die die Gefahr in sich birgt, Komplizen übermäßig zu belasten, um sich selbst Strafverschonung zu ergaunern.

Größtes Problem waren Strafverfahren gegen Terroristen. Die Haltung der Justiz gegenüber diesen Angeklagten hatte sich verhärtet. Man verhandelte gegen sie unter Bedingungen, die teilweise sehr fragwürdig waren und ihre Verteidigungsmöglichkeiten erheblich ein-

Abb. 76
Stammheimer Prozess gegen die „Rote Armee Fraktion" in Stuttgart, Einlasskontrolle, Juni 1975.

schränkten. Das hing auch zusammen mit dem oft rabiaten Verhalten der Angeklagten, durch das die Justiz sich provozieren ließ. Es entstand eine feindselige Atmosphäre. Zum Beispiel im Stammheimer Prozess 1975–1977 vor dem Oberlandesgericht Stuttgart gegen fünf Mitglieder der Roten Armee Fraktion. Von vornherein stand er unter außerordentlichen Belastungen, nicht nur unter der des Sondergesetzes von 1974, sondern auch durch Manipulationen bei der Einsetzung des Vorsitzenden Richters, unzumutbare Haftbedingungen und die Festungsatmosphäre im Gerichtssaal. Dazu kamen im Verlauf des Prozesses Behinderungen der Verteidigung, heimliche Tonbandaufnahmen von Gesprächen der Verteidiger mit ihren Mandanten und schließlich die Affäre um den Vorsitzenden Richter, der heimlich Akten an die Presse gegeben hatte und deshalb zurücktreten musste. Der Stammheimer Prozess bleibt ein Monstrum in der Rechtsgeschichte der Bundesrepublik. Die lebenslangen Freiheitsstrafen wurden nicht rechtskräftig, weil die Angeklagten sich total radikalisiert hatten und sich das Leben nahmen nach dem Scheitern der Befreiungsaktion durch die zweite Generation der RAF im „deutschen Herbst" 1977 mit der Entführung und Ermordung des Arbeitgeberpräsidenten Hanns-Martin Schleyer und der Befreiung einer entführten Lufthansa-Maschine auf dem Flughafen von Mogadischu in Somalia.

Nach der Wiedervereinigung wird die Justiz in den neunziger Jahren wieder liberal, besonders in ihrer Haltung gegenüber ausländerfeindlichen Straftaten von rechts wie denen in Hoyerswerda und Hünxe 1991, Rostock und Mölln 1992, Solingen 1993 und Magdeburg 1994. Die Gerichte bewegen sich mit ihren Urteilen auf den normalen Bahnen wie bei Straftaten ohne politischen Hintergrund. Zum ersten Mal in der Strafrechtsgeschichte der Bundesrepublik gab es im politischen

Bereich kaum Ausschläge nach oben oder unten. Auch die Gesetzgebung beruhigte sich. Die bedenkliche und von der Wissenschaft fast einmütig abgelehnte Kronzeugenregelung wurde nicht verlängert und gilt nicht mehr seit dem 1. Januar 2000.

Die kopernikanische Wende im Verwaltungsrecht

Die Entwicklung des Verwaltungsrechts ist das erfreulichste Kapitel in der Rechtsgeschichte der Bundesrepublik. Ein ziemlich großer Schritt auf dem Weg zu mehr Liberalität und einem aufrechten Gang des Bürgers. Am Anfang standen die Verwaltungsprozessordnungen der Besatzungszeit, das Verwaltungsgerichtsgesetz der amerikanischen Zone und in der britischen die Militärregierungsverordnung Nr. 165. Sie haben die Generalklausel durchgesetzt gegen das alte Enumerationsprinzip und damit die Klagemöglichkeiten von Bürgern gegen die Verwaltung außerordentlich erweitert. Große Wirkung hatten auch Artikel 1 Absatz 3 des Grundgesetzes, nach dem die Grundrechte von den Gerichten als unmittelbar geltendes Recht angewendet werden müssen, anders als in der Weimarer Republik, und Artikel 19 Absatz 4, der eine Art Grundrecht begründet auf gerichtlichen Rechtsschutz gegen die Verwaltung:

> „Wird jemand durch die öffentliche Gewalt in seinen Rechten verletzt, so steht ihm der Rechtsweg offen. Soweit eine andere Zuständigkeit nicht begründet ist, ist der ordentliche Rechtsweg gegeben."

Das motivierte die Rechtsprechung der Verwaltungsgerichte. Sie sind diesen Grundsätzen gefolgt und ab und zu hat das Bundesverfassungsgericht mitgeholfen. Schon 1955 sprach der Tübinger Professor Otto Bachof von einer Subjektivierung im Verhältnis von Bürger und Staat. Damit meinte er, der Bürger sei nun nicht mehr Untertan im „Über-Unterordnungsverhältnis", wie damals das Charakteristikum des Verwaltungsrechts genannt wurde. Er sei nicht mehr Objekt der Tätigkeit von Behörden, sondern gleichberechtigtes Subjekt mit eigenen Rechten. Der größere Teil der Wissenschaft vom Verwaltungsrecht hat das gar nicht so gern gesehen und eher gebremst. Allen voran Ernst Forsthoff, ihr bedeutendster Vertreter am Anfang der Bundesrepublik, Professor in Heidelberg und kein Freund von Verwaltungsgerichten. Er lebte noch im autoritären Denken der Zeit bis 1945 und in der Furcht, die Durchsetzung von Rechten der Bürger vor Gericht würde die Tätigkeit der Behörden behindern. Verwaltungsrecht war für ihn in erster Linie das Recht des Funktionierens der Verwaltung. Und stand damit nicht allein. Aber dann kam, was Fritz Ossenbühl von der Universität Bonn später „kopernikanische Wende" genannt hat, jene Subjektivierung im Verhältnis von Bürger und Staat. Es war eine Entscheidung des Bundesverwaltungsgerichts von 1954:

Der alte Mann und die Miete

In Hannover lebte ein älterer Mann, der Fürsorgeleistungen erhielt, was heute Sozialhilfe heißt. Er lebte in seiner Zweizimmerwohnung zusammen mit einer Frau, die ihm den Haushalt führte, weil er zu gebrechlich war, sich selbst zu versorgen. Die Mietbeihilfe wurde ihm nur zur Hälfte gezahlt. Die Fürsorgebehörde war nämlich der Meinung, die andere Hälfte sollte die Frau zahlen. Gegen die Ablehnung seines Antrags auf Bewilligung des vollen Betrages hatte der Mann Klage erhoben, und es ging um zwei Fragen: War die Klage zulässig? Und war sie begründet? Es ist eine Anfechtungsklage gewesen, die häufigste Klage im Verwaltungsrecht.

Die große Bedeutung dieses Urteils liegt in seiner Antwort auf die erste Frage. Bisher war man allgemein der Auffassung gewesen, Fürsorgeempfänger könnten überhaupt nicht klagen, wenn ihre Anträge abgelehnt werden, gleichgültig, ob die Behörde richtig oder falsch entschieden hat. Es fehle an einer Rechtsverletzung, die schon damals für eine Anfechtungsklage notwendig war. Verwaltungsrecht ist im Wesentlichen Schutz von Rechten des einzelnen Bürgers, also Individualgüterschutz. Wie es dazu heute in § 42 Absatz 2 der Verwaltungsgerichtsordnung heißt:

> „Soweit gesetzlich nichts anderes bestimmt ist, ist die Klage nur zulässig, wenn der Kläger geltend macht, durch den Verwaltungsakt ... in seinen Rechten verletzt zu sein."

Ein Fürsorgeempfänger, wurde bis 1954 allgemein gesagt, habe aber kein Recht auf solche Leistungen. Insofern könne er durch einen solchen Bescheid nicht in seinen Rechten verletzt sein. Zwar sei die Behörde nach der Fürsorgeverordnung von 1924 verpflichtet, einem Bedürftigen die vorgeschriebene Unterstützung zu zahlen, aber diese Verpflichtung bestehe nur gegenüber der Allgemeinheit, aus Gründen der öffentlichen Ordnung, um Armut und Kriminalität zu verhindern. Sie bestehe nicht gegenüber dem Armen selbst. Er sei nicht Subjekt einer behördlichen Verpflichtung, sondern nur Objekt des Verwaltungshandelns. Also seien Anfechtungsklagen von Fürsorgeempfängern unzulässig.

Das Bundesverwaltungsgericht hat 1954 anders entschieden. Seit dem In-Kraft-Treten des Grundgesetzes sei diese Auffassung nicht mehr haltbar:

> „Die unantastbare, von der staatlichen Gewalt zu schützende Würde des Menschen (Artikel 1) verbietet es, ihn lediglich als Gegenstand staatlichen Handelns zu betrachten, soweit es sich um die Sicherung … seines Daseins überhaupt handelt. Das folgt auch aus dem Grundrecht der freien Persönlichkeit (Artikel 2 Absatz 1). Im Rechtsstaat sind die Beziehungen des Bürgers zum Staat grundsätzlich solche des Rechts; daher wird auch das Handeln der öffentlichen Gewalt ihm gegenüber der gerichtlichen Nachprüfung unterworfen (Artikel 19 Absatz 4). Mit dem Gedanken des demokratischen Staates wäre es unvereinbar, dass zahlreiche Bürger, die als Wähler die Staatsgewalt mitgestalten, ihr gleichzeitig hinsichtlich ihrer Existenz ohne eigenes Recht gegenüberständen."

Also würde es dem Verfassungsrecht widersprechen, wenn man im Fürsorgerecht den Grundsatz beibehielte, dass die Bedürftigen keinen Anspruch auf Unterstützung hätten:

> „Soweit das Gesetz dem Träger der Fürsorge zugunsten des Bedürftigen Pflichten auferlegt, hat der Bedürftige entsprechende Rechte und kann daher gegen ihre Verletzung den Schutz der Verwaltungsgerichte anrufen."

Die Klage war also zulässig und die Tür geöffnet zur verwaltungsgerichtlichen Kontrolle. Für den alten Mann in Hannover war es trotzdem kein Erfolg. Denn bei der Frage der Begründetheit kam das Gericht für ihn zu einem negativen Ergebnis. Die mit ihm in der Wohnung lebende Frau könne und müsse die Hälfte der Miete zahlen. Darauf habe er ihr gegenüber einen Anspruch, und deshalb sei er insofern nicht bedürftig. Die Behörde habe richtig entschieden. Die Klage war zwar zulässig, aber unbegründet und wurde abgewiesen. In Zukunft konnten solche Klagen aber auch erfolgreich sein.

Das Verwaltungsrecht entwickelt sich weiter

Im Zentrum des Verwaltungsrechts steht seit über 100 Jahren der Grundbegriff des Verwaltungsakts, geprägt von Otto Mayer – damals Professor an der Universität Straßburg – in seinem berühmten Hauptwerk „*Deutsches Verwaltungsrecht*" in zwei Bänden von 1895/96. Solch ein Verwaltungsakt kann belastend sein – zum Beispiel die Beschlagnahme einer Sache durch die Polizei – oder begünstigend wie die Erteilung einer Baugenehmigung. Dafür gibt es zwei Grundregeln. Er darf erstens nur erlassen werden auf Grund eines Gesetzes, in dem dies vorgesehen ist, und er darf zweitens nicht rechtswidrig eingreifen in die Rechte eines Bürgers. Hier waren der Verwaltung Grenzen gesetzt seit Otto Mayer. Aber sie war völlig frei bei der Aufhebung von Verwaltungsakten. Hier galt das Prinzip Hiob. Über ihn berichtet das Alte Testament, wie er reagiert hat auf die Nachricht vom Raub seiner 3 000 Kamele und den Tod seiner vielen Töchter und Söhne:

> „Da stand Hiob auf und zerriss sein Kleid und schor sein Haupt und fiel auf die Erde und neigte sich tief und sprach: Ich bin nackt von meiner Mutter Leibe gekommen, nackt werde ich wieder dahinfahren. Der Herr hat's gegeben, der Herr hat's genommen, der Name des Herrn sei gelobt!"

Die Aufhebung eines Verwaltungsakts kann für den Bürger aber noch schlimmer sein als der Erlass. Der Widerruf einer Baugenehmigung kann ihn in größere Schwierigkeiten bringen als die Beschlagnahme einer Sache. Es war völlig grotesk. Verwaltungsgerichte und Verwaltungsrechtswissenschaft meinten seit Otto Mayer, wenn man den Behörden schon Grenzen setzt für den Erlass von Verwaltungsakten, soll man sie wenigstens in Ruhe lassen bei der Rücknahme. Allen voran Ernst Forsthoff. Aber 1956 entschied das Oberverwaltungsgericht Berlin, es könne so nicht weitergehen. Eine Beamtenwitwe hatte geklagt, die 1953 von der DDR nach Berlin gezogen war im Vertrauen auf einen positiven Rentenbescheid des Berliner Innensenators. Sie hatte diesen Bescheid vorher beantragt, erhielt ihre Rente auch ein Jahr, bis sie ihr gestrichen wurde mit der – zutreffenden – Begründung, man hätte einen juristischen Fehler gemacht. Ihre Klage hatte Erfolg. Das Oberverwaltungsgericht Berlin sagte, ein solcher Verwaltungsakt dürfe nicht rückgängig gemacht werden, wenn der Bürger auf seine Beständigkeit vertraut, seine Lebensführung deshalb völlig verändert habe und es ihm nicht zuzumuten sei, das wieder rückgängig zu machen. Diese Entscheidung wur-

Abb. 77 Das neue Bundesverwaltungsgericht, seit 2002 im Gebäude des Reichsgerichts in Leipzig.

de 1957 bestätigt vom Bundesverwaltungsgericht. Die Rente musste trotz des Fehlers weitergezahlt werden. Seitdem gibt es feste Regeln. Später sind sie vom Bundestag im Verwaltungsverfahrensgesetz für den Bürger noch ein wenig verbessert worden. Und schließlich hat das Bundesverfassungsgericht 1972 den letzten von Otto Mayer geschaffenen rechtsfreien Raum geschlossen. Das besondere Gewaltverhältnis. In Gefängnissen, beim Militär und in Schulen galten belastende Maßnahmen gegenüber Einzelnen nicht als Verwaltungsakte und konnten deshalb von Verwaltungsgerichten nicht überprüft werden. Auch das hat sich geändert. Der Brief eines Strafgefangenen war von der Gefängnisleitung angehalten worden wegen spöttischer Bemerkungen über den Direktor der Anstalt. Das Bundesverfassungsgericht entschied, auch in Haftanstalten dürften nicht einfach Grundrechte von Strafgefangenen verletzt werden. Das seien Verwaltungsakte, die eine gesetzliche Grundlage brauchen, die es damals noch nicht gab. Das Strafvollzugsgesetz ist – wegen dieser Entscheidung aus Karlsruhe – dann 1977 erlassen worden. Später wurde das auch auf Schulen ausgedehnt – bei Versetzungen oder wegen der Noten – und auf die Bundeswehr. Es gibt kein besonderes Gewaltverhältnis mehr.

Neue Bereiche sind entstanden im Verwaltungsrecht der Bundesrepublik mit neuen Dimensionen, die Otto Mayer noch nicht kannte, den man den Vater des deutschen Verwaltungsrechts nennt. Das Planungsrecht zum Beispiel oder das Umweltrecht mit der Dimension der Zukunft. Mit anderen Worten, die Fassade des Gebäudes steht noch, das Otto Mayer um den Verwaltungsakt gebaut hat. Aber im Inneren hat sich viel geändert. Er würde es nicht wieder erkennen. Es ist bürgerfreundlicher geworden, ohne verwaltungsfeindlich zu sein, und seine Rechtsstaatlichkeit wurde verbessert, auch wenn noch manches zu wünschen übrig bleibt. Bei den Urteilen zur Entsorgung von Atommüll wird die Dimension der Zukunft nicht genügend beachtet und im Ausländerrecht nicht der in der Präambel zum Grundgesetz vorgeschriebene Maßstab der „Verantwortung vor Gott und den Menschen".

Freiheitsrechte und Sicherheitsrechte

Die Bundesbürger der ersten Jahre kannten dieses Problem noch nicht, dass ihre Freiheitsrechte in Konflikt kommen könnten mit Sicherheitsinteressen des Staates, denn unter dem noch geltenden Besatzungsstatut waren die drei westalliierten Hohen Kommissare oben auf dem Petersberg bei Bonn mit ihren Truppen zuständig für die Sicherheit des Landes. Auch mit der Souveränität der Bundesrepublik 1955 änderte sich erstmal nicht viel.

Aber 1968 ist gleichzeitig mit den Notstandsgesetzen der großen Koalition aus CDU/CSU und SPD ein erstes Sicherheitsgesetz erlassen worden, das Eingriffe des Staates in Grundrechte erlaubt zur Abwehr von drohenden Gefahren für die freiheitliche demokratische Grundordnung und die Sicherheit des Bundes, G 10 genannt, weil es das Abhören von Telefongesprächen möglich macht als Ausnahme vom Brief-, Post- und Fernmeldegeheimnis in Artikel 10 des Grundgesetzes. Am Anfang sind es nur wenige Fälle gewesen, 1973 zum Beispiel nur etwa 100 Telefonüberwachungen. 1999 waren es fast 13000, mehr als in jedem anderen Land der westlichen Welt. Und der abgehörte Bürger erfährt nichts davon. Sicherheit ist wichtiger als Freiheit.

Zur selben Zeit begann der Einsatz so genannter V-Leute, heimlicher Vertrauenspersonen des Bundeskriminalamts, des Verfassungsschutzes und später auch der Polizei, die tief eingreifen in das freiheitliche Grundrecht auf informationelle Selbstbestimmung, das dem Bürger garantiert, grundsätzlich selbst darüber zu entscheiden, ob, wer, wann und was über ihn erfahren darf.

1971 ist Horst Herold zum Präsidenten des Bundeskriminalamts ernannt worden. Dort wurde er der Erfinder der Rasterfahndung im Kampf gegen die Rote Armee Fraktion und hat damit das BKA damals zu einer der modernsten Polizeibehörden der Welt gemacht. Rasterfahndung ist Computerarbeit auf der Suche nach Verdächtigen mit einer möglichst großen Zahl persönlicher Merkmale, die herausgefiltert werden aus einer möglichst großen Zahl von Personen, die sich dann zum größten Teil als unverdächtig erweisen. Rasterfahndung ist damit zugleich ein Eingriff in das Recht auf informationelle Selbstbestimmung dieser vielen Unverdächtigen. Besonders bedenklich wird es juristisch dann, wenn mehr oder weniger wahllos nach wenigen aussagefähigen Kriterien vorgegangen wird, die dazu führen, dass auch eine sehr große Zahl Unschuldiger in Verdacht gerät wie bei der Suche nach islamischen Terroristen der Organisation Al Qaida, die den Anschlag in den USA vom 11. September 2001 zu verantworten hat.

1972 begannen die Berufsverbote mit einer Vereinbarung von Bundeskanzler Willy Brandt mit den Ministerpräsidenten der Länder. Damit sollten linke Studenten der Revolte von 1968 gestoppt werden auf ihrem Marsch durch die Institutionen, wie Rudi Dutschke das genannt hatte. Alle Bewerber für den öffentlichen Dienst – als Lehrer, Juristen, Mediziner und so weiter – wurden überprüft auf Grund so genannter Erkenntnisse des Verfassungsschutzes. Im Grunde war diese Vereinbarung nur die Wiederholung dessen, was in den Beamtengesetzen des Bundes und der Länder ohnehin schon vorgeschrieben war. Danach darf nur eingestellt werden, wer bereit ist, die Grundprinzipien der Verfassung einzuhalten, die man freiheitliche demokratische Grundordnung nennt. Aber es ging viel weiter. Eine massenhafte Gesinnungsschnüffelei begann. Etwa eine Million Bewerber wurden durchleuchtet. Das Bundesverfassungsgericht hat diese Praxis 1975 für verfassungsgemäß erklärt, aber 1995 hat sie der Europäische Gerichtshof für Menschenrechte als Verstoß gegen die Meinungs- und Vereinigungsfreiheit verurteilt.

1976 wurde der erste Lauschangriff geführt gegen den Atomphysiker Klaus Traube, weil man – zu Unrecht – fürchtete, er würde zusammenarbeiten mit der terroristischen Roten Armee Fraktion. Verfassungsschutzbeamte waren in sein Haus eingebrochen, hatten heimlich eine Abhörwanze angebracht und die Gespräche dort wochenlang abgehört. Ein schwerer Verstoß gegen das Grundrecht auf Unverletzlichkeit der Wohnung, das garantiert ist in Artikel 13 des Grundgesetzes. Das hatte einen Riesenskandal zur Folge, als der „Spiegel“ es 1977 aufdeckte. Seit dem Ende der achtziger Jahre erlauben Polizeigesetze der Bundesländer solche Maßnahmen bei Gefahr für Leib oder Leben einzelner Bürger, wenn ein Richter das vorher genehmigt hat. Und seit 1998 ist dieser so genannte große Lauschangriff allgemeines Sicherheitsrecht geworden durch Beschluss in Bundestag und Bundesrat zur Ergänzung von Artikel 13 des Grundgesetzes in den neuen Absätzen 3 bis 7. Er ist erlaubt zur Abwehr dringender Gefahren für die öffentliche Sicherheit und zur Verfolgung „schwerer Straftaten". Whatever it may be. Eine Kammer eines Landgerichts mit drei Richtern muss das vorher genehmigen. Außerdem ist es ein sehr aufwändiges Unternehmen. Dieser heimliche Einbruch in eine Wohnung muss vorbereitet werden, indem man Lebensgewohnheiten des Verdächtigen und seiner Umgebung erforscht. Dann muss die Wanze eingebaut werden und wieder ausgebaut. In der Nähe braucht man einen Empfänger und insgesamt etwa 50 Beamte. 1999 und 2000 sind es ungefähr 60 solcher Aktionen gewesen. Aber auch beim G-10-Gesetz waren es im fünften Jahr erst 100. Der Bundesgerichtshof hatte noch 1983 festgestellt hat, dass die heimliche Aufzeichnung eines „Raumgesprächs" den unantastbaren Bereich der privaten Lebensführung berührt, der unter dem absoluten Schutz von Artikel 1 und 2 des Grundgesetzes steht, die die Würde und allgemeine Freiheit des Menschen garantieren, einen Bereich, in den der Staat selbst dann nicht eingreifen darf, wenn überwiegende Interessen der Allgemeinheit – wie die Sicherheit – es fordern. 15 Jahre später war das vergessen.

1995 wurden nach dem Abkommen von Schengen die Grenzkontrollen abgeschafft zwischen sieben Ländern der Europäischen Union. Das ist bei uns vorbereitet worden durch eine Änderung des Gesetzes über den Bundesgrenzschutz. Seitdem können seine Beamten in einem Gebiet von 30 Kilometern bis zur Grenze, auf Flughäfen und in Eisenbahnen jedermann zu jeder Zeit anhalten, seinen Ausweis kontrollieren oder – wenn er keinen dabei hat – zur Feststellung seiner „Identität" in die nächste Dienststelle mitnehmen. Illegale Einwanderungen will man damit verhindern und grenzüberschreitende Kriminalität bekämpfen. Aber jedermann zu jeder Zeit? Man nennt so etwas Schleierfahndung oder – offiziell – verdachtsunabhängige Personenkontrolle. Inzwischen ist sie in Gesetzen einiger Bundesländer auch für die Polizei vorgesehen, obwohl sie ein schwerer Eingriff in die Privatsphäre von Bürgern ist, die ein Recht darauf haben, in Ruhe gelassen zu werden, wenn sie überhaupt nicht verdächtig sind.

Ebenfalls seit 1994 gibt es den „Staubsauger im Äther". Eine Art Schleierfahndung im Telefonverkehr mit dem Ausland, der über Satelliten vermittelt wird. Jedes Mal, wenn man am Telefon die Ziffern 00 wählt mit einer Auslandsnummer, schaltet sich automatisch ein Computer des Bundesnachrichtendienstes in Pullach bei München ein. Und sobald bestimmte Worte fallen wie „Schnee" – für Kokain – oder andere Suchbegriffe, wird das Gespräch aufgezeichnet. Das Bundesverfassungsgericht hat diese Ergänzung des G-10-Gesetzes 1999 weitgehend als verfassungsmäßig bestätigt und nur einige Änderungen verlangt. Die hat der Bundestag 2001 beschlossen und bei dieser Gelegenheit die Kompetenzen des Bundesnachrichtendienstes für den Staubsauger noch ausgeweitet.

Immer mehr Ausforschungskompetenzen für die Geheimdienste – Verfassungsschutz, Bundesnachrichtendienst, Militärischer Abschirmdienst – waren das Programm des zweiten Terrorismusbekämpfungsgesetzes Ende 2001 nach dem Anschlag vom 11. September in New York und Washington. Es ist verbunden worden mit einer Sicherheitsüberprüfungslawine für Hunderttausende Beschäftigte „lebens- oder verteidigungswichtiger Einrichtungen" im Rahmen eines „vorbeugenden Sabotageschutzes" auch bei Neueinstellungen. Erinnerungen an die Berufsverbote der siebziger Jahre.

Ohne Sicherheit keine Freiheit. Das ist wohl wahr. Aber ohne Freiheit gibt es auch keine Sicherheit. Die seit 1968 erlassenen Sicherheits-

Abb. 78 Das Schloss im luxemburgischen Schengen. Hier wurden 1985 und 1990 die beiden Abkommen über den Wegfall der Grenzkontrollen in der Europäischen Union vereinbart.

vorschriften haben einen Umfang erreicht, der das Gleichgewicht stört. G-10-Gesetz, V-Leute, Rasterfahndung, Berufsverbote, Lauschangriff, Schleierfahndung, Staubsauger im Äther, noch mehr Ausforschungskompetenzen für Geheimdienste und eine neue Sicherheitsüberprüfungslawine. Die Bundesrepublik mit ihrem liberalen Grundgesetz von 1949 hat sich seit einiger Zeit bewegt in die Richtung eines autoritären Sicherheitsstaates.

Die Öffnung nach außen: Europarecht

Mehr als die Hälfte aller gesetzlichen Vorschriften, die unser Wirtschaftsleben regeln, kommen aus Brüssel vom Europäischen Rat – auf Vorschlag der Europäischen Kommission – und nicht vom Parlament in Bonn oder jetzt in Berlin. Sie kommen als Verordnungen und sind dann unmittelbar geltendes Recht oder als Richtlinien, die vom Bundestag in Gesetze umgeformt werden müssen innerhalb einer angemessenen Frist. Dieses Europarecht ist unser Recht, ein Recht, das von draußen kommt. Es wird immer wichtiger.

Angefangen hat die europäische Integration im Pariser Vertrag 1951 mit der Gründung der Montan-Union, der Europäischen Gemein-

Abb. 79 Gründung der Montan-Union in Paris, April 1951.

Abb. 80
Gebäude des Europäischen Parlaments in Brüssel.

So ist es jedoch nicht in der EU. Die Mitgliedstaaten haben Teile ihrer Souveränität abgegeben, zum Beispiel teilweise die Gesetzgebung. Das erlaubt bei uns das Grundgesetz und hat der Bundestag 1957 für die Verträge von Rom beschlossen. Oder die Währungshoheit. Wir haben sie aufgegeben im Vertrag von Maastricht zum 1. Januar 2001.

Die Europäische Union ist also viel mehr als ein loser Staatenbund, ist kein Staat, hat aber staatliche Hoheitsrechte. So etwas hat es noch nicht gegeben. Deshalb fehlt dafür im Völkerrecht ein Begriff. Das Bundesverfassungsgericht spricht von einem „Staatenverbund". Ein neues Wort. Der Europäische Gerichtshof in Luxemburg stellt ab auf die vielen wichtigen Verträge, den Pariser, die von Rom, von Schengen, den von Maastricht und die anderen und sagt seit einigen Jahren, sie seien „Verfassungsurkunden einer Rechtsgemeinschaft", sprach vorher davon, sie seien Grundlage der „Verfasstheit" der Gemeinschaft. Und wieder ein Spiel mit Worten. Denn eine Gemeinschaft kann tatsächlich „verfasst" sein. Verfasst heißt ja nicht Verfassung. Dieses Stochern mit der Stange im Nebel hat Ähnlichkeit mit einem Problem, über das sich vor gut 300 Jahren ein großer deutscher Jurist den Kopf zerbrochen hat an der Universität Heidelberg. Samuel Pufendorf und die Frage nach dem Rechtscharakter des alten Deutschen Reiches. Damals kannte man nur die Alternative Monarchie oder Aristokratie. Herrscht ein Einzelner – der Kaiser – oder mehrere – die einzelnen Landesfürsten? Die

Fürsten waren immer mächtiger geworden im Laufe der Jahrhunderte, die Kurfürsten von Brandenburg, die bald Könige von Preußen waren, oder der König von Sachsen. Mächtiger geworden auf Kosten des Kaisers, der immer schwächer wurde. Also, das Reich war weder Monarchie noch Aristokratie. So schrieb Pufendorf einen berühmten Satz, in dem es heißt, das Deutsche Reich sei ein allen Regeln widersprechendes und einem Monstrum ähnliches Gebilde, auf Latein, wie er schrieb, *irregulare aliquod et monstro simile corpus*. Solch ein Monstrum ist auch die EU. Weder Bundesstaat noch Staatenbund. Nur dass es heute umgekehrt läuft. Die Zentrale wird immer stärker, die Einzelstaaten schwächer. Aber es gibt noch weitere Ähnlichkeit. „Die" Verfassung des alten Deutschen Reiches gab es auch nicht, auch nur eine Vielzahl von Verträgen, die sich allmählich zusammenfügten, das Wormser Konkordat 1122, Goldene Bulle 1356, Augsburger Religionsfriede 1555 und viele andere. Immerhin eine Ordnung, die Jahrhunderte gehalten hat und – positiv – beschrieben wurde von einem anderen Juristen am Ende des 18. Jahrhunderts, Karl Theodor von Dalberg, Erzbischof von Mainz: „ein dauerhaftes gotisches Gebäude, das eben nicht nach allen Regeln der Baukunst errichtet ist, in welchem man aber sicher wohnet". So ist es bisher mit der Europäischen Union. Wie es weitergeht, weiß niemand.

Von Anfang an gab es zwei Probleme. Das Demokratiedefizit und die Kompetenz zur verfassungsrechtlichen Überprüfung der europäischen Gesetze, besonders im Hinblick auf die Grundrechte. Das demokratische Defizit besteht darin, dass hier Gesetze nicht vom Parlament erlassen werden, sondern von einer Behörde. Der Europäische Rat besteht aus Vertretern der Regierungen und die Kommission aus 20 Mitgliedern, die vom Rat gewählt werden. Das Europaparlament hatte bei dieser Gesetzgebung bisher nur beratende Funktion. Seit dem Vertrag von Maastricht gibt es einige wenige Fälle, in denen es zustimmen muss. Das Demokratiedefizit bestand nicht nur darin, dass an sich ein Parlament entscheiden müsste. Es wurde verstärkt dadurch, dass die Kommission, die die Gesetze vorschlägt, noch nicht einmal parlamentarisch verantwortlich war. Der Ministerrat sowieso nicht. Er besteht aus Mitgliedern von Regierungen, Regierungschefs oder Ministern, die jeweils in ihren eigenen Ländern Verantwortung tragen und für das Europaparlament von vornherein unerreichbar waren. Aber lange Zeit hatte es noch nicht einmal Einfluss auf Besetzung und Abberufung der Kommission. Das hat sich inzwischen geändert. Seit dem Vertrag von Maastricht hat es das Recht, die Wahl der Kommission zu

Abb. 81 Sitzungssaal des Europäischen Parlaments in Straßburg.

verhindern. Und sie muss zurücktreten, wenn ihr das Misstrauen ausgesprochen wird.

Während das Demokratiedefizit langsam abgebaut wurde, ist die „konfliktträchtige Zone" (Dieter Grimm) der verfassungsrechtlichen Überprüfungskompetenz eher größer geworden. Im Hinblick auf die Überprüfung von Gemeinschaftsrecht gibt es nämlich eine gewisse Konkurrenz zwischen Europäischem Gerichtshof und Bundesverfassungsgericht. 1986 hatte das Bundesverfassungsgericht noch entschieden, dass es seine Gerichtsbarkeit nicht ausüben werde, solange ein ausreichender Grundrechtsschutz durch den Europäischen Gerichtshof gewährleistet ist. In seiner Entscheidung zum Vertrag von Maastricht ist es 1993 davon etwas abgerückt und hat von einer Zusammenarbeit – „Kooperationsverhältnis" – mit dem Gerichtshof in Luxemburg gesprochen. Zwei Jahre später ist es noch ein wenig weitergegangen. 1995 – in einer Entscheidung über eine EWG-Verordnung von 1993 zur Importbeschränkung von Bananen – hat es eine eigene Überprüfung im Hinblick auf die Eigentumsgarantie des Art. 14 GG für eine deutsche Importfirma für möglich gehalten. Vielleicht wird sich das Verhältnis der beiden ähnlich entwickeln wie im Alten Reich das vom eigentlich zu-

Abb. 82 Gebäude des Europäischen Parlaments in Straßburg.

ständigen Reichskammergericht und dem bald von den Habsburger Kaisern als Konkurrenzgericht eingesetzten Reichshofrat. Grundsätzlich hat der Europäische Gerichtshof den Vorrang. Aber in Zweifelsfällen entscheidet, wer zuerst angerufen wird.

Gerechtigkeit und Recht und Unrecht

Nachdenken über Recht, Unrecht und Gerechtigkeit beginnt in der Bundesrepublik wieder mit Gustav Radbruch. Auch nach seinem Tod Ende 1949 hat er noch viele Schüler und großen Einfluss gehabt. 1945 war er – 66 Jahre alt – wieder in sein Amt als Professor in Heidelberg eingesetzt worden, aus dem ihn die Nationalsozialisten 1933 entlassen hatten. So wurde er das moralische Gewissen der frühen westdeutschen Rechtswissenschaft. In der Weimarer Zeit hatte Radbruch angefangen mit jenem Werterelativismus bei der Frage nach der Gerechtigkeit und einem strengen Positivismus im Recht. Hat nach den Schrecken des Dritten Reichs beides vorsichtig verändert, bleibt beim Grundsatz Gesetz ist Gesetz, lässt aber Ausnahmen zu, wenn „der Widerspruch des positiven Gesetzes zur Gerechtigkeit ein so unerträgliches Maß erreicht, dass das Gesetz als ‚unrichtiges Recht‘ der Gerechtigkeit zu weichen hat“. Seine berühmte Formel, bis heute das Manifest für Unrecht. In ihm meint Gerechtigkeit in erster Linie die Menschenrechte. Und damit hat er sich dem Naturrecht genähert, denn Menschenrechte ergeben sich aus der Natur des Menschen, seit dem 17. und 18. Jahrhundert, seit Samuel Pufendorf und John Locke, seit der amerikanischen Unabhängigkeitserklärung und der französischen Erklärung der Menschenrechte.

Naturrecht ist Recht ohne staatliches Gesetz, als Menschenrecht sogar dagegen gerichtet. Nach über 150 Jahren ist es mit dem Entstehen der Bundesrepublik wieder modern geworden als Folge der Katastrophe staatlichen Rechts unter Adolf Hitler. Plötzlich sprach sogar unser höchstes Gericht in Zivil- und Strafsachen von der Natur des Menschen – und der seiner Meinung nach dazugehörenden christlichen Schöpfungsordnung. Der Bundesgerichtshof in Karlsruhe. Sein erster Präsident Hermann Weinkauff hat diese Rechtsprechung 1960 in einem Rückblick auf die ersten zehn Jahre gefeiert als „Bruchstücke einer großen Konfession“. Also christliches Naturrecht, konservativ, aber immerhin Naturrecht. Blieb nur das Problem, dass sich außer bei Menschenrechten im Einzelfall naturrechtlich schlecht bestimmen lässt, was Recht und „materiale Gerechtigkeit“ ist, wie es im Titel eines der wichtigsten Bücher dazu heißt, das Hans Welzel 1951 geschrieben hat, Professor für Strafrecht und Philosophie in Bonn. Trotzdem. Diese Renaissance des Naturrechts stand in einem guten Gegensatz zu Meinungen über Recht in der DDR, das staatlich bleiben musste und Dienerin der Politik einer Staatspartei geworden ist.

Es gab auch andere Positionen bei uns, formal und kalt. Ihre wichtigsten Vertreter sind Hans Kelsen – der wie Radbruch angefangen hat in Weimarer Zeit – und Niklas Luhmann. Kelsen lebte nun in den USA. Seine „*Reine Rechtslehre*“ hatte auch in der Bundesrepublik große Wirkung. Sie war orientiert am logischen Ideal der Naturwissenschaften, total, konsequent, imposant. Recht ist Befehl und hat nichts zu tun mit Politik, Moral, Wirtschaft oder Gesellschaft. Und die Gerechtigkeit? Ist „ein schöner Traum der Menschheit“.

Ähnlich Niklas Luhmann, der international einflussreichste rechtsphilosophische Theoretiker der Bundesrepublik, 46 Jahre jünger als Kelsen, Jurist und Professor für Soziologie in Bielefeld. Er kommt von der Systemtheorie. Das ist ein amerikanisches Produkt, in dem die Gesellschaft als System angesehen wird, das funktioniert wie ein komplizierter Organismus mit vielen Unterorganen, die zusammenwirken müssen, damit alles gut geht. Am meisten interessiert die Frage, wie ein solches System trotz möglicher Störungen im Gleichgewicht bleibt. Also eine systemerhaltende konservative Theorie. Recht ist in ihr für Luhmann das wichtigste Unterorgan, sozusagen das Herz. Man nennt so etwas Subsystem. Dazu ist grundlegend sein Buch von 1969, „*Legitimation durch Verfahren*". Recht ist ein formales Gebilde, sein Inhalt gleichgültig. Hauptsache, es funktioniert. Und wie? Durch Verfahren. Damit meint er Gerichtsverfahren. Wahrheit und Gerechtigkeit interessieren nicht, gibt es nicht. Ein Gerichtsverfahren hat nicht die Aufgabe, herauszufinden, wie es wirklich gewesen ist. Das kommt selten vor. Es soll auch nicht eine gerechte Lösung finden. Denn die Meinungen darüber gehen weit auseinander. Das Urteil gilt, weil das Gericht und die Parteien bestimmte Regeln für das Verfahren eingehalten haben, und der Prozess hat nur die Funktion, die Betroffenen davon zu überzeugen – ja, wovon eigentlich? Das sagt er nämlich nicht, sondern er spricht nur davon, es sei wichtig, dass sie das Urteil akzeptieren, „übernehmen", als verbindlich anerkennen. Die Akzeptanz, das ist der andere Schlüsselbegriff. Akzeptanz erreicht man dadurch, dass Verfahrensregeln eingehalten werden. Dann funktioniert das System.

Danach kommen zwei große sozialdemokratische Entwürfe, John Rawls und Jürgen Habermas. John Rawls war amerikanischer Philosophieprofessor in Harvard. Sein Thema ist die soziale Gerechtigkeit als Antwort auf extreme Ungleichheiten in den USA, aber auch mit großer Wirkung bei uns. Er versucht, Kriterien zu finden für ein sozial gerechtes Recht. Das Ergebnis ist ein neues Verfahren, aber nicht eines wie bei Luhmann, das Gerechtigkeit überflüssig macht, sondern eins, das sie hervorbringt. Danach sollen alle Menschen entscheiden unter einem Schleier der Unkenntnis über ihr Geschlecht und Alter, ihre Klassen- und Rassenzugehörigkeit. Er nennt das veil of ignorance. Da keiner weiß, welches Los ihn getroffen hat, und jeder auf Nummer sicher gehen will, könnten sie sich mindestens auf drei grundlegende Prinzipien der Gerechtigkeit einigen, meint er. Freiheit, Chancengleichheit, Differenzprinzip. Nach dem Differenzprinzip darf es soziale und wirtschaftliche Ungleichheit nur geben, wenn sie gleichzeitig auch denjenigen größtmögliche Vorteile bringen, die am wenigsten begünstigt sind. Daraus ergibt sich für John Rawls ein Vorrang der Gerechtigkeit gegenüber Leistungsfähigkeit und Lebensstandard. Was im Vergleich mit Kelsen und Luhmann ein Fortschritt ist, aber auch nicht viel weiter bringt, wenn es um die Einzelheiten geht.

Ähnlich ist es bei Jürgen Habermas, dem Erbfürsten der soziologischen Frankfurter Schule um Max Horkheimer und Theodor Adorno mit ihrer kritischen Theorie. Die haben sie entwickelt in den zwanziger Jahren in Anlehnung an Karl Marx. 1933 sind sie emigriert in die USA und am Beginn der Bundesrepublik zurückgekommen nach Frankfurt am Main, hoch geehrt und nicht mehr ganz so radikal. Das Recht haben sie bis zum Schluss vernachlässigt. Was begründet ist in ihren marxistischen Anfängen. Auch Karl Marx interessierte sich dafür nur am Rande. Aber nun kommt Jürgen Habermas mit dem großen Entwurf einer Rechtstheorie unter dem Titel „*Faktizität und Geltung*". Typisch Frankfurter Schule. Philosophie ist die Kunst, mit Worten, die niemand versteht, etwas zu sagen, was jeder weiß. Mit Faktizität ist das Recht gemeint und Geltung das alte Problem, wie man erklärt, warum ein Gesetz Geltungskraft hat. Ist es gültig, weil es vom Gesetzgeber ordnungsgemäß erlassen wurde oder weil es von den Bürgern als Recht anerkannt wird, wissenschaftlich: durch Akzeptanz? Der Untertitel des Buches: „*Beiträge zur Diskurstheorie des Rechts und des demokratischen Rechtsstaats*". Jürgen Habermas sieht zwar auch, dass hinter der Gesetzgebung die Macht des Staates steht und mächtige Kapitalinteressen. Aber er stellt ihnen als wichtigste Ursache der Geltung von Recht die Anerkennung durch die Gesellschaft entgegen. Das nennt er Diskurs. Ein Wort, das aus dem Lateinischen kommt. Discursus bedeute das Herumlaufen. Heute, Brockhaus, *Die Enzyklopädie* in vierundzwanzig Bänden, 5. Band, 1996, Seite 555:

> „Diskurs … bei J. Habermas … das Verfahren der argumentativdialog. Prüfung strittiger Geltungsansprüche von Behauptungen (Ist-Aussagen) oder Aufforderungen (Soll-Aussagen), mit dem Ziel, einen universalen (d.h. für alle vernünftig Argumentierenden gültigen) Konsens herbeizuführen. Über die Wahrheit von Behauptungen bzw. die Legitimität einer Aufforderung oder Handlung entscheidet allein das Ergebnis des D. Damit dieser gelingen kann, wird er unter bestimmte Regeln gestellt, u.a.: Alle D.-Teilnehmer müssen sich allein von dem Motiv der kooperativen und argumentativen Konsensfindung leiten lassen, alle D.-Teilnehmer sind gleichberechtigt; Vorzug erhält ausschließlich das bessere Argument. – Faktisch sind D. an bestimmte Rahmenbedingungen, z.B. freie Meinungsäußerung, gebunden; ein Konsens wird häufig durch Mehrheitsbeschluss erzielt."

Also, in der Gesellschaft wird entschieden, ob ein Gesetz gültig ist. Eine Kombination von Luhmann und Rawls, mehr in Richtung Rechtsstaat als in Richtung Gerechtigkeit, obwohl die beim Diskurs natürlich eine Rolle spielt. „Gültig sind genau die Handlungsnormen, denen alle möglicherweise Betroffenen als Teilnehmer an rationalen Diskursen zustimmen könnten." Ja nun also.

Es ist ein Stelldichein von Fragen und Fragezeichen im Diskurs der Bundesrepublik zum Recht und zur Gerechtigkeit. Wir sind eben eine pluralistische Gesellschaft. Aber es gibt – mit einigen Ausnahmen – ein Minimum an Gemeinsamkeit. Gerechtigkeit ist im Wesentlichen soziale Gerechtigkeit, wie es das Sozialstaatsgebot des Grundgesetzes fordert in seiner Staatsfundamentalvorschrift, Artikel 20 Absatz 1:

> „Die Bundesrepublik Deutschland ist ein demokratischer und sozialer Bundesstaat."

VI. Wiedervereinigung

Die friedliche Revolution

Die Wende kam am Abend des 9. November 1989. Ein deutsches Datum, dieser Tag. 1918 die Revolution in Berlin, 1923 der Hitler-Putsch in München als „Marsch zur Feldherrnhalle", 1938 die Judenprogrome und 1989 der Anfang vom Ende der DDR. Günter Schabowski hatte einen kleinen Fehler gemacht. Er war Mitglied im Politbüro der SED, zuständig für die Presse, machte eine normale Pressekonferenz, zog einen Zettel aus der Tasche, den man ihm mitgegeben hatte, und verkündete etwas zu früh – übertragen vom Fernsehen – die Öffnung der Grenzen ab sofort. Da zogen die Menschen los in Ostberlin zu den Übergängen nach Westberlin, die Volkspolizei war überrascht, die Mauer gefallen, unkontrolliert, der Jubel auf beiden Seiten unbeschreiblich und das ganze allenfalls mit brutaler Gewalt wieder rückgängig zu machen. Darauf verzichtete die Führung der SED.

Es war eine friedliche Revolution. Der Staat hat nicht geschossen. Die Massen haben ihn gestürzt ohne zerstörerische Ausschreitungen. Es begann mit öffentlichen Protesten gegen die Fälschung der Kommunalwahlen im März 1989. Sie wurden seit Mai verstärkt durch die Massenflucht nach Ungarn und über die Botschaften der Bundesrepublik in Warschau und Prag. Im September begannen die Leipziger Montagsdemonstrationen als Protest gegen Verhaftungen. Zur selben Zeit entstanden Oppositionsgruppen wie Neues Forum oder Demo-

Abb. 83
Günter Schabowski auf der Pressekonferenz am Abend des 9. November 1989.

Abb. 84 Demonstration in Ost-Berlin gegen die offiziellen Ergebnisse der Kommunalwahlen im Mai, Juni 1989.

kratie jetzt. Den Durchbruch brachte die lebensgefährliche Montagsdemonstration in Leipzig mit 70000 Teilnehmern am 9. Oktober. Die SED verzichtete auf den Einsatz der in der Stadt aufmarschierten Truppen. Neun Tage später ist Erich Honecker gestürzt worden durch einen Putsch von Krenz, Schabowski, Stoph und anderen. Egon Krenz als Nachfolger versprach eine Wende. Aber es nützte nichts mehr. Am 4. November die riesige Demonstration auf dem Alexanderplatz in Berlin. Mehr als eine Million waren gekommen. Freie Wahlen wurden gefordert, Meinungsfreiheit, Redefreiheit, Reisefreiheit in einer neuen DDR. Fünf Tage später fällt die Mauer, dann wird der Reformer Hans Modrow zum Ministerpräsidenten gewählt und Anfang Dezember tritt Egon Krenz zurück mit dem ganzen Politbüro. Gregor Gysi wird Chef der in PDS umbenannten Partei.

Immer noch meinen Opposition und SED, dass die DDR erhalten bleibt. Ein runder Tisch berät eine neue Verfassung. Sie soll noch etwas weiter gehen als die Reformen Gorbatschows in der Sowjetunion, der Ähnliches vorgeschlagen hatte bei den Feiern zum 40. Jahrestag der DDR zwei Monate vorher. Auch im Westen sieht man es noch so. Aber die Entwicklung beschleunigt sich nicht nur, sie verändert sich auch. Zu stark wirken die Fehler der Vergangenheit mit stalinistischer Verhärtung, zu stark die Nähe der Bundesrepublik, zu stark die Umwälzung im Ostblock durch Gorbatschow, die zur Öffnung der Grenzen in Ungarn geführt hatte und dadurch zur Massenflucht. Die Zurückgebliebenen riefen auf der Straße zuerst „Wir sind das Volk" in die Rich-

Abb. 85
Flucht von DDR-Bürgern über die von Ungarn nach Österreich geöffnete Grenze.

tung der Diktatur des Sekretariats, aber bald „Wir sind ein Volk“ und „Deutschland einig Vaterland“ in Richtung Bundesrepublik.

Bundeskanzler Kohl antwortet Ende November mit einem Zehn-Punkte-Programm, das „konföderative Strukturen“ vorsieht, also einen Staatenbund von DDR und Bundesrepublik. Aber dann erfährt Hans Modrow Ende Januar von Gorbatschow, die Sowjetunion habe nichts einzuwenden gegen eine Vereinigung beider deutscher Staaten. Der runde Tisch einigt sich schnell darauf, die freien Wahlen zur Volkskammer vorzuverlegen auf den 18. März 1990. Kohl und Gorbatschow

Abb. 86 Die Mauer fällt, Übergang Sonnenallee in Berlin-Neukölln am Abend des 9. November 1989.

verhandeln über Einzelheiten. Und dann wird zur Überraschung aller bei den Wahlen die CDU mit fast 41 Prozent stärkste Partei. Das war der eindeutige Auftrag an den neuen Ministerpräsidenten Lothar de Maizière, so schnell wie möglich die Vereinigung mit der Bundesrepublik zu verwirklichen.

Die Einheit Deutschlands

So schnell wie möglich musste der Auftrag erfüllt werden, denn die Zeit drängte. Erstens wegen der neuen „Flüchtlingszahlen“. Immer noch zogen jede Woche 5000 Ostdeutsche in den Westen, mehr als im letzten Jahr vor dem Bau der Mauer. 1960 sind es wöchentlich 4000 gewesen. Außerdem war unsicher, wie lange Gorbatschow seine Politik durchhalten könnte. Starke Kräfte der alten Sowjetunion hatten Umsturzpläne und wagten tatsächlich ein Jahr später einen Putsch, der allerdings gescheitert ist am mutigen Widerstand Boris Jelzins.

Um die Welle der Übersiedler zu stoppen, wurde schon zwei Monate nach der Volkskammerwahl ein Vertrag abgeschlossen über eine deutsche Währungs-, Wirtschafts- und Sozialunion. Er ist am 1. Juli 1990

Abb. 87 Die Großkundgebung auf dem Berliner Alexanderplatz am 4. November 1989.

in Kraft getreten und brachte den Bürgern der DDR die westdeutsche D-Mark. Der Umtauschkurs war sehr umstritten. Die Bundesbank wollte die Umstellung zwei zu eins, zwei Ostmark für eine Westmark. Große Empörung im Osten mit Demonstrationen. Also wurde gegen ökonomischen Sachverstand eins zu eins beschlossen aus politischen Gründen.

Dann mussten Hindernisse der Außenpolitik beseitigt werden durch die endgültige Anerkennung der Oder-Neiße-Linie als Staatsgrenze zu Polen und das Einverständnis der Sowjetunion, auch das vereinigte Deutschland könne Mitglied in der NATO bleiben. So wurden am 12. September 1990 die Zwei-plus-vier-Verhandlungen erfolgreich abgeschlossen zwischen der Bundesrepublik und DDR einerseits und den vier Siegermächten von 1945 andererseits – Sowjetunion und USA, England und Frankreich – im Moskauer „Vertrag über die abschließende Regelung in Bezug auf Deutschland". Die Sowjetunion verpflichtete sich, bis 1994 ihre Truppen aus Deutschland abzuziehen als Ergebnis eines imposanten Milliardenpokers zwischen Kohl und Gorbatschow. Den Poker hat Gorbatschow gewonnen und Deutschland die Einheit.

Daneben liefen innenpolitische Vorbereitungen. Die neue Volkskammer änderte die alte Verfassung und erließ im Juli ein Ländereinführungsgesetz für fünf neue Länder – Mecklenburg-Vorpommern, Bran-

Abb. 88 Kohl bei Gorbatschow, Februar 1990.

Abb. 89 Unterzeichnung des Einigungsvertrages am 31. August 1990 im „Palais Unter den Linden" in Berlin durch Staatssekretär Günther Krause (DDR) und Innenminister Wolfgang Schäuble (Bundesrepublik).

denburg, Sachsen-Anhalt, Sachsen und Thüringen. Sie standen zunächst nur auf dem Papier als künftige Kandidaten, die in der „logischen Sekunde" am Beginn des Tages der Einheit die Stelle der untergegangenen DDR einnehmen sollten. Monatelang wurden Verhandlungen geführt über den Einigungsvertrag und die 1000 Einzelheiten im Anhang dazu, die „Anlagen" genannt wurden. Der Einigungsvertrag selbst hatte schließlich nur 45 Artikel über Änderungen im Grundgesetz, die Rechtseinheit, Erfüllung völkerrechtlicher Verträge der DDR, die Rechtsverhältnisse im öffentlichen Dienst, Treuhandgesetz, Vermögensgesetz, die vorläufige Entsendung von Abgeordneten der Volkskammer in den Bundestag bis zur ersten gemeinsamen Wahl und in Artikel 2 über die Hauptstadt:

> „Hauptstadt Deutschlands ist Berlin. Die Frage des Sitzes von Parlament und Regierung wird nach der Herstellung der Einheit Deutschlands entschieden."

Die Bonner waren noch guter Hoffnung. Umstritten war die Frage der juristischen Konstruktion dieser Einheit. Vom Parlamentarischen Rat war 1949 dafür die letzte Bestimmung des Grundgesetzes vorgesehen. Es sollte ja nur eine vorläufige Verfassung sein. Artikel 146:

Abb. 90 Feuerwerk beim Berliner „Fest der Einheit" in der Nacht vom 2. zum 3. Oktober 1990.

> „Dieses Grundgesetz verliert seine Gültigkeit an dem Tage, an dem eine Verfassung in Kraft tritt, die von dem deutschen Volke in freier Entscheidung beschlossen worden ist."

Aber Beratung und Beschluss einer neuen Verfassung? Das hätte zu viel Zeit gekostet, war nicht im Interesse der Westdeutschen, die ihr Grundgesetz behalten wollten, und auch nicht das Ziel der meisten Ostdeutschen, die sich am 18. März für das Grundgesetz entschieden hatten und für die Teilhabe an seinen Segnungen. Wo ein Wille ist, da ist auch ein Weg. Juristischer Weg war jetzt Artikel 23 des Grundgesetzes:

> „Dieses Gesetz gilt zunächst im Gebiet der Länder Baden, Bayern, Bremen ... und Württemberg-Hohenzollern. In anderen Teilen Deutschlands ist es nach deren Beitritt in Kraft zu setzen."

Das war zwar für andere Fälle gedacht wie den Beitritt des Saarlandes 1957. Aber nun ja. Es ging auch so. Alles im August 1990. Am 3.8. wurde ein Vertrag abgeschlossen über die ersten gesamtdeutschen Wahlen nach langem parteipolitischen Taktieren und deshalb im September vom Bundesverfassungsgericht teilweise für unwirksam erklärt wegen Benachteiligung kleiner Parteien. Am 23.8. beschloss die Volkskammer den Beitritt nach Artikel 23 des Grundgesetzes zum 3. Oktober. Am 31. 8. wurde der Einigungsvertrag unterschrieben und im September beschlossen von Volkskammer und Bundestag.

Von August bis Anfang Oktober vereinigten sich die Parteien. Zuerst LDP (Ost) und FDP (West), dann SPD Ost und West und zuletzt die CDU. Dann kam der 3. Oktober. In Berlin versammelten sich Hunderttausend auf den Straßen um den Reichstag. Unten großer Jubel, oben ein schönes Feuerwerk. Die ersten Wahlen zu den Landtagen der neuen Länder fanden noch im selben Monat statt und die erste gemeinsame Bundestagswahl mit einem Sieg Helmut Kohls im Dezember. Er hatte alles richtig gemacht als Kanzler der Einheit. Der staatsrechtliche Schlussakkord fand statt am 20. Juni 1991 im Bonner Bundestag. Die Abstimmung nach Artikel 2 des Einigungsvertrages über den Sitz von Parlament und Regierung. Die Hauptstadt hat gewonnen und nun war nicht nur die DDR verschwunden, sondern – erst mal geographisch – auch die Bonner Republik, aber die Einheit etwas gestärkt.

Die Rechtseinheit

Seit dem 3. Oktober galt in den neuen Ländern das Recht der Bundesrepublik nach Artikel 8 des Einigungsvertrages, nicht mehr das Recht der DDR. Ein Berliner Staatsanwalt hatte schon sehr lange vorher gewusst, was solche Änderungen bedeuten. Er hieß Julius Hermann von Kirchmann und hat 1848 einen Vortrag gehalten über „Die Wertlosigkeit der Jurisprudenz als Wissenschaft“, der ihn berühmt machte mit dem Satz, „drei berichtigende Worte des Gesetzgebers und ganze Bibliotheken werden zu Makulatur“. Die juristische Literatur der DDR hatte bei weitem nicht den Umfang wie im westlichen Deutschland. Aber wenig ist es auch nicht gewesen. Es gab juristische Bibliotheken. Wer im Herbst 1990 in ihre Räume kam, sah völlig leere Regale.

Nun galten dort das Bürgerliche Gesetzbuch, die vielen anderen Gesetze der Bundesrepublik und das europäische Gemeinschaftsrecht. Aber nicht nur das. Es galt auch, was westdeutsche Gerichte und Rechtswissenschaft 40 Jahre lang gemacht hatten aus diesen Gesetzen in Urteilen, Kommentaren, Hand- und Lehrbüchern. Die Juristen der DDR standen in der Mitte eines Scherbenhaufens vor einem Labyrinth. Sicherlich, Rechtseinheit ist grundsätzlich notwendig in einem Staat und in einem einheitlichen Wirtschaftsgebiet. Aber man hätte es

Abb. 91 Abstimmung im Bonner Bundestag über Berlin als künftigen Sitz von Parlament und Regierung, Juni 1990.

auch sanfter machen können. Selbst in den USA gilt in wichtigen Fragen örtlich zum Teil sehr unterschiedliches Recht.

Einige Bruchstücke sind zunächst geblieben vom Recht der DDR. Zum Beispiel die für Frauen günstigere Lösung des Schwangerschaftsabbruchs. Dort galt seit 1972 eine Fristenlösung, die unser Verfassungsgericht 1975 für verfassungswidrig erklärt hatte. Im Gebiet der neuen Länder blieb sie – trotz Verfassungswidrigkeit – bestehen nach § 31 des Einigungsvertrages bis zu einer Neuregelung, die besser sein sollte als die bisherigen Regelungen in beiden deutschen Staaten. Das ist erst 1995 gelungen. Oder das Sondereigentum an Gebäuden. Nach dem BGB sind Häuser wesentlicher Bestandteil des Grundstücks. Das Eigentum am Haus kann nicht getrennt werden vom Eigentum am Boden. In der DDR ist das in vielen Fällen anders gewesen, nämlich beim so genannten Nutzungsrecht an Grundstücken, die Volkseigentum waren. Seit 1954 konnte einzelnen Bürgern ein solches Recht verliehen werden. Wenn sie sich auf dem Grundstück ein Haus bauten, wurde es ihr persönliches Eigentum, das sie verkaufen und übertragen konnten. Damit sollte die Privatinitiative im Wohnungsbau gefördert werden. Das Grundstück blieb Volkseigentum. Dieses Sondereigentum an Gebäuden hat man ihnen im Einigungsvertrag gelassen, obwohl es einem fundamentalen Grundsatz des BGB widersprach. Allerdings ist 1994 ein „Sachenrechtsbereinigungsgesetz" erlassen worden, um diesen Widerspruch zu beseitigen. Die Hauseigentümer wurden – grob gesprochen – gezwungen, auch das Grundstück dazuzukaufen. Dann war die Einheit des BGB wiederhergestellt am Haus und am Grundstück. Sie erhielten es zwar zum halben Verkehrswert, aber sie mussten kaufen, wenn sie ihr Haus nicht verlieren wollten. Ein gewisses Geschäft für die öffentliche Hand ist es auch gewesen. Denn Volkseigentum war Eigentum des Bundes, der Länder oder Gemeinden geworden. Sie erhielten ziemlich viel Geld. Und besonders sozial war das auch nicht, wie man im Westen meinte, weil hier zum halben Preis gekauft werden konnte. Oft ist selbst der für viele eine Härte gewesen. Aber die Rechtseinheit war wiederhergestellt mit der Einheit des Eigentums am Haus und am Boden nach § 94 BGB.

Noch viel schmerzhafter wurde die Rechtseinheit mit ihren Folgen für die Weiterbeschäftigung des Personals im öffentlichen Dienst der DDR. Seine Organisation wurde vollständig umgebaut nach den Regeln der Bundesrepublik. Das entschied über das Schicksal von Millionen. Vor der staatlichen Einheit konnte ein großer Teil der Menschen im Osten das Gefühl haben, sie seien es gewesen als Subjekte von Veränderung, die die politische Wende auf den Weg gebracht hatten. Die Mehrheit hat gewollt, was dann kam, nämlich das Grundgesetz und die Ordnung der Bundesrepublik. Nun aber wurden sie von dieser Ordnung in eine passive Haltung gedrängt als Objekt von Entscheidungen darüber, ob ihr Arbeitsplatz erhalten bleibt, und wenn ja, ob sie ihn behalten. Viele Einrichtungen der DDR wurden aufgelöst auf der Grundlage des Einheitsvertrages, in seiner Sprache: abgewickelt. Das günstige Gegenteil von Abwicklung hieß Überführung. Ämter oder Gerichte blieben bestehen und wurden überführt in die vom Recht der Bundesrepublik vorgeschriebene Organisationsform. Es war aber nicht günstig für alle, die dort gearbeitet hatten. Nach dem Einigungsvertrag musste nämlich geprüft werden, welche Mitarbeiter bleiben durften oder gekündigt wurden. Dafür gab es Vorschriften im Anhang über fachliche Eignung, mangelnden Bedarf oder politische und moralische Vorbelastung. Diese Vorbelastung war gegeben, wenn jemand im Auftrag des Ministeriums für Staatssicherheit gearbeitet oder verstoßen hatte gegen Grundsätze der Menschlichkeit und Rechtsstaatlichkeit. Rechtsstaatlichkeit der DDR? Da lachten alle östlichen Hühner. Die gab es doch gar nicht. Im Wesentlichen ist es eine Entstasifizierung gewesen nach Akten der Gauck-Behörde, wie sie immer genannt wurde nach ihrem ersten Leiter, offiziell war es der Bundesbeauftragte für die Unterlagen des Staatssicherheitsdienstes der ehemaligen Deutschen Demokratischen Republik. Ein Bundesamt. In vielen Fällen war diese Entstasifizierung sehr problematisch, in manchen völlig berechtigt.

Völlig abgewickelt wurde die Armee von 168 000 Mann. Nur wenige Soldaten und Offiziere sind in die Bundeswehr übernommen worden. Abgewickelt wurden Einrichtungen der Kultur, der Bildung, der Wissenschaft, des Rundfunks und des Fernsehens. Hunderttausende verloren ihren Arbeitsplatz. Abgewickelt wurden zum Beispiel die Fachbereiche der Rechtswissenschaft an den Universitäten Halle, Jena und Leipzig. Nur der Berliner blieb bestehen dank einer mutigen Dekanin. Von mehr als 100 Juraprofessoren der DDR waren bald kaum noch zehn im Amt. Verwaltung und Justiz konnten zum größten Teil weiterleben mit dem größten Teil ihres Personals. Am schlechtesten war die Situation der Ostberliner Richter, weil es im Westteil eine funktionierende Justiz gab, die die Aufgabe zunächst für die ganze Stadt übernehmen konnte. Dort ist nur ein Bruchteil geblieben, in den fünf neuen Ländern mehr als die Hälfte. Diese Richter haben es ziemlich schnell geschafft, sich vertraut zu machen mit dem komplizierten Recht der Bundesrepublik. Richter und Staatsanwälte aus dem Westen haben sie unterstützt, die für eine Übergangszeit ausgeliehen wurden, oder andere, die sich im Osten beworben hatten für eine feste Anstellung, meist auf höhere Stellen zum Zweck des Aufstiegs. Führungspositionen wie Gerichtspräsidenten oder Vorsitzende Richter sind fast nur von westlichen Juristen besetzt worden. Ähnlich wie in der Verwaltung. Die ohnehin geringe Zahl der Anwälte im Osten konnte bleiben. Dazu kamen viele andere. Erstens Juristen aus der Bundesrepublik, die dort eine Zukunft sahen, und zweitens eine große Zahl ostdeutscher Juristen, entlassene oder freiwillig ausgeschiedene Richter, Staatsanwälte, Betriebsjuristen oder Professoren, die nun alle das Recht hatten auf Zulassung zur Anwaltschaft.

Alles in allem? Viele schmerzhafte Maßnahmen sind notwendig gewesen. Aber in diesem Ausmaß? Entschuldigt wird es oft durch die Notwendigkeit schnellen Handelns und den Umstand, dass niemand sich in Ruhe vorbereiten konnte oder erfahren war im Umgang mit einem solchen Umbruch. Man hätte es wohl auch sanfter machen können.

Es wird nicht leicht sein, in der Rechtsgeschichte Gesetze und Behörden zu finden, die so vernichtend kritisiert worden sind und in der Bevölkerung – der neuen Bundesländer – so viel Empörung verursacht haben wie das Treuhandgesetz, das Vermögensgesetz und die Ämter, die sie auszuführen hatten. Das Treuhandgesetz regelte die Umwandlung der sozialistischen Planwirtschaft der DDR in die private Marktwirtschaft des Westens. Ausführendes Amt war die Treuhandanstalt. Das Vermögensgesetz – „Gesetz zur Regelung offener Vermögensfragen" – ordnete die Rückgabe an von Grundstücken und Betrieben, die auf dem Gebiet der DDR entschädigungslos enteignet waren, an ihre meistens in der Bundesrepublik lebenden Eigentümer oder – in den meisten Fällen – deren Erben. Ausführende Behörden waren Ämter für offene Vermögensfragen. Beides ist weitgehend abgeschlossen.

Das Treuhandgesetz und seine Durchführung durch die Treuhandanstalt in Berlin – wohl eine der mächtigsten Behörden, die es je gegeben hat: Sie verwaltete eine ganze Volkswirtschaft – wird bis heute von der Kritik und in der Bevölkerung verantwortlich gemacht für den Niedergang der ostdeutschen Wirtschaft, für die Stilllegung von Betrieben und massenhafte Arbeitslosigkeit. Das Vermögensgesetz hat jahrelang Angst verbreitet bei vielen Menschen im Osten, sie müssten

Abb. 92
Treuhandanstalt, früher „Haus der Ministerien" der DDR, davor Görings Luftfahrtministerium, jetzt Bundesfinanzministerium, Wilhelmstraße Ecke Leipziger Straße.

ihre Häuser zurückgeben an Westdeutsche oder wegen höherer Miete ihre Wohnungen verlassen, wenn Miethäuser übergingen in westlichen Besitz. Genaue Zahlen gibt es nicht. Es waren tatsächlich nicht wenige Fälle. Ein weites Feld. Viel zu weit, um hier genauer beschrieben zu werden. Die Kritik ist zum Teil weit übertrieben, zum Teil berechtigt.

Die Idee einer Treuhandanstalt stammt von Hans Ullmann, der 1990 als Mitglied der Bürgerrechtsbewegung „Demokratie jetzt" Minister gewesen ist in der Regierung von Hans Modrow. Sie ist aber völlig verändert worden, als das Gesetz im Juni dieses Jahres von der Volkskammer beschlossen wurde auf Vorschlag der Regierung de Maizière. Wolfgang Ullmann wollte die volkseigenen Betriebe der DDR privatisieren, indem sie zunächst als Eigentum übertragen werden sollten an diese Anstalt, die sie zurückgibt in Form von ganz normalen Kapitalanteilen für alle Bürger der DDR. Die hatten das ja schließlich in 40 Jahren aufgebaut. Volkseigentum sollte endlich wirkliches Eigentum des Volkes werden und nicht Staatseigentum bleiben. Eine sehr demokratische Idee. Die Regierung Lothar de Maizières wollte zwar auch die Übertragung auf eine Treuhandanstalt. Die Privatisierung hieß jetzt aber Verkauf der Betriebe an neue Eigentümer und den Erlös in die Staatskasse der neuen Länder. Staatseigentum zu Staatseigentum. Und die Bundesregierung durch Finanzminister Waigel wollte den Erlös in die Kasse des Bundes in Bonn fließen lassen als Ausgleich für Milliardenzahlungen des Westens zum Wiederaufbau im Osten. Ist aber auch gescheitert. Denn als die Treuhandanstalt 1994 aufgelöst wurde, hinterließ sie Schulden von 200 Milliarden Mark. Es war für den Erhalt der Betriebe mehr ausgegeben worden, als man beim Verkauf einnehmen konnte. Was nicht Verschulden der Anstalt war. Der Hauptfehler lag wohl darin, dass sie nach dem Treuhandgesetz in erster Linie die Aufgabe hatte, die Betriebe schnell zu verkaufen, statt sie erstmal behutsam zu sanieren, was ihren Wert erhöht hätte. Außerdem wurde die Durchführung des Gesetzes auch noch behindert durch das Vermögensgesetz.

Nach diesem Gesetz sollten nämlich nicht nur Grundstücke zurückgegeben werden, sondern auch ganze Betriebe. Jahrelange Verfahren über die Berechtigung von Anträgen auf ihre Rückgabe blockierten die Privatisierung. Denn der Verkauf war erst möglich, wenn feststand, wem sie gehörten, der Treuhandanstalt oder den alten Eigentümern. Auch hier lag der Hauptfehler im Grundkonzept. Das hieß Rückgabe statt Entschädigung. Rückgabe als Wiedergutmachung für Unrecht, das nicht nur in der DDR geschehen ist, sondern auf ihrem Gebiet auch von 1933 bis 1945, mit Ausnahme der Jahre 1945 bis 1949, weil dafür die Sowjetunion verantwortlich war als Besatzungsmacht. Damit war in erster Linie die Bodenreform von 1945/46 gemeint. Das gab wieder viel Ärger im Westen der Bundesrepublik mit den Geschädigten von damals, meistens ihren Kindern oder Enkeln als Erben. Die gingen bis zum Bundesverfassungsgericht, das 1991 entschieden hat, diese Ausnahme sei verfassungsgemäß. Hinter dieser Ausnahme stand das Interesse der Regierungen Modrow und de Maizière, Tausenden von Kleinbauern ihr Eigentum zu erhalten, das sie bei der Bodenreform erhalten hatten, und finanzielle Interessen des Bundes und der Länder, denen ein Teil der großen Güter gehörte, die damals Volkseigentum geworden waren. Interessen der Staatskasse standen ganz allgemein hinter dem Prinzip Rückgabe statt Entschädigung im Vermögensgesetz. Entschädigung hätte der Finanzminister zahlen müssen. Musste er übrigens öfter, wenn eine andere im Grunde vernünftige Ausnahme griff, die in § 4 des Vermögensgesetzes geregelt war. Danach brauchten Grundstücke von Privatpersonen nicht zurückgegeben werden, wenn sie von ihnen „in redlicher Weise" erworben waren. Eine vage Formulierung mit ungenauen Erläuterungen in Absatz 4 dieses Paragraphen. Die westdeutschen Alteigentümer griffen an, die ostdeutschen verteidigten sich. Sie seien redlich gewesen beim Erwerb. Das führte zu jahrelangen Verfahren vor den Ämtern und Verwaltungsgerichten und nicht immer zu überzeugenden Urteilen. Die Anwälte, besonders in Berlin, hatten Hochkonjunktur. Auf der anderen Seite gab es nicht nur viel Angst, sondern auch ökonomische Schwierigkeiten. Denn dadurch wurde auch der ostdeutsche Kreditmarkt erheblich blockiert, weil die Banken keine Kredite gaben, solange nicht entschieden war, wem das Grundstück gehört. Ihre Darlehen werden regelmäßig mit Hypotheken und Grundschulden gesichert. Also auch hier kein leichter Weg für viele Bürger im Osten in die Richtung einer freiheitlichen und demokratischen Grundordnung. Wir wollten Gerechtigkeit und bekamen den Rechtsstaat, klagte Bärbel Bohley. Meinte damit allerdings in erster Linie die strafrechtliche Verfolgung ihrer Feinde. Ein erstes großes Beispiel dafür war:

Der Honecker-Prozess: ein Staat vor Gericht

Am Donnerstag 12. November 1992 morgens um halb zehn kommt mit vier anderen Angeklagten ein kleiner schmaler Mann durch eine Seitentür in den großen Verhandlungssaal des Kriminalgerichts Berlin-

Abb. 93
Erich Honecker grüßt die Zuschauer hinten im Saal. Einer hatte gerufen, „Erich! Alles Gute!". 7. Dezember 1992.

Moabit, vorgeführt aus der Haft. 80 Jahre alt, dunkelblauer Anzug, weißes Hemd, rote Krawatte, leicht gezeichnet von schwerer Krankheit, in selbstbewusster aufrechter Haltung. Erich Honecker, bis zum 18. Oktober 1989 Generalsekretär des Zentralkomitees der Sozialistischen Einheitspartei Deutschlands und Vorsitzender des Staatsrats der DDR. Nach 813 Jahren wurde in Deutschland wieder ein Prozess gegen ein Staatsoberhaupt geführt. 1179 war es Heinrich der Löwe, Herzog von Sachsen und Bayern vor dem Gericht des Reiches.

Der mittelgroße Saal in Moabit ist überfüllt. Viele der 70 Journalisten und 75 Zuschauer steigen auf die Stühle, um den kleinen Mann sehen zu können, der sich ruhig neben seine drei Verteidiger gesetzt hat. Der Prozess vor der 27. Strafkammer des Landgerichts wird geführt wegen der Tötung von Flüchtlingen an der Berliner Mauer und der Grenze zur Bundesrepublik gegen sechs Mitglieder des Nationalen Verteidigungsrats der DDR, außer Honecker gegen Ministerpräsident Willi Stoph – der fehlt wegen eines Herzanfalls –, Verteidigungsminister Heinz Kessler, Generalstabschef Fritz Streletz, Stasi-Minister Erich Mielke und den Leiter des SED-Bezirks Suhl, Hans Albrecht, der Mitglied im Verteidigungsrat gewesen ist wie andere Leiter von Bezirken an der Grenze zur Bundesrepublik. Die Anklage lautet auf Anstiftung zum Totschlag in zwölf Fällen, von mehreren Hundert.

Verteidigung auf Einstellung des Verfahrens gegen Erich Honecker wird abgelehnt, weil die Ärzte sich nicht sicher seien. Sie haben „wohl" gesagt. Ein Vorwand. Wer kann schon sicher den Tod eines Menschen für eine bestimmte Zeit vorhersagen. Sicherer als in den Gutachten ging es nicht. Also legt die Verteidigung gegen diesen Beschluss Verfassungsbeschwerde ein beim Verfassungsgericht des Landes Berlin. Das urteilt am 12. Januar 1993. Die Gutachten der Ärzte seien eindeutig. Deshalb müsse das Verfahren eingestellt und der Haftbefehl aufgehoben werden. Die 27. Strafkammer urteilt dementsprechend am selben Nachmittag. Aber hinter den Kulissen führen Landesregierung und Staatsanwaltschaft noch einen rechtsstaatlich fragwürdigen und unwürdigen Kampf gegen die Freilassung, der erst am Ende des nächsten Tages erfolglos endet. Am 13. Januar 1993 fliegt Erich Honecker abends über Frankfurt nach Santiago de Chile zu seiner „geliebten Frau und tapferen Genossin". Jetzt hatte er nur noch das Urteil der Geschichte zu fürchten, nicht mehr das des Landgerichts Berlin. Im Mai 1994 ist er dort gestorben.

Das Urteil gegen die zurückgebliebenen Angeklagten erging im September 1993. Was kein Widerspruch ist gegen die Gutachten der Ärzte und die Entscheidung des Verfassungsgerichts aus zwei Gründen. Der Prozess gegen Honecker würde länger gedauert haben, weil er im Gegensatz zu den anderen nur eingeschränkt verhandlungsfähig gewesen ist, zweimal wöchentlich je zwei Stunden. Zweitens würde er in der Haft sicherlich früher gestorben sein als in Freiheit bei seiner Frau.

Das Urteil im September 1993 erging nur noch gegen drei Angeklagte, nämlich Heinz Kessler, Fritz Streletz und Hans Albrecht. Zuerst war Willi Stoph ausgeschieden wegen Verhandlungsunfähigkeit, dann Erich Mielke, der – 84 Jahre alt und ebenfalls krank – noch einen anderen Prozess durchstehen musste wegen jenes Polizistenmordes 1932 in Berlin. Mehr ging nicht. Inzwischen sind diese beiden auch gestorben. Nicht nur die Zahl der Angeklagten war reduziert, auch die Anklage, jetzt von zwölf auf sieben Tötungsfälle, um das Verfahren zu beschleunigen. Auch die Zahl der Richter war geschrumpft von vier auf drei. Bis Anfang Januar waren es der Vorsitzende, zwei Beisitzer, ein Ersatzrichter und zwei Schöffen. Dann musste der Vorsitzende ausscheiden wegen unkorrekten Verhaltens an jenem 21. Dezember 1992, als der Antrag auf Freilassung abgelehnt wurde. Nebenbei hatte er noch eine andere Dummheit gemacht. Der Ersatzrichter rückte nach, einer der Beisitzer übernahm den Vorsitz und führte die Verhandlung souverän zu Ende. Nun war auch alles ruhiger geworden. Am 16. September 1993 verurteilte die 27. Strafkammer Heinz Kessler zu siebeneinhalb Jahren Freiheitsstrafe, Fritz Streletz zu fünfeinhalb und Hans Albrecht zu viereinhalb Jahren. Ein abgewogenes Urteil, das vernünftig begründet wurde. Der Bundesgerichtshof hat es 1994 im Wesentlichen bestätigt und zwei Jahre später auch das Bundesverfassungsgericht, womit sich die juristische Diskussion darüber erledigte, ob die Radbruch'sche Formel nicht gegen das Rückwirkungsverbot im Strafrecht verstößt. Es gab da schwer wiegende Bedenken.

Vergangenheitsbewältigung durch Recht und Akten

Bewältigung von Vergangenheit? Der Begriff ist in den sechziger Jahren entstanden für die strafrechtliche Verfolgung von NS-Verbrechen als Forderung derjenigen, die sich durchsetzen mussten gegen Widerstände der Justiz. Andere sind noch heute anderer Meinung, halten Vergangenheitsbewältigung durch Recht für unzulässig. Denn sie sei ein Verstoß gegen das Rückwirkungsverbot im Strafrecht. Artikel 103 Absatz 2 des Grundgesetzes:

> „Eine Tat kann nur bestraft werden, wenn die Strafbarkeit gesetzlich bestimmt war, bevor die Tat begangen wurde."

Sie meinen, niemand dürfe bestraft werden für Taten, die im Auftrag eines Staates begangen wurden, in dem sie als rechtmäßig angesehen wurden und niemals strafrechtlich verfolgt worden wären. Die richtige Lösung dieses Problems findet sich wohl als Ausnahme vom Rückwirkungsverbot in Artikel 7 Absatz 2 der Europäischen Menschenrechtskonvention:

> „Durch diesen Artikel (Rückwirkungsverbot wie 103 Abs. 2 Grundgesetz, U. W.) darf die Verurteilung oder Bestrafung einer Person nicht ausgeschlossen werden, die sich einer Handlung oder Unterlassung schuldig gemacht hat, welche im Zeitpunkt ihrer Begehung nach den allgemeinen von den zivilisierten Völkern anerkannten Rechtsgrundsätzen strafbar war."

Das entspricht ungefähr der Radbruch'schen Formel und bedeutet, dass schwere Menschenrechtsverletzungen nach einem Systemwechsel bestraft werden können. Das war die Rechtfertigung für die Verfolgung von NS-Verbrechen. Und deutsche Gerichte der drei Westzonen waren schon in der Besatzungszeit in großem Umfang daran beteiligt mit

Abb. 94 Auschwitz-Prozess in Frankfurt am Main, April 1964.

mehr als 4000 Verurteilungen in diesen vier Jahren von 1945 bis 1949. Nach der Gründung der Bundesrepublik gingen die Zahlen zurück wegen Adenauers Integrationspolitik für alte Nationalsozialisten, die nun als Richter wieder bestimmen konnten, was Recht und Unrecht ist. In den 33 Jahren von 1949 bis 1982 sind es nur 2000 Verurteilungen gewesen mit dem Höhepunkt im Auschwitz-Prozess vor dem Frankfurter Landgericht 1963/65, durch den die Öffentlichkeit der Bundesrepublik wieder sensibilisiert wurde für die Gräuel der Hitlerzeit, die man jahrelang verdrängt hatte. Dann ist der erste und letzte Richter derjenigen angeklagt worden, die die unmenschlichen 50000 Todesurteile jener zwölf Jahre zu verantworten haben. Er hieß Hans-Joachim Rehse, war beteiligt an 231 Todesurteilen des Volksgerichtshofs und wurde 1967 zu sieben Jahren Zuchthaus verurteilt vom Landgericht Berlin. Aber der Bundesgerichtshof hat das Urteil wieder aufgehoben mit einer fadenscheinigen Begründung.

Anders ist die Vergangenheit der DDR bewältigt worden durch die Justiz der Bundesrepublik nach der Wiedervereinigung. Es gibt da eine alte Regel. Immer wenn Richter sich bei ihren Entscheidungen auf den Rechtsstaat berufen, ist etwas faul im Staate Dänemark. Das geschah hier öfter, denn da waren Probleme. Zum einen kamen Staatsanwälte und Richter aus dem einen Teil des Landes und die Angeklagten aus dem anderen. Deshalb sprachen die Angeklagten von Siegerjustiz, was falsch gewesen ist, aber diese Zweiteilung blieb trotzdem ein Problem. Zum anderen gab es die Schwierigkeit, dass den Gerichten der Bundesrepublik von der Politik im Einigungsvertrag zwar der Auftrag erteilt

Rechtskräftige Verurteilungen von NS-Verbrechen im Gebiet der Bundesrepublik durch deutsche Gerichte:

1945 –	23	1958 –	22	1971 –	39
1946 –	238	1959 –	15	1972 –	26
1947 –	816	1960 –	23	1973 –	20
1948 –	1819	1961 –	38	1974 –	8
1949 –	1523	1962 –	36	1975 –	28
1950 –	809	1963 –	28	1976 –	14
1951 –	259	1964 –	21	1977 –	7
1952 –	191	1965 –	32	1978 –	8
1953 –	123	1966 –	32	1979 –	6
1954 –	44	1967 –	13	1980 –	3
1955 –	21	1968 –	35	1981 –	7
1956 –	23	1969 –	30	1982 –	9
1957 –	43	1970 –	33		

worden war zur Verurteilung von DDR-Unrecht, nämlich in jenem neuen Artikel 315 des Einführungsgesetzes zum Strafgesetzbuch. Aber der Auftrag war nicht klar genug beschrieben. Außerdem wurde die Justiz von der Politik für diesen Auftrag nicht genügend unterstützt durch Verstärkung ihres Personals, so dass sich alles unnötig lange hinzog über mehr als zehn Jahre. Zwei oder drei wären richtig gewesen und so hatte man sich das auch vorgestellt beim Abschluss des Vertrages. Der Auftrag hätte beschränkt werden müssen auf schwere Menschenrechtsverletzungen und am besten würde es gewesen sein, das Grundgesetz zu ergänzen durch eine Ausnahme vom Rückwirkungsverbot wie in Artikel 7 Absatz 2 der Europäischen Menschenrechtskonvention. So mussten sich die Richter ihren Weg mühsam selbst suchen und über vieles entscheiden, das nicht dazugehörte wie Wahlfälschungen, Vermögensschiebereien der DDR-Spitze, Doping von Sportlern, schräge Geschäfte von Alexander Schalck-Golodkowski, Spionage durch Markus Wolf oder sogar über Ausreiseentscheidungen des DDR-Unterhändlers Wolfgang Vogel, die mit Grundstücksverkäufen verbunden waren. Statt sich zu konzentrieren auf Gewalttaten an der Grenze und unmenschliche politische Prozesse, die ebenfalls tödlich endeten. Markus Wolf zum Beispiel hatte mit seiner Spionage gegen

Verurteilungen bis 1999 wegen DDR-Unrecht

Gewalttaten an der Grenze	98
Rechtsbeugung	27
Wahlfälschung	92
Stasi-Straftaten	20
Denunziationen	4
Misshandlungen	19
Amtsmissbrauch	22
Wirtschaftsstraftaten	5
Sonstiges	2
insgesamt	289

die Bundesrepublik nichts anderes getan als Klaus Kinkel, 1990 Bundesjustizminister, später Bundesaußenminister, vorher Chef des Bundesnachrichtendienstes, der Spionage betrieben hat gegen die DDR. Das sehr hohe Urteil gegen Markus Wolf in erster Instanz ist deshalb später auch aufgehoben worden. Ebenso das gegen Wolfgang Vogel, der vielen Tausend Bürgern der DDR die Ausreise in die Bundesrepublik möglich gemacht hat.

Im Zwiespalt zwischen den Vorgaben der Politik und dem strafrechtlichen Rückwirkungsverbot des Grundgesetzes ist die Justiz einen vorsichtigen Mittelweg gegangen mit ziemlich vielen Freisprüchen und knapp 300 Verurteilungen. Außerdem waren die Strafen milde, die meisten ausgesetzt zur Bewährung, zum Beispiel für einfache Grenzsoldaten als „Mauerschützen“. Selbst die Strafen für die Hauptverantwortlichen dieser Gewalttaten an der Grenze bewegten sich im unteren Mittelfeld des für Totschlag vorgesehenen Strafrahmens von fünf bis zu 15 Jahren. Das höchste waren jene siebeneinhalb Jahre für Heinz Kessler im Honecker-Prozess. Der Chef der Grenztruppen – General Hans-Dieter Baumgarten – wurde später zu einer Freiheitsstrafe von sechseinhalb Jahren verurteilt. Und es wurden Richter vor Gericht gestellt, die beteiligt waren an Todesurteilen in politischen Prozessen. Irmgard Jendritzky erhielt vier Jahre Freiheitsstrafe als Richterin bei den Waldheimer Prozessen und Helene Heymann fünf Jahre für das Todesurteil gegen Joachim Wiebach 1955 im Prozess gegen die so genannten RIAS-Agenten.

Richtig war die Öffnung der Akten bei der Gauck-Behörde. Diese Herstellung von Öffentlichkeit war ein heilsamer Schock gewesen. Allerdings ebenfalls mit einigen Problemen belastet. Zum einen war die Behörde nicht immer neutral, wenn sie Gutachten erstellte, die im Zweifel zu oft gegen einen Beschuldigten ausfielen und nicht umgekehrt, wie es rechtsstaatlich geboten ist, wenn es um die Existenz von Menschen geht. Zum anderen hat sie den Datenschutz nicht ausreichend beachtet, das vom Bundesverfassungsgericht anerkannte Grundrecht auf informationelle Selbstbestimmung. Leider wurde dieses Problem erst erkannt, als es sich gegen einen Prominenten aus dem Westen richtete. Helmut Kohl ist vor Gericht gegangen und hat gewonnen. Darauf hat der Bundestag das Gesetz verbessert, um die Weiterarbeit der Behörde für Journalisten und Historiker zu ermöglichen. Aber auch die Neuregelung – in § 32 Stasi-Unterlagen-Gesetz – ist umstritten, wird wieder vor Gericht gezogen und zeigt, dass die Wiedervereinigung bis zu ihrer Vollendung auch juristisch noch einige Zeit braucht.

VII. Ausblick

Die Bundesrepublik Deutschland ist eine stabile Demokratie geworden. Nicht nur die Hitlerdiktatur ist überwunden, auch der so genannte Sozialismus einer Deutschen Demokratischen Republik, und die Deutschen leben in Einheit und Freiheit, wie es das Grundgesetz 1949 in seiner Präambel wollte. Einigkeit und Recht und Freiheit, schrieb August Heinrich Hoffmann von Fallersleben am 26. August 1841 auf Helgoland in seinem Lied der Deutschen. Also nicht nur Einheit und Freiheit. Auch Recht. Die Bundesrepublik ist ein Rechtsstaat geworden, wie es in Artikel 28 des Grundgesetzes heißt. Ein großes Wort, das es in keiner anderen Sprache gibt. Es ist erfunden von deutschen Liberalen im 19. Jahrhundert und meinte in erster Linie Verfassung und Menschenrechte. Im entscheidenden Artikel 20 drückt sich das Grundgesetz bescheidener aus. Absatz 3:

> „Die Gesetzgebung ist an die verfassungsmäßige Ordnung, die vollziehende Gewalt und die Rechtsprechung sind an Gesetz und Recht gebunden."

Das Grundgesetz ist seit über einem halben Jahrhundert eine gute Verfassung, zum Teil eine sehr gute, auch wenn sie in letzter Zeit schon einige Kratzer abbekommen hat mit Einschränkungen von Freiheitsrechten. Aber das sind Kratzer und Tendenzen, die freiheitliche Ordnung ist im Wesentlichen bestehen geblieben, auch dank einer wachsamen Rechtsprechung des Bundesverfassungsgerichts in Karlsruhe. Daneben ist die Entwicklung des Verwaltungsrechts ebenfalls eines der erfreulichsten Kapitel in der Rechtsgeschichte der Bundesrepublik. Durch die „Subjektivierung im Verhältnis von Bürger und Staat" (Otto Bachof) ist der Untertan abgelöst durch einen Bürger mit aufrechtem Gang. Wenigstens verwaltungsrechtlich. Auch im Zivilrecht hat sich einiges bewegt durch den Ausbau des Verbraucherschutzes in die Richtung von mehr Gerechtigkeit, ebenso durch die Weiterentwicklung von individuellem Arbeitsrecht und sozialem Mietrecht, und nicht zuletzt im Familienrecht mit der Verwirklichung von Artikel 3 Absatz 2 des Grundgesetzes, Männer und Frauen sind gleichberechtigt, Elisabeth Selberts großer Erfolg im Parlamentarischen Rat. Das hat zwar furchtbar lange gedauert und brauchte oft die Hilfe des Bundesverfassungsgerichts. Aber nun sind Frauen und Männer wenigstens juristisch wirklich gleichberechtigt. Etwa 50 Jahre nach In-Kraft-Treten des Grundgesetzes. Und Gerechtigkeit, das wissen wir seit Aristoteles, ist Gleichheit. Am wenigsten hat sich im Strafrecht geändert. Durch die Reformen der siebziger Jahre sind wir jetzt immerhin auf dem Stand dessen, was man schon um 1900 wissen konnte, als Franz von Liszt gegen die „klassische" seine „moderne Schule" durchzusetzen versuchte. Und der Ton im Gerichtssaal ist besser geworden, bis auf Ausnahmen wie jenes Monstrum des Stammheimer Prozesses. Angeklagte müssen nicht mehr stehen wie in der Weimarer Republik, als Tucholsky fragte, warum das so sein müsse, und antwortete, später sitzen sie lange genug. Das lange Sitzen hat sich übrigens nicht geändert. Im Gegenteil. Freiheitsstrafen sind länger geworden, denn die kurzen sind abgeschafft und die Gefängnisziffer ist fast so hoch wie vor 100 Jahren, also die Zahl von Strafgefangenen gerechnet auf je 100 000 Einwohner. Aber immerhin. Die Todesstrafe ist abgeschafft.

Und der Ausblick? Die Rolle des Staates wird sich verändern, dieses Gebilde aus Staatsgebiet, Staatsvolk und Staatsgewalt, wie Jurastudenten das heute noch lernen. Sie hat sich schon seit längerem ohne Einflüsse von außen unter dem Einwirken von Technik, Wirtschaft und neuen sozialen Aufgaben verändert. 1963 schrieb einer der intelligentesten – und problematischsten – deutschen Professoren des Staatsrechts: „Die Epoche der Staatlichkeit geht zu Ende. Darüber ist kein Wort mehr zu verlieren." Carl Schmitt. Das hatte natürlich auch damit zu tun, dass er die Bundesrepublik nicht leiden konnte. Viel zu demokratisch, Pöbelherrschaft. Ist aber trotzdem eine richtige Beobachtung, die vertieft worden ist in einer kleinen Schrift seines Schülers Ernst Forsthoff von 1971, „*Der Staat der Industriegesellschaft*". Das erste Kapitel hat die wehmütige Überschrift „*Erinnerung an den Staat*". Diese Bundesrepublik – wie andere Länder auch – ist nicht mehr ein richtiger Staat, der auch das Bild der Mütter und Väter des Grundgesetzes war. Ein Staat, in dem Politik bestimmt wird von Regierung und Parlament. Stattdessen besteht bei uns heute ein Geflecht von Verbänden, das mindestens genauso einflussreich und mächtig ist wie die staatlichen Institutionen. Unternehmerverbände, Gewerkschaften, Interessenvereinigungen von Ärzten oder Krankenkassen, vom Beamtenbund bis zum Bauernverband. Alle reden mit und hindern Regierung und Parlament an der Durchsetzung ihrer Politik. Forsthoff nennt die Bundesrepublik deshalb ein „Technokonstrukt" und ruft – vergeblich – nach einem starken Staat. Der hat nun schon wesentliche Befugnisse seiner Gesetzgebung verloren und auch die Währungshoheit, beides übergegangen auf europäische Institutionen, die aber auch keine staatlichen Institutionen sind, sondern – ja, was eigentlich? Ein Staatenverbund, sagt das Bundesverfassungsgericht, aber nicht, was darunter zu verstehen ist. Ähnlich wie auf internationalen Konferenzen jene Organisationen zunehmend eine Rolle spielen, die man Nicht-Regierungs-Organisationen nennt, Non Governmental Organizations, NGO's. Selbst dort werden die Staaten aus ihrer eigenständigen Rolle verdrängt durch private Vereinigungen wie Greenpeace, Ärzte für die Dritte Welt, Cap Anamur, terre des hommes und viele andere.

Dieses von Ernst Forsthoff beschriebene Technokonstrukt ist jedoch nichts Negatives, wie er meint. Es bedeutet weniger Staat und mehr Gesellschaft. Mehr Verantwortung von Bürgern. Es ist in allen Industriestaaten entstanden. In anderen Ländern gibt es andere Probleme, zum Beispiel in Afrika, wo aus Kolonialgebieten Staaten entstanden sind nach europäischem Muster, die aber von Anfang an nicht den Voraussetzungen entsprachen von Staatsgewalt, Staatsgebiet und Staatsvolk. Die sehr instabil sind, wie man dort fast überall sieht, ob es der Kongo ist, Uganda, Tansania oder andere. Und überall kommt die Globalisierung dazu. Sie verändert die Rolle des Staates noch stärker, von außen.

Globalisierung heißt zunehmende Internationalisierung von Märkten unabhängig von einzelnen Staaten, die sich früher geschützt haben durch Handelsbeschränkungen, besonders Importschranken und Zölle. Stattdessen entstehen jetzt staatenunabhängige Märkte für den freien Austausch von Kapital, Waren und Dienstleistungen. Kein Naturereignis, wie viele meinen, das seinen Ursprung hat in neuen Technologien der Kommunikation oder des Transportwesens, weltweiten Datennetzen, Satellitenkommunikation, Computern und so weiter. Nein, es ist ein Prozess, der politisch von den Staaten gewollt war, die dadurch jetzt zum Teil überrannt werden. Im Grunde fing es schon an während des Zweiten Weltkriegs auf der Konferenz von Bretton Woods in New Hampshire, USA. Dort trafen sich – auf Initiative der Vereinigten Staaten – 44 Staaten, die im Krieg standen gegen Deutschland, Italien und Japan. Es ging um die Planung einer Finanzordnung nach dem Sieg über Deutschland, die wirtschaftliche Krisen, wie sie nach dem Ersten Weltkrieg entstanden waren, verhindern sollten. „How to pay for the war", nannte das John Maynard Keynes, der wohl wichtigste Wirtschaftstheoretiker des 20. Jahrhunderts. Er hat an dieser Konferenz teilgenommen. Die Weltbank wurde geplant als Bank für den Wiederaufbau mit langfristigen Krediten, der Internationale

Währungsfonds für kurzfristige Hilfen bei Störungen im internationalen Zahlungsverkehr und alles mit dem ausdrücklichen Ziel des Wegfalls von staatlichen Kontrollen und diskriminierenden Zöllen. Das war schon 1944. Vier Jahre später wurde dafür das GATT gegründet, das Allgemeine Abkommen über den Abbau von Handelsschranken und Zöllen, das 1996 fortgesetzt worden ist mit der Welthandelsorganisation. Mit anderen Worten, die Politik hat ganz bewusst ihre Kontrollfunktion über die Wirtschaft aufgegeben, ähnlich wie es der deutsche Nationalstaat im 19. Jahrhundert getan hat innerhalb seines Staatsgebiets. In beiden Fällen, damals wie heute, zugunsten einer Steigerung von Produktion, Handel und Wohlstand. Und in beiden Fällen, auch heute wieder, am Anfang verbunden mit Massenarbeitslosigkeit und neuer Armut. Eine neue Armut nicht nur in den Industriestaaten, sondern besonders in den Ländern der Dritten Welt. Diese Armut ist noch ungerechter als die – relative – Armut in den reichen Ländern. Die Globalisierung als politische Entscheidung ist dann tatsächlich außerordentlich beschleunigt worden durch technische Neuerungen seit den achtziger Jahren, durch Mikroelektronik, Roboter und moderne Telekommunikation. 1980 die ersten Personalcomputer, seit Mitte der neunziger Jahre private Provider für das Internet und dazu neue Betriebsorganisationen wie outsourcing – Produktion in Billiglohnländern – und Megafusionen. Alles zusätzlich verstärkt durch den Zusammenbruch der Sowjetunion 1989, so dass nun die Milliardenströme des Kapitals tatsächlich weltweit ihren Lauf nehmen können. Das ist das Ende der Volkswirtschaft, eines der wichtigsten Elemente von Staatsvolk, Staatsgebiet und Staatsgewalt.

Wie es weitergeht? Das weiß kein Mensch genau. Der Nationalstaat wird nicht völlig verschwinden, ebenso wenig wie der Freistaat Bayern in der Bundesrepublik verschwunden ist. Aber der Nationalstaat – und seine Verfassung, die kaum so bleiben kann wie jetzt – wird nicht mehr die entscheidende Ordnungsfunktion haben. Freiheit und soziale Gerechtigkeit können auch anders garantiert werden, auch und gerade gegenüber den entfesselten Kräften von Technik und Wirtschaft. Die Grundentscheidung war eine politische. Also kann sie auch politisch verbessert werden. Es wird ein neues Geflecht verschiedener Organisationen entstehen, die über das Gebiet eines einzelnen Staates hinausreichen. Anders geht es ja gar nicht mehr, nachdem Technik und Wirtschaft die Grenzen der Einzelstaaten gesprengt haben. Ein Beispiel dafür ist die Europäische Union. Und es wird gesellschaftliche Organisationen geben, die in verschiedener Weise regulierend eingreifen.

Zum Beispiel die Gewerkschaften. In ihrer herkömmlichen nationalen Struktur sind sie völlig veraltet. Es sieht im Moment noch nicht danach aus, und es wird noch etwas länger dauern, aber dann werden sie, genau wie die Unternehmer und genauso beweglich, den internationalen Wegen der Investitionen folgen und Gegenstrukturen aufbauen, Gegengewichte schaffen, auf internationaler Ebene soziale Gerechtigkeit anstreben, die bisher nur auf nationalem staatlichem Gebiet erreichbar gewesen ist. Und auch im bisher engen staatlichen Bereich wird sich vieles ändern, staatliche Verwaltung noch weniger hoheitlich auftreten und sich mehr dem Management privater Unternehmen angleichen, zum Beispiel auch mit mehr Wettbewerb zwischen Behörden, die jetzt oft den Büroschlaf genießen. Viel von dem, was jetzt noch hoheitlich geregelt wird, kann ohne weiteres von oben nach unten verlagert werden. Die Bürgergesellschaft kann sich selbst regulieren, braucht nicht staatliche Bevormundung. In einer Welt, in der immer weniger Menschen immer mehr produzieren, werden viele Kräfte frei, die für Freiheit und Sicherheit, gerechte Verteilung des Wohlstands und nicht zuletzt auch für die Erhaltung der natürlichen Lebensgrundlagen sorgen können, auf kommunaler Ebene, in Städten und Dörfern, und in der Verbindung solcher kommunalen Organisationen zu größeren Geflechten. Mehr Vertrauen in die Bürgergesellschaft. Dann dürfte der Abschied vom alten Staat leichter fallen. Es wird eine langsame Entwicklung sein und unser Grundgesetz noch eine gute Weile so bleiben, wie es ist.

75 Jahre Rechtsschutz in Deutschland

Ein Stück Gerechtigkeit für jeden

von Wieland Kurzka,
Michael Pantner, Andreas Schiller

Die Stunde Null des Rechtsschutzes

1917. Ein Autorennen in Le Mans. Nicht die besten Straßenverhältnisse. Die Fahrwerkentwickler können mit den leistungsfanatischen Motorbauern nicht Schritt halten. So passiert, was passieren muss. Ein Rennwagen schleudert über die Fahrbahn hinaus in die Zuschauermenge. Zahlreiche Verletzte und auch Tote sind zu beklagen.

Geschehen in einer schweren Zeit. Der Erste Weltkrieg tobte und die Menschen Europas spürten die wirtschaftlichen Folgen des Krieges. Doch gerade in dieser Zeit war es für die Aufrechterhaltung der Moral – so wurden Vergnügungen aller Art begründet – wichtig, für Ablenkungen zu sorgen. Autorennen, mit dem Flair des Neuen, Sportlichen und Aggressiven waren beliebt. Manche behaupteten, weil auch gelegentlich durch Unfälle Spektakuläres passiert. Wie in Le Mans.

Die beklagenswerten Verletzten und die Angehörigen der Toten begannen bald über ihre Ansprüche nachzudenken. Damals wie heute kein einfaches Unterfangen. War doch nicht einmal klar, gegen wen man auf Schadensersatz und Schmerzensgeld klagen sollte. Die Autobauer, den oder die Fahrer oder den Veranstalter? Doch war auch klar, wer am längeren Hebel sitzen würde: die Organisierten gegen die Einzelnen – die finanziell gut Ausgestatteten gegen die bestenfalls Normalverdiener. Frei nach dem Prinzip „gemeinsam sind wir stärker" formierten sich die Betroffenen innerhalb des Automobilclubs von Frankreich.

So die Vorgeschichte, die zur Gründung der D.A.S. in Frankreich als Rechtsschutzversicherung führte. Zwar war dieses Unternehmen nicht der erste Rechtsschutz-Versuch in diesem Land, alle anderen hatten allerdings die Gründungsjahre nicht überlebt. Der Name der neuen

Abb. 95 Rennstrecke Le Mans 1913.

Gesellschaft: D.A.S. Défense Automobile et Sportive. Georges Durand deren erster Chef.

In den Folgejahren entwickelte sich das Unternehmen leidlich. Die Motorisierung – zwar ausgehend von einer noch sehr geringen Dichte – beschleunigte nach Ende des Ersten Weltkriegs in Frankreich. Günstige Aussichten also für den wirtschaftlichen Schutz der Autofahrer. Dies führte 1927 zur Gründung einer gleichnamigen Gesellschaft für Rechtsschutz in Belgien, ein Jahr zuvor fand sich das Geschäftsmodell in der Schweiz, ebenfalls unter dem Namen D.A.S. Ihr Generaldirektor, Baron Henry de Blonay ermöglichte zwei Jahre später, 1928 mit der Gründung der D.A.S. in Deutschland, den Auftakt für eine sehr erfolgreiche Entwicklung des Rechtsschutzes in Deutschland.

Henry de Blonay wurde im Jahre 1900 als Spross einer uralten Schweizer Adelsfamilie geboren, zu deren Besitz das am Genfer See gelegene „Château de Blonay" aus dem 11. Jahrhundert gehörte. Zweisprachig deutsch-französisch aufgewachsen, verließ er bereits mit 17 Jahren das Elternhaus, um in Zürich und Paris zu arbeiten. Dort hatte er wahrscheinlich bereits die Ideen, die er später verwirklichen sollte.

Abb. 96 Henry de Blonay (17. 3. 1900–19. 3. 1975) mit Jaguar.

Nach einem verheißungsvollen Start in der Schweiz spürte de Blonay schon bald die für die D.A.S. in dem Land engen Möglichkeiten. Die Zielgruppe setzte ihm Wachstumsgrenzen, die zwar auch in der Schweiz lange noch nicht erreicht werden sollten, die der weitsichtige Geschäftsmann jedoch schon zu dieser Zeit als einengend empfunden haben mag. Er wollte in Deutschland mit der Idee Fuß fassen. Untersuchungen in dem großen Nachbarland bescheinigten den tatsächlich bestehenden Bedarf für den Rechtsschutz. Somit war 1928 der Weg frei für die Gründung der deutschen D.A.S. in Berlin.

Rechtsschutz kommt nach Deutschland

Der Grundgedanke des Rechtsschutzes war in Deutschland nicht neu. Es gab schon vereinzelt Gesellschaften und Vereine, die sich mit dem Rechtsschutz beschäftigt hatten. Deren wirtschaftliche Bedeutung ist jedoch gering geblieben, sei es auf Grund regionaler oder einer erheblichen inhaltlichen Beschränkung. Rechtsschutz für Bergbauschäden oder Rechtsschutz für Frachtschäden im Seeverkehr waren als Geschäftsmodelle nicht geeignet, flächendeckend Anklang zu finden. Die

D.A.S. Gründung war somit der Start der ersten ernst zu nehmenden Rechtsschutzgesellschaft und, wie sich erweisen sollte, der Beginn zu einer erfolgreichen, mittlerweile 75-jährigen Geschichte.

Der Grundgedanke des Rechtsschutzes war damals wie heute so einfach wie einleuchtend. Rechtsschutz sollte Hilfe und Beistand in einer rechtlichen Angelegenheit leisten. Und dies mit Rat, soweit zulässig, und vor allem mit Geld. Geld für Gutachter, Rechtsanwälte und Gerichte. Auch damals war es kostspielig, das eigene Gerechtigkeitsempfinden durch die Organe der Rechtspflege durchsetzen oder überprüfen zu lassen. Für den Verkehrsbereich wurde das Kostenrisiko von den Teilnehmern – so wurden die Kunden der Gesellschaft damals genannt – durch Rechtsschutz übernommen.

Dies spiegeln auch die ersten Geschäftsbedingungen der D.A.S. aus dem Jahr 1928 wider. Die Leistungen der D.A.S. beziehen sich auf

> „... die Unterstützung der Teilnehmer bei der Durchsetzung von Ansprüchen aus Verkehrsunfällen ...
> ... sowie auf die Verteidigung in einem anhängig gemachten Strafverfahren ...“

Jeweils mit dem geschützten Fahrzeug. An dem übrigens zur „Legitimation“ die Teilnehmer die D.A.S. Plakette anbringen mussten.

Diese ersten Geschäftsbedingungen der D.A.S. aus dem Jahre 1928 tragen die Züge unentschlossenen Schwankens zwischen Automobilclub und Assekuranz. Kein Wunder, da die D.A.S. bei der Gründung nicht als Versicherer eingestuft wurde. Das Reichsaufsichtsamt fühlte sich für das Geschäft nicht zuständig, folglich fiel die Tätigkeit nicht unter das VAG, das Versicherungsaufsichtsgesetz. Also eine gewöhnliche Dienstleistungs-Aktiengesellschaft. Mit Automobilclub- und Versichererzügen. Eine Klärung sollte später folgen.

Die Gründung der ersten Rechtsschutzgesellschaft fand in einem wirtschaftlich ungünstigen Umfeld statt. Es herrschte Rezession, die Weltwirtschaftskrise kündigte sich an. Dennoch konnte die D.A.S. Fuß fassen und profitierte ab 1933 vom trügerischen wirtschaftlichen Aufschwung in Deutschland. Besonders durch die Zunahme der Kraftfahrzeuge verbreiterte sich die Geschäftsbasis des Unternehmens.

Als 1935 die ARAG gegründet wurde, schrieb die „Sparte“, bestehend aus eben diesen beiden Unternehmen, circa eine Million Reichsmark „Gebühren“-Einnahmen. Es waren wohl diese beiden Fakten – der wirtschaftliche Erfolg von Rechtsschutz und der Eintritt eines zweiten Unternehmens in den Markt – Ursache dafür, dass das Auf-

Abb. 97
Prospekt aus den Anfängen der D.A.S.

sichtsamt über die Frage „Versicherung ja oder nein?" erneut nachdachte. Das Ergebnis: Rechtsschutz erhielt seinen Platz bei den Versicherern. Und das Amt hatte die Aufsichtspflicht über diese Sparte.

Die wirtschaftliche Entwicklung der Unternehmen wurde von dieser Entscheidung, soweit man diese an den Umsatzzahlen festmacht, nicht beeinträchtigt. Freuen konnten sich jedoch die Finanzbehörden: Sie nahmen dies zum Anlass, in erheblichem Umfang Versicherungssteuer nachzufordern. Sehr schmerzhaft für die D.A.S., handelte es sich dabei doch um Geldmittel, die für den weiteren Ausbau des Unternehmens gut gebraucht werden konnten. Insbesondere der Aufbau der Vermittlerorganisation gestaltete sich sehr kostspielig.

Ein Versicherungsgeschäft zu betreiben war eine Sache, als Versicherer zu gelten eine andere. Mit der Feststellung, die D.A.S. und ARAG betrieben Versicherungsgeschäft, waren die Unternehmen gezwungen, ihre Zulassung als solche zu beantragen. Bevor diese Zulassung erteilt wurde, mussten allerdings zahlreiche Auflagen erfüllt werden. Für die D.A.S. dauerte dies schließlich bis 1941, bei der ARAG gar bis nach

Landes war das Volkseinkommen etwa dreimal so groß wie vor dem Krieg. Die Bundesrepublik war zur drittgrößten Industrie- und zur zweitgrößten Handelsmacht der Welt geworden.

Auch die Rechtsschutzbranche partizipierte am Aufschwung. Die beiden Gesellschaften ARAG und D.A.S., noch allein auf dem Markt, konnten ihre Prämieneinnahmen von 1948 bis 1955 auf 19 Millionen DM verzehnfachen. Steigerungsraten bis über 50 Prozent jährlich waren das Ergebnis der günstigen Rahmenbedingungen.

Dabei waren die Produkte der Rechtsschutzversicherer noch die gleichen. Nach wie vor gab es Rechtsschutz nur für den Fahrzeugbereich. Doch während sich die Rechtsschutzversicherer von 1928 bis Kriegsende auf den gewerblichen Güterverkehr konzentrierten, waren nun die Arbeitnehmer die hauptsächliche Zielgruppe. Und die stärksten Argumente deren Auto. Das Symbol des deutschen Wirtschaftswunders, das Indiz dafür, es „geschafft" zu haben.

Eindeutig, es war Bewegung auf Deutschlands Straßen. Und Gefahren. In der Statistik des Jahres 1950 sind bereits 497 277 Kraftfahrzeugunfälle vermerkt. Mit 107811 Verletzten und 4211 Toten. Die wirtschaftliche Seite dabei: Man hatte wieder etwas zu verlieren. Die Stunde des Rechtsschutzes.

Mit dem Leistungspaket rund ums Auto war die Eintrittskarte zu den Haushalten gelöst. Die Unternehmen wollten sich weiter nicht darauf beschränken, nur den Verkehrsbereich anzubieten. Neue Schutzbereiche wurden erschlossen. Mit den ARB 54, den Allgemeinen Rechtsschutzversicherungs-Bedingungen von 1954 kamen der Arbeitsgerichts-Rechtsschutz und der Sozialgerichts-Rechtsschutz. Veränderungen, die für die gesamte Branche bis in die siebziger Jahre bestimmend blieben.

Die Branche bestand nun nicht mehr allein aus ARAG und D.A.S. Der anhaltende Erfolg war nicht unbemerkt geblieben und so kamen ab Mitte der fünfziger Jahre Rechtsschutzunternehmen hinzu: Die Neue Rechtsschutz 1955, die Roland 1957 und die Rechtsschutzunion 1962. Alle gegründet von mehr als einem Kompositversicherer – also Anbietern der gesamten Versicherungspalette. Die erste exklusiv für einen Großkonzern arbeitende Gesellschaft war Gerling Rechtsschutz ab 1962. Nur die DEURAG, gegründet 1956, orientierte sich am spezialisierten Geschäftsmodell der beiden führenden Rechtsschutzgesellschaften, der ARAG und der D.A.S.

Am Ende des Jahrzehntes betrieben insgesamt elf Unternehmen diesen Versicherungszweig. Allesamt mit wachsendem Erfolg.

1969 kam es dann zu einer grundlegenden Reform des Bedingungswerkes. Dem waren intensive Vorarbeiten vorausgegangen. Die Notwendigkeit zu neuen Bedingungen war gegeben, da das bestehende Regelwerk für den geänderten Bedarf, der nach neuen Leistungen verlangte, nicht ausreichend war. Insbesondere die Versicherungsfallbestimmungen hinkten der Entwicklung hinterher. Es wurden also die ARB 69 erarbeitet. Diese Allgemeinen Bedingungen für die Rechtsschutzversicherung sahen erstmals Produkte im Paketsystem vor. Gewissermaßen Leistungsbündel innerhalb dieser Sparte. Eine Vorgehensweise, die bis in die heutigen Tage stilbildend geblieben ist.

Die Anbieterzahl und die wirtschaftliche Bedeutung der Branche wuchsen indes weiter. 1970 gründete die Allianz ihre Rechtsschutztochter, LVM, HUK und Württembergische folgten. Bis Mitte der achtziger Jahre wurden in Deutschland immerhin 29 Unternehmen gegründet. Alle bedeutenden Kompositversicherer verfügten entweder exklusiv oder zusammen mit anderen über eine Rechtsschutztochter.

Die erweiterten Geschäftsmöglichkeiten durch die neuen Produkte und Produktpakete und die Vertriebskraft der neu hinzugekommenen Gesellschaften führten dazu, dass Rechtsschutz weiterhin kräftig und im Vergleich zu anderen Versicherungsarten überproportional wuchs. Von 1969 bis 1976 verdreifachten sich die Prämieneinnahmen, von 1976 bis 1982 verdoppelten sie sich. Erst ab 1975 wuchsen auch für die Rechtsschutzbranche die Bäume nicht mehr in den Himmel. Weder beim Umsatz, noch bei den Erträgen.

Schuld daran war in erster Linie das Kostenrechts-Änderungsgesetz von 1975. Die Folge für die Rechtsschutzversicherer war ein drastischer Kostenanstieg. Wenn es eine „gute alte Zeit" für Rechtsschutz gab, so war sie jetzt vorbei. Die Gebührensätze für Rechtsanwälte wurden per Gesetz kräftig angehoben und Strukturänderungen in der Gebührenberechnung wirkten zudem kostensteigernd. Die Rechtsschutzversicherer konnten dies in dem Ausmaß nicht voraussehen, allerdings wäre bei rechtzeitiger Kenntnis auch durch Rückstellungen der Kostenblock nicht aufzufangen gewesen. Wenn dies schon hinzunehmen war, so musste wenigstens für künftige Entwicklungen vorgesorgt werden. Eine Lösung in Form höherer Beiträge der Versicherten – für ein stark gestiegenes Kostenrisiko. Dafür wollten die Versicherer kämpfen und taten es. Bis zum Bundesverwaltungsgericht.

Der Richterspruch fiel positiv aus und ermöglichte neue Verhandlungen mit dem Bundesaufsichtsamt für das Versicherungswesen.

Diese gestalteten sich langwierig und schwierig. Doch mit einem für alle Parteien fairen Ergebnis. Die so genannte Beitragsangleichungsklausel wurde genehmigt. Danach können die Rechtsschutzversicherer die Prämien bei den Bestandskunden an ein verändertes Kostenniveau anpassen. Die Veränderungsmöglichkeit wird von einem Treuhänder ermittelt. Natürlich mussten im Bestand die Kunden dieser Klausel erst zustimmen. Im Neugeschäft wurde sie fortan vereinbart.

Diese Klausel wirkt bis heute und trägt vor allem dem Umstand Rechnung, dass die Rechtsschutzversicherer von den gesetzlich vorgeschriebenen Gebühren der Rechtsanwälte abhängig sind – und diese nicht beeinflussen können. Die Existenzfähigkeit der Versicherer, dies kann, in Kenntnis der Justizkostenerhöhungen der vergangenen Jahrzehnte, rückwirkend betrachtet festgestellt werden, ist maßgeblich durch diese Klausel gesichert worden.

Der Fall der innerdeutschen Mauer und die Wiedervereinigung markieren für die Rechtsschutzversicherer den nächsten Meilenstein.

Nach dem anfänglichen Freudentaumel musste die gesamte Republik kräftig zupacken. Die Wiedervereinigung stellte die Wirtschaft vor große Herausforderungen. Das galt selbstverständlich auch für die Versicherungsbranche und speziell für die Sparte Rechtsschutz. Die ehemaligen DDR-Bürger kannten die Rechtsschutzversicherung, wenn überhaupt, nur aus der Werbung im Westfernsehen. Die Macht-

Abb. 100 Verkehrsunfall in der DDR.

haber, zunächst in der Sowjetzone, dann in der DDR, hatten keinen Wert darauf gelegt, den Bürgern eine Rechtsschutzversicherung anzubieten. Deshalb führte die staatliche Versicherungsgesellschaft der DDR die Sparte nicht in ihrem Programm. Trotzdem entwickelte sich der Bestand in den neuen Ländern sprunghaft. Die Sparte profitierte von einer Motorisierungswelle, die in den ersten Jahren des vereinigten Deutschlands den Osten durchlief. Mit beträchtlichen Vertriebsanstrengungen – und hohen Kosten – gelang es den Rechtsschutzversicherern sehr schnell, in über 30 Prozent der Haushalte ihr Produkt zu platzieren. Die Versicherungsdichte in Rechtsschutz in den neuen Bundesländern liegt nach einem weiteren Anstieg im Jahr 2000 bei etwa 35 Prozent.

Lange angekündigt und argwöhnisch erwartet wurde der 1. Juli 1994. Es war der Tag, an dem die Genehmigungspflicht für die Allgemeinen Versicherungsbedingungen entfiel. Diese Entscheidung vom Gesetzgeber wurde in der Überzeugung getroffen, dass durch mehr Wettbewerb zwischen den Versicherern die Kunden die Gewinner sein können. Die Versicherer sahen mehrheitlich ein anderes Szenario auf die Verbraucher zukommen.

Vor diesem Tag waren die Bedingungen aller Anbieter weitgehend vergleichbar. Und dies unter anderem zum Nutzen der Verbraucher, die sich auf einen Service- und Preisvergleich beschränken konnten. Nachdem Rechtsschutz für juristische Laien ein sehr komplexes und schwer beschreibbares Produkt ist, führten die Versicherer ins Feld, dass bei einem Bedingungsvergleich die Verbraucher schnell überfordert sein würden. Eine Vergleichschance also, die von den meisten nicht genutzt werden kann. Vertretbar sind sicherlich beide Ansichten. Und bei Rechtsschutz ist es bis heute nicht zu Aufsehen erregenden Bedingungswerken einzelner Anbieter gekommen. Zwar wurden die Leistungen vielerorts modifiziert, die Eckdaten aber blieben.

Ein anderer Aspekt der Deregulierung war schon vor 1994 zum Tragen gekommen: Aufgrund einer europäischen Richtlinie für die Rechtsschutzversicherung war die strikte Spartentrennung, die in Deutschland seit Bestehen der Rechtsschutzversicherung gegolten hatte, weggefallen. Um Interessenkollisionen zwischen Rechtsschutz- und Haftpflichtversicherung zu vermeiden, konnte die Sparte Rechtsschutz nur in einem selbstständigen Unternehmen unter einer eigenständigen Geschäftsleitung betrieben werden. Aufgrund der Europarichtlinie war es nun möglich, Rechtsschutz zusammen mit anderen Sparten auch innerhalb einer Kompositgesellschaft zu führen. Die

Schadenabwicklung musste dann allerdings in ein selbstständiges Unternehmen ausgegliedert werden. Diese Möglichkeit nutzten einige Versicherer, das heißt sie integrierten die Rechtsschutzbestände in die jeweilige Kompositgesellschaft, die in der Regel früher Muttergesellschaft der Rechtsschutztochter gewesen war. Wiederum andere Versicherer, die vorher Rechtsschutz nicht betrieben hatten, nahmen die Gelegenheit wahr, die Sparte neu aufzunehmen.

Es ist schwierig zu beurteilen, wie sich die neuen bedingungstechnischen und gesellschaftsrechtlichen Freiheiten auf die Entwicklung der Sparte Rechtsschutz ausgewirkt haben. Betrachtet man nur die Zahlen, so ist festzustellen, dass die Beitragseinnahmen in den vier Jahren von 1995 bis 1998 jeweils um etwa 5,5 Prozent stiegen. In dieser Zeit wirkten sich Beitragsanpassungen im Bestand in größerem Umfang aus, dies als Folge der gravierenden Erhöhung der Anwalts- und Gerichtskosten im Jahre 1994. Im Jahre 1998 lagen die Prämieneinnahmen bei 5,1 Milliarden DM. In den Folgejahren wurde nur noch ein geringerer Zuwachs von ein bis zwei Prozent erreicht, 2001 betrug das Prämienaufkommen 5,3 Milliarden DM (2,7 Milliarden EURO).

Rechnet man für die Zeit nach 1994 die Auswirkungen der Prämienerhöhungen im Bestand aufgrund der Beitragsanpassungsklausel heraus, ergeben sich im Vergleich zu früher bescheidene Zuwachsraten. Der Schluss, dass sich die Deregulierung nicht gerade förderlich auf die Geschäftsentwicklung ausgewirkt hat, ist aber nicht zu ziehen. Es sind andere Umstände, die im Rechtsschutzmarkt dazu geführt haben, dass sich das Geschäftsvolumen deutlich langsamer ausweitet: Die für eine Sparte wie Rechtsschutz relativ hohe Versicherungsdichte hat dazu geführt, dass Vermittler immer häufiger auf bereits rechtsschutzversicherte Bürger treffen und damit eine Ausweitung auf breitere Bevölkerungskreise schleppend vorangeht. Dies spiegelt sich auch in der Zahl der versicherten Risiken wider, die nach der Statistik des Versichererverbandes seit einigen Jahren nicht mehr wächst. Im deutschen Rechtsschutzmarkt ist es zu einem Verdrängungswettbewerb gekommen. Dabei spielt auch eine Rolle, dass die Wechselfreudigkeit der Kunden im Vergleich zu früher deutlich zugenommen hat.

Rechtsschutz und Haftpflicht, ein potenzieller Interessenskonflikt?

Für einen Rechtsanwalt ist der Fall klar. Würde er beide Parteien vertreten, läge der Vorwurf des Parteiverrats von einem der Gegner nicht weit. Damit dies bei Rechtsschutzversicherern nicht passieren kann, wurde von der Aufsichtsbehörde schon 1937 der Grundsatz der Spartentrennung festgeschrieben. Damit sollte verhindert werden, dass ein und derselbe Versicherer in einer Auseinandersetzung hinter beiden Kontrahenten steht, zum Beispiel auf der einen Seite als Rechtsschutzversicherer für die Geltendmachung eines Anspruches seines Kunden, auf der anderen Seite als Haftpflichtversicherer mit der Abwehr von Ansprüchen. Nur zu leicht würde sich in der Gesamtschau der Kosten und Risiken die verträglichste Lösung aufdrängen.

Die Spartentrennung war indes nicht neu. Allerdings hatte diese in anderen Versicherungszweigen wie zum Beispiel der Lebens- oder Krankenversicherung eine andere Funktion. Dort sollte verhindert werden, dass Risiken einer Sparte den Verlauf einer anderen beeinträchtigen können. Oder Versicherer aktiv eine Risikomischung von unterschiedlichen Sparten vornehmen.

Aber es dauerte natürlich nicht lange, bis der erste Autoversicherer auf die Idee kam, er könnte das Rechtsschutzgeschäft in einer „eigenständigen" Tochtergesellschaft betreiben. Doch wie weit ist es mit der Eigenständigkeit her, wenn ein Unternehmen zu 100 Prozent abhängig von einem anderen ist? Was ist die Spartentrennung wert, wenn Konzerndirektiven über Gesellschaftsformen hinweg greifen?

Eine Klärung der Frage erfolgte durch eine Entscheidung der Beschlusskammer des Bundesaufsichtsamtes für das Versicherungswesen. Demzufolge ist der Betrieb unter zwei Auflagen gestattet: Zum einen sollte kein Vorstandsmitglied, kein Prokurist, kein Handlungsbevollmächtigter und kein Schadensachbearbeiter bei beiden Gesellschaften zugleich tätig sein, zum anderen dürfte im Außendienst niemand Schadenbearbeitung und Rechtsberatung in solchen Fällen ausüben, in denen Rechtsschutz und Haftpflicht beansprucht werden könnten und beide Verträge zum Bestand des Außendienstes gehören.

Den beiden großen im Markt, der ARAG und der D.A.S. war dies nur recht. Sie waren auf Rechtsschutz spezialisiert, ihre Außendienste waren voll auf diese Sparte eingeschworen. Das EG-Recht sollte jedoch die Situation verändern. In den siebziger Jahren konnte der erste Versuch noch abgewehrt werden. Am 22. Juni 1987 aber war es dann so weit: Die Richtlinie des Rates zur Koordinierung der Rechts- und Verwaltungsvorschriften für die Rechtsschutzversicherung schrieb vor, das Spartentrennungsgebot nach deutschem Muster bis spätestens 30. Juni 1990 aufzuheben. Versöhnlich war die Direktive aus Brüssel durch Vorgaben, die auch in Zukunft die Interessenkollision vermeiden helfen sollte. Drei Möglichkeiten wurden dazu den Ländern angeboten:

- Personaltrennung zwischen Rechtsschutzschaden und anderen Unternehmensaufgaben,
- die Ausgliederung von Schadenbearbeitung für Rechtsschutz in ein rechtlich selbstständiges Unternehmen und
- die Möglichkeit, die Interessenwahrung von Anfang an einem Rechtsanwalt zu übertragen.

Der deutsche Gesetzgeber hat sich schließlich für die Variante der Ausgliederung von Schadenbearbeitung in ein rechtlich selbstständiges Unternehmen entschieden und dies gesetzlich verankert. Eine Reihe von Unternehmen hat von dieser Regelung Gebrauch gemacht und Schadenregulierungs-GmbHs gegründet.

Des Kunden freie Anwaltswahl

Die Rollenverteilung von Anwaltschaft und Rechtsschutzversicherer unterlag mit zunehmendem Erfolg und damit stärker werdenden Versicherern immer wieder kritischen Betrachtungen. Anwälte verstehen sich als Organe der Rechtspflege. Nur die freie Anwaltswahl, ohne steuernden Eingriff von Versicherern, kann im Sinne der Rechtssuchenden sein, so die Anwaltschaft. Die Nachfragemacht der Rechtsschutzversicherer entzündete die Kritik der Anwaltschaft, die in der Befürchtung gipfelte, die Berufsordnung der Rechtsanwälte könnte zu einer Art Kassenarztsystem umgeformt werden. Der schärfste Kritiker der Sparte, Rechtsanwalt Brangsch, tönte 1957 im Anwaltsblatt: „Wird dieser Entwicklung nicht Einhalt geboten, so muss mit einer ähnlichen Denaturierung der Rechtspflege gerechnet werden, wie wir sie bereits aus dem Gesundheitswesen kennen."

Für die Versicherer war diese Äußerung so unnötig wie unzutreffend. War doch die freie Anwaltswahl Praxis. So kehrte Anfang der sechziger Jahre denn auch Ruhe in die Gemüter ein.

Später kam es zu einem Aufleben der Diskussion. Im Juni 1990 wurde das Recht auf freie Anwaltswahl im Rahmen des zweiten Durchführungsgesetzes zum VAG in § 158 VVG verankert. Danach ist der Versicherungsnehmer berechtigt, zu seiner Vertretung in Gerichts- und Verwaltungsverfahren den Rechtsanwalt, der ihn vertreten soll, aus dem Kreis von Rechtsanwälten, deren Vergütung der Versicherer trägt, zu wählen. Klartext: Die Versicherer gewährleisten die freie Auswahl aus dem Kreis der Rechtsanwälte zu den Gebühren der Bundesrechtsanwalts-Gebühren-Ordnung.

In der Vorbereitung zu den ARB 94 war daran gedacht worden, diese Formulierung in die Allgemeinen Bedingungen zu übernehmen.

Ob sich der Kunde immer einen Gefallen tut, wenn er ohne Beratung von seinem Wahlrecht Gebrauch macht, darf bezweifelt werden. Bei einem vermehrten Anstieg von Gesetzen und Bestimmungen sind die Anwälte zunehmend gezwungen, sich zu spezialisieren. Andererseits hat die Zahl der niedergelassenen Anwälte sich von Anfang der neunziger Jahre bis heute verdoppelt, sodass der einzelne Anwalt aus wirtschaftlichen Gründen die unterschiedlichsten Mandate annehmen muss. Ob das Mandat bei ihm gut aufgehoben ist oder nicht, erweist sich oft erst später. In dieser Situation kann es für den Versicherungsnehmer nur von Vorteil sein, wenn ihm von fachkundiger Seite Empfehlungen genannt werden. Namen von Fachanwälten oder Anwälten mit eben der geforderten Expertise.

Dreiecksbeziehung Versicherer, Anwalt, Kunde

Wie ist das nun? Der Kunde hat einen Rechtsstreit. Er geht zum Anwalt. Die Rechnung zahlt der Versicherer. Wer ist der Auftraggeber, welche Rechte und Pflichten hat wer?

Die Ordnung der rechtlichen Beziehungen zwischen Versicherer, Anwalt und Kunde ist heute eindeutig gelöst. Während noch bis in die fünfziger Jahre davon ausgegangen wurde, dass der Auftrag für das Mandat vom Versicherer kommt – in den ARB 54 stand noch, dass der Rechtsanwalt den Auftrag zur Wahrnehmung der rechtlichen Interessen des Versicherungsnehmers ausschließlich durch den Versicherer erhält –, wurde in den ARB 69 festgestellt, dass der Rechtsanwalt durch den Versicherer namens und im Auftrag des Versicherungsnehmers tätig wird. Noch deutlicher wird es durch die Bedingungen von 1994. Dort steht zu lesen: „Wenn der Versicherungsnehmer den Rechtsanwalt nicht bereits selbst beauftragt hat, wird dieser vom Versicherer im Namen des Versicherungsnehmers beauftragt."

Oft gescholten und kritisch beäugt wird die Prüfung der Erfolgsaussichten durch die Versicherer. Auch junge Juristen, die als Berufsanfänger zu der Rechtsschutzversicherung kommen, sind meist der Auffassung, dass deren Hauptaufgabe in der Prüfung der Erfolgsaussichten der Rechtsverfolgung liegt. Dies ist jedoch völlig falsch. Es geht um andere Aufgaben: zum Beispiel Prüfung der Eintrittspflicht, was die Fragestellung betrifft, ob der Fall versichert ist, oder die Frage, ob der Anwalt richtig abgerechnet hat. Schon vor Jahren wurde die Quote der Ablehnungen wegen fehlender Erfolgsaussichten mit nur einem Prozent angegeben, heute sind eher Promillesätze anzunehmen.

Trotzdem kommt dem Gesichtspunkt der Erfolgsaussichten eine ganz maßgebliche Außenwirkung zu. Denn er betrifft die Vertrauensgrundlage zwischen den Parteien. Und dies in der Fragestellung, ob dem Versicherer der Kunde die möglicherweise auftretenden Kosten wert ist.

Es wurden daher von Anfang an Regularien geschaffen, die diese Beurteilung objektivieren konnten. Nennenswert sind zwei Verfahren, der Stichentscheid und das Schiedsgutachterverfahren. Beim Stichentscheid hat der vom Kunden gewählte Rechtsanwalt die letzte Entscheidung. Diese ist dann im Regelfall vom Versicherer zu akzeptieren. Das Schiedsgutachterverfahren ist weit komplizierter. Diese in den Rechtsschutzbedingungen von 1994 verankerte Variante sieht vor, dass bei Meinungsverschiedenheiten über die Erfolgsaussichten bzw. die Mutwilligkeit der Rechtsverfolgung ein vom Präsidenten der Rechtsanwaltskammer genannter, bereits fünf Jahre zur Anwaltschaft zugelassener Rechtsanwalt entscheiden sollte. Doch das Verfahren stellte sich als umständlich und zeitaufwändig heraus. Dies führte dazu, dass schon mit den folgenden Bedingungen, den ARB 2000, der Stichentscheid wieder eingeführt wurde.

Klar ist, von der Fallzahl her könnte dieser Sachverhalt vernachlässigt werden. Dass dazu dennoch erhebliche inhaltliche Kontroversen geführt wurden, ist in dem Umstand zu sehen, dass Kunden gelegentlich vorgeworfen wurde, in der Beitragszahlung einen „Freifahrtschein“ für rechtliche Auseinandersetzungen zu sehen. Doch auch diese Diskussionen sind heute weitgehend beendet, nachdem die Versicherer bedingungsseitig gegengesteuert haben und durch Untersuchungen belegt ist, dass der Vorwurf, unsinnige Verfahren würden durch Rechtsschutz bezahlt, nicht haltbar ist.

Wie alle Versicherer, so hat auch der Rechtsschutz mit zahlreichen Vorurteilen zu kämpfen. Möglicherweise sogar mehr als andere Versicherungszweige. Rechtsschutz sei zu teuer, oder wenn man einen Schadensfall habe, sei der sowieso nicht versichert. So die beiden substanziell interessantesten Vorurteile.

Tatsächlich ist Rechtsschutz mittlerweile prämienseitig in Regionen angelangt, die im Vertrieb nach sehr guten Verkaufsargumenten verlangen. Doch diese Prämien sind von den Versicherern nur bedingt beeinflussbar. Der größte Kostendruck entsteht seitens der externen Partner: der Anwaltschaft und der Gerichte. Die Verfahrenskosten über beispielsweise 5000 Euro können in zwei Instanzen den Wert der Sache übersteigen. Dabei sind etwaige Sachverständigengutachten noch nicht berücksichtigt. Gerechtigkeit und Rechtsprechung sind ein kostspieliges Gut geworden. Die Versicherer bieten dafür als Wirtschaftsunternehmen eine Absicherungsmöglichkeit, die, wie bei jedem verantwortungsvollen Kaufmann, kostendeckend sein muss.

Und dass nicht alle Streitfälle versichert sein können ist ebenso einleuchtend. In einigen Bereichen sind potenzielle Verfahren sehr wahrscheinlich bzw. sogar vorhersehbar. So z. B. beim Baurisiko. Juristische Auseinandersetzungen in Zusammenhang mit der Errichtung einer Immobilie sind einerseits sehr wahrscheinlich, andererseits auch sehr teuer. Im Familien- und Erbrecht und dem Recht der Handelsgesellschaften gilt Ähnliches. Würden die Versicherer diese Risiken einschließen wollen, so ergäbe sich eine Prämienhöhe, die allenfalls von den so genannten Bedarfern bezahlt würde. Unter Bedarfern muss die Zielgruppe verstanden werden, die auf Grund der eigenen Risikoeinschätzung annähernd bereit ist, jede Summe für den Versicherungsschutz zu bezahlen. Dies rein aus der Erkenntnis heraus, dass der Schadensfall teurer werden wird.

Die derzeit von der Versicherungswirtschaft angebotenen Produkte stellen ein ausgewogenes Verhältnis zwischen Bezahlbarkeit und Deckungsumfang dar.

Mittlerweile ist anerkannt, dass die Rechtsschutzversicherung einen wichtigen Beitrag zur Chancengleichheit aller vor Gericht leistet. Nicht reich dominiert arm. Nicht der längere „Atem" bestimmt über den Ausgang des Verfahrens. Rechtsschutz wird daher von vielen als das geeignete Instrument zur Beseitigung der finanziellen Rechtswegsperre gesehen.

Ausgehend hiervon tauchten immer wieder Stimmen auf, die eine Pflicht-Rechtsschutzversicherung forderten. Diese Idee wurde beispielsweise 1973 auf dem Bundesparteitag der SPD diskutiert. Als Ergebnis wurde der Bundesregierung empfohlen, die Einführung einer allgemeinen gesetzlichen Rechtsschutzversicherung im Rahmen der Sozialversicherung zu prüfen.

Heute kann diese Diskussion angesichts der beschränkten finanziellen Möglichkeiten – eine weitere Steigerung der Lohnnebenkosten kann für die deutsche Wirtschaft nicht in Betracht kommen – als beendet betrachtet werden. Trotzdem zeigt sie deutlich, dass die sozialpolitische Idee, die diesem Versicherungszweig zugrunde liegt, erkannt und akzeptiert wird.

Dass auf der anderen Seite häufig behauptet wird, Rechtsschutzversicherer tragen in erheblichem Umfang dazu bei, die Gerichte zu belasten, scheint für den einzelnen Rechtssuchenden, dem sein Anliegen wichtig ist, nicht gerecht zu werden. Doch auch für die allgemeine Betrachtung kann man spätestens seit 1993 getrost von einem Ende dieser Legende sprechen. Dies war das Jahr, in dem die Bundesregierung einen Auftrag an die Rechtstatsachenforschung gab. Heraus kam im Wesentlichen das Gleiche wie schon 1989 bei einer Arbeit von Blankenburg und Fiedler. Sie fanden heraus, dass es keine signifikanten Unterschiede zwischen Rechtsschutzversicherten und nicht Versicherten im Streitverhalten gibt. So auch 1993. Der Untersuchungsbericht der Gießener Professoren Jagodzinski und Raiser stellte per Saldo fest, dass Rechtsschutzversicherte zwar häufiger und hartnäckiger prozessieren, dass aber die Erfolgsquote von der der sonstigen Verfahren nicht abweicht. Dies ist der entscheidende Aspekt. Denn nur wenn deren Erfolgsquote niedriger läge, würde es sich um eine von der Rechtsordnung letztlich zu missbilligende Mehrbelastung der Gerichte handeln. Die damalige Bundesjustizministerin Leutheusser-Schnarrenberger resümierte die Untersuchung mit der Erkenntnis, dass Rechtsschutzversicherte und deren Rechtsanwälte von dem Versicherungsschutz ganz überwiegend erfolgreich Gebrauch machen. Die Notwendigkeit eines gesetzgeberischen Eingriffs wurde von ihr ausdrücklich verneint.

Das Geheimnis des Erfolges von Rechtsschutz in Deutschland

Zweifellos, die Idee Rechtsschutz ist in Deutschland nach 75 Jahren immer noch erfolgreich. Fünfzig Rechtsschutzversicherer haben über 43 Prozent der Haushalte versichert. Die Branche schreibt 2,7 Milliarden Euro Beitragseinnahme. Drei Millionen Rechtsfälle werden Jahr für Jahr gedeckt. Diese Zahlen kann man getrost als Ausweis für Erfolg bezeichnen.

Rechtsschutz ist innerhalb der Versicherungssparten Deutschlands jung. Trotzdem hat er seinen Platz gefunden. Will man den Erfolg der deutschen Rechtsschutzversicherer allerdings bewerten, so ist ein Blick über die Grenzen unerlässlich. Dabei wird klar, dass der internationale Vergleich klar zugunsten der deutschen Versicherer ausfällt. Über die Hälfte der europäischen Beitragseinnahmen dieser Sparte stammt aus Deutschland. Bei anderen Versicherungszweigen ist dies nicht so. Da drängt sich die Frage auf, warum die Rechtsschutzversicherung in Deutschland erfolgreicher ist als anderswo.

Ganz sicher profitieren die deutschen Rechtsschutzversicherer heute noch von dem Bild, das in der Öffentlichkeit von diesem Versicherungszweig in der Zeit der Spartentrennung aufgebaut wurde. Das Bild einer privatwirtschaftlich organisierten, aber neutralen Organisation zur Unterstützung in Rechtssachen. Dieses Ansehen ist wichtig. Die starke Profilierung des Produktes und derer, die dieses Produkt vertreiben, zeichnet ein unverwechselbares Bild. Dies wiederum gilt als Voraussetzung für Verlässlichkeit und Stärke eines ganzen Versicherungszweiges.

Diese Stärke ist es, die von allen gehütet werden muss, gerade bei sich schnell ändernden Bedingungen. Dabei bleibt die Frage offen, ob weitere Produktdiversifikationen tatsächlich helfen, den Markt weiter zu erschließen. Zweifel sind angebracht. Eine Konzentration auf die Kernbereiche des Rechtsschutzes kann allen Marktteilnehmern Klarheit vermitteln.

Was sind nun die Gründe für die außerordentlich erfolgreiche Entwicklung des Rechtsschutzes in Deutschland?

Seit jeher war in Deutschland eine relativ genaue versicherungstechnische Kalkulation für die Rechtsschutzversicherung möglich. In

Deutschland existieren ausgeprägte gesetzliche Regelungen im Kostenbereich. Das bezieht sich sowohl auf die Anwalts- und Gerichtskosten wie auf die Regelungen der Kostenerstattung im Schadensersatz- und im Prozessrecht.

Die bis in die neuziger Jahre geltende Spartentrennung hatte dazu geführt, dass sich die Rechtsschutzversicherung zu einer völlig eigenständigen Sparte entwickeln konnte. In den selbstständigen Rechtsschutzgesellschaften waren Vorstände und Mitarbeiter ausschließlich damit beschäftigt, ihre Sparte zu fördern. Die Spartentrennung hat auch verhindert, dass Rechtsschutz als „Anhängsel" zu anderen Versicherungsprodukten, das heißt als Ausschnittsdeckung mit geringer Prämie angeboten wurde, wie dies zum Beispiel in Frankreich im Verkehrsbereich der Fall war und ist.

Die Geschäftspolitik der deutschen Rechtsschutzversicherer zielte bislang stets darauf ab, ihre Produkte in umfangreicheren Paketen anzubieten, aus denen einzelne Bestandteile in der Regel nicht herauszulösen waren. So umfasst zum Beispiel die bis heute gängige Kombination für Nichtselbstständige mehr als zehn Leistungsarten wie den Arbeits-Rechtsschutz, den Schadensersatz-Rechtsschutz usw., die nicht einzeln versichert werden können. Das führt zu einem relativ hohen Prämienvolumen pro Vertrag, bringt für den Versicherer einen Risikoausgleich mit sich und verhindert Deckungslücken für den Versicherten.

Nicht zu unterschätzen ist auch die Pionierarbeit der beiden ersten Rechtsschutzversicherer D.A.S. und ARAG, die nach dem Krieg bis in die achtziger Jahre hinein mit großen, spezialisierten Außendienstmannschaften ausschließlich Rechtsschutz verkauften und so ganz maßgeblich für die Verbreitung der Idee der Rechtsschutzversicherung sorgten. Dazu trug auch ihre Werbung bei, die den Rechtsschutzgedanken allgemein bekannt machte. Der D.A.S. Slogan „Wir wollen, dass Sie Ihr Recht bekommen" wurde zu einem geflügelten Wort.

So weit ein Versuch, den fruchtbaren Boden in Deutschland zu beschreiben. Doch vermutlich wäre die Entwicklung so nicht eingetreten, wenn die wirtschaftlichen Voraussetzungen, nach dem Krieg mit dem Wirtschaftswunder bis heute, nicht so günstig gewesen wären. Rechtsschutz ist in Deutschland ein Versicherungsprodukt, das man sich leistet und leisten kann. Dass dazu die hohe Akzeptanz der Rechtsschutzidee in Deutschland kam, damit mögen sich Psychologen, Soziologen oder Politologen beschäftigen.

Die Rechtsschutzversicherung wird in Deutschland auch in der Zukunft eine bedeutende Rolle spielen. Anwalts- und Gerichtskosten haben Größenordnungen erreicht, die schon heute das Kostenrisiko rechtlicher Auseinandersetzungen für viele nicht mehr tragbar erscheinen lassen. Die Anwalts- und Gerichtskostenerhöhung, die der Gesetzgeber derzeit gerade auf den Weg bringt, wird diese Situation noch verschärfen. Dies in zweierlei Hinsicht. Die Nichtversicherten werden nochmals höhere Kosten zu tragen haben und die Versicherten werden mit höheren Prämien belastet werden müssen. Die, die sich bislang bereits an der Grenze der Finanzierbarkeit ihrer Sache wähnten, werden sich nun zurückziehen und die, denen Rechtsschutz schon heute teuer erschien, werden morgen kündigen oder nicht abschließen. Dem einen oder anderen mag dies nebensächlich erscheinen. Zu leicht wird dabei übersehen, dass das Vertrauen der Bürger in diesen Staat auch davon abhängt, wie man in Streitsituationen behandelt wird. Wie real die Rechtswegegarantie für den Einzelnen ist. Wie viel die Rechtswegegarantie bei knapper Kasse wert ist. Die Rechtsschutzversicherung ist ein Teil unserer rechtlichen Welt. Ein Teil, der Kostenbarrieren überwinden hilft.

Und damit ein Stück Gerechtigkeit für jeden.

Abb. 101 Justizia – Sinnbild für Recht und Gerechtigkeit.

Anhang

75 Jahre Rechtsschutz in Deutschland – die D.A.S. Chronik

1928

Gründung am 27. März 1928 in Berlin unter dem Namen „D.A.S. Deutscher Automobil Schutz Aktiengesellschaft". Zunächst nicht als Versicherungsgesellschaft anerkannt, deswegen anfangs „Dienstleistungsunternehmen". Gründer der Gesellschaft ist Baron Henry de Blonay, Chef der Schweizer D.A.S.

Das Grundkapital beträgt 250 000 Reichsmark (RM). Schweizerische und deutsche Aktionäre.

Vorstand der D.A.S. ist Fritz Lübben.

Die ersten Büroräume werden in der Eichhornstraße 1 in Berlin bezogen.

Abb. 102 Der erste Sitz der D.A.S.: Berlin, Eichhornstraße 1.

Abb. 103
Fritz Lübben * 10. 10. 1895
† 12. 7. 1968.

1929

Aufbau einer nebenberuflichen Vertreterorganisation. Unterstützend schließt die D.A.S. mit der Agrippina, der führenden Versicherungsgesellschaft in der Kraftfahrtversicherung, eine Arbeitsgemeinschaft („Agrippina-Abkommen").

Trotz Weltwirtschaftskrise steigern sich die Einnahmen auf 87 000 RM.

Ursprünglich hegt der erste Vorstand der D.A.S. die Hoffnung, Vertreterorganisationen anderer Gesellschaften auf Provisionsbasis einspannen zu können. Keine leichte Aufgabe, denn sowohl die Automobilclubs als auch die Versicherer sind der neuen Sparte nicht wohl gesonnen. Nicht „Konkurrenz belebt das Geschäft" ist deren Leitsatz, sondern ihre Befürchtung, Mitglieder oder Versicherungsnehmer zu verlieren. Dennoch: 1929 gelingt es Fritz Lübben, dem damaligen Vorstand der

D.A.S., mit dem damals größten Kraftfahrtversicherer, der Agrippina in Köln, ein Vertriebsabkommen zu unterzeichnen. Lübben persönlich instruiert die wichtigsten Agrippina-Vertreter in ganz Deutschland und erreicht durch diese Außendienstmannschaft eine gut wachsende Bekanntheit des Rechtsschutzes.

Der Erfolg des Abkommens bleibt jedoch aus. Die Vertreter der Agrippina stellen schnell fest, dass Rechtsschutz den Kraftfahrern sympathisch ist, diese aber nach Beitritt zur D.A.S. vielfach die Vollkasko-Versicherung kündigen.

Bereits ein Jahr später, 1930, beendet die Agrippina dieses Abkommen. D.A.S. Vorstand Lübben nimmt die Herausforderung an, eine eigene Organisation aufzubauen. Eine Aufbauleistung, die Zeit dauerte und viel Geld erforderte.

Abb. 104
Das erste D.A.S. Logo.

1930

„Agrippina-Abkommen" wird nach einem Jahr aufgelöst.

Die D.A.S. beginnt mit dem Aufbau einer hauptberuflichen Vertreterorganisation. Mit den drei bestehenden D.A.S. Gesellschaften in Frankreich, der Schweiz und in Belgien werden Interessen-Gemeinschaftsverträge abgeschlossen, die durch gegenseitige Hilfe der angeschlossenen Teilnehmer den Rechtsschutz in vielen europäischen Ländern gewährleisten.

1931

Wegen der anhaltend schlechten Wirtschaftslage schließt die D.A.S. am 31. 12. 1931 mit einem Verlust in Höhe von 76335 RM ab.

1932

Der Verwaltungsrat beschließt die Sanierung der Gesellschaft und die Tilgung des Verlustes durch Kapitalzusammenlegung.

Der Verlust liegt bei 164378 RM.

1933

Die Kraftverkehrswirtschaft erlebt einen Aufschwung, diverse Steuererleichterungen führen zu einem Anwachsen der Kraftfahrzeughaltung.

Abb. 105
Auto mit D.A.S.-Plakette.

1934

400000 RM Gebühreneinnahme als Dienstleistungsbetrieb – ein Zuwachs von 55 Prozent im Vergleich zum Vorjahr – ist das Ergebnis der wachsenden Autodichte und der motivierten Vertreterorganisation.

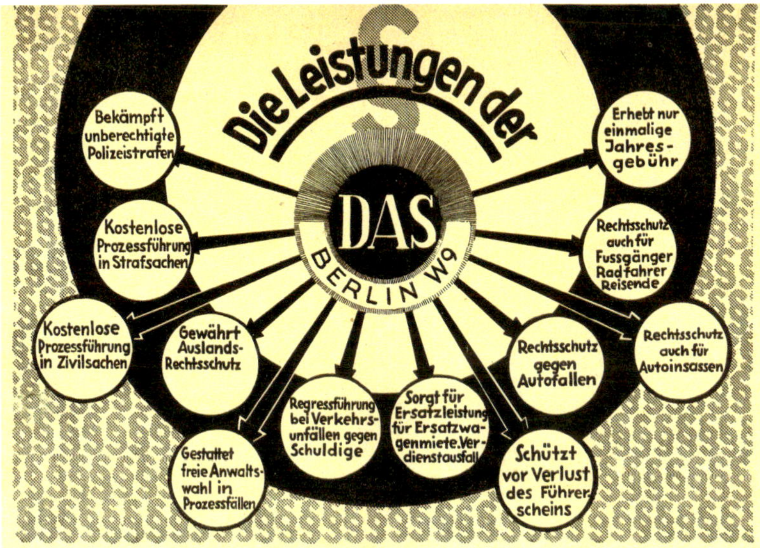

Abb. 106 D.A.S.-Werbung im Jahr 1936.

1935

Die Einnahmen belaufen sich auf 646 000 RM, die D.A.S. hat bereits 16 000 „Automobilisten" als Mitglieder.

Das Reichsaufsichtsamt für Versicherungswesen deklariert die D.A.S. nun offiziell zur Versicherungsgesellschaft, die Zulassung erfolgt aber erst 1941.

1936

Geschäftlich geht es weiter aufwärts: Eine Million RM Gebühreneinnahmen werden erzielt.

1937

Wegen der „nichtarischen" Herkunft Fritz Lübbens wird, auf Druck der Politik, Joachim von Stein-Lausnitz als zweiter Vorstand in die Geschäftsleitung berufen.

Die D.A.S. erzielt 1 500 000 RM Gebühreneinnahmen.

Umzug von der Eichhornstraße in die Potsdamer Straße 29, die Zahl der Büromitarbeiter in der Direktion wächst auf 53 Angestellte.

Abb. 107
Joachim von Stein-Lausnitz
* 12. 5. 1907 – † 1. 05. 1963.

1938

Die verbesserte finanzielle Lage der D.A.S. ermöglicht den Erwerb eines eigenen Hauses in Berlin in der Mittelstraße 36. Im Hinblick auf eine künftige Expansion wird das Gelände in der Kaiserallee 38 gekauft.

Die Gebühreneinnahmen belaufen sich auf 1 738 000 RM.

1939

Kurz vor dem Ausbruch des Zweiten Weltkriegs nähern sich die Prämieneinnahmen der Zwei-Millionen-Reichsmark-Grenze.

Der Kriegsbeginn markiert einen Rückschlag für die D.A.S. Private Fahrzeuge werden zum Teil stillgelegt und viele D.A.S. Mitarbeiter werden zur Wehrmacht eingezogen.

1941

Offizielle Zulassung als Versicherungsgesellschaft.

Verlegung des Firmensitzes von Berlin nach München. Die D.A.S. firmiert nun als Deutscher Automobil Schutz Rechtsschutz-Versicherungs-AG, München.

Die Beitragseinnahmen sinken kriegsbedingt auf 787 500 RM.

1939 drängt das Reichsaufsichtsamt für Privatversicherung darauf, die wegen des Kriegsbeginns unterbrochenen Zulassungsverhandlungen der D.A.S. als Versicherungsunternehmen erneut in Angriff zu nehmen. Vor allem das Thema „Kapitalerhöhung" wird 1940 als Druckmittel gegen de Blonay wieder auf die Tagesordnung gesetzt. Das Reichsaufsichtsamt erwarte Vorschläge von Baron de Blonay oder die D.A.S. werde aufgelöst.

Politischer Hintergrund dieses Drucks ist, dass die Nationalsozialisten maßgeblich Einfluss auf die Geschäfte der D.A.S. nehmen wollen; sie soll mit dem nationalsozialistischen DDAC (Der deutsche Automobilclub) fusioniert werden, um damit den Einfluss parteipolitischer Strömungen zu ermöglichen sowie die für den Club bestehende Konkurrenz auszuschalten.

Henry de Blonay nimmt das Ultimatum der Nationalsozialisten an, um die Existenz der D.A.S. zu erhalten. Die Zwangsmajorisierung der deutschen und Schweizer Aktionäre durch den DDAC wird mit der Generalversammlung vom 5. Februar 1941 vollzogen, der DDAC kann damit das D.A.S. Geschäft für sich nutzen. Auch die Geschäftsleitung, die Direktoren Joachim von Stein-Lausnitz und Fritz Lübben, müssen ihren Aktienbesitz dem DDAC ausliefern. Vom DDAC wird der Mitarbeiter deren Rechtsabteilung, Dr. Hans Grassmann, zum Vorsitzenden des Vorstandes der D.A.S. ernannt. Das ehemalige Vorstandsmitglied Lübben, unter den Nazis wegen seiner jüdischen Herkunft zum Organisationsdirektor degradiert, muss 1943 aus der D.A.S. ausscheiden. Auch von Stein-Lausnitz, der dem Vorstand bereits vor der Machtübernahme der D.A.S. durch den DDAC angehört, wird 1944 aus dem Vorstand gedrängt, sein Name aus dem Handelsregister gelöscht, ohne dass ihn die Nationalsozialisten davon unterrichten. Die Gleichschaltung des Unternehmens D.A.S. im Sinne der Nationalsozialisten ist vollzogen.

Entnazifizierung

Der vom DDAC eingesetzte Vorstand und Aufsichtsrat der D.A.S. wird auf Anordnung der amerikanischen Militärregierung am 31. Juli 1945 entlassen. Lediglich der Gründer und frühere Hauptaktionär Baron Henry de Blonay verbleibt. Direktor Lübben wird rehabilitiert und am 1. August 1945 als kommissarischer Vorstand berufen.

Im Zuge der Entnazifizierung wird der größte Teil der Büroangestellten entlassen.

Direktor von Stein-Lausnitz wird durch Verfügung des Bayerischen Staatsministeriums für Wirtschaft am 14. Februar 1946 zum kommissarischen Vorstand ernannt. Durch seine Bemühungen wird die D.A.S. von der Militärregierung wegen Zwangsmajorisierung nicht als nationalsozialistisches Unternehmen angesehen.[1]

[1] Durch die Kriegswirren sind Teile der Historie nicht mehr rekonstruierbar. Viele Unterlagen wurden Opfer der Bombenangriffe. Die genannten Informationen sind schriftlichen Zusammenfassungen aus den fünfziger Jahren von Zeitzeugen entnommen.

1942/43

Belebung des Neugeschäfts durch eine Ausdehnung des Geschäftsbetriebes auf die neuen Protektorate im Osten. Prämieneinnahmen: 1 328 000 RM.

1943

Direktor Fritz Lübben muss auf Betreiben des DDAC wegen seiner jüdischen Herkunft aus der D.A.S. ausscheiden.

1943/44

Durch den Bombenkrieg müssen die Münchner Büroräume mehrfach gewechselt werden: Schönfeldstraße 36, Residenzstraße 27 (Preysing-Palais), Arcisstraße 13. Auch das Gebäude in der Arcisstraße ist teilweise Opfer eines Bombenangriffes, wodurch ein Teil des Büroinventars zerstört wird.

1945

Nach Ende des Zweiten Weltkriegs fängt die D.A.S. praktisch am Nullpunkt an. Immerhin betragen die Einnahmen am Jahresende wieder 184000 RM.

Wiederaufnahme des Geschäftsbetriebes und Wiederaufbau der Vertreter-Organisation.

1946

Umzug in die Christophstraße 12. Direktor von Stein-Lausnitz wird durch Verfügung des Bayerischen Staatsministeriums für Wirtschaft am 14. Februar 1946 zum kommissarischen Vorstand ernannt.

Schon im ersten vollen Nachkriegsjahr gelingt es der D.A.S. den Versicherungsbestand des Jahres 1936, also etwas über eine Mio. RM., zu erreichen.

1947

Bereits 60 Angestellte sind für die D.A.S. tätig. Das Neugeschäft entwickelt sich erfreulich.

1948

Am Tag der Währungsreform, am 20. Juni, erreichen Prämieneinnahmen 1,05 Millionen Reichsmark.

Fritz Lübben und von Stein-Lausnitz verlassen das Unternehmen. Neuer Chef der D.A.S. wird der Rechtsanwalt Eduard Schmitz.

1949

Die Einnahmen steigen auf 2,82 Millionen DM. Die Anzahl der Schäden – in diesem Jahr erstmals exakt erfasst – beträgt 9899.

1950

Durch die Motorisierungswelle beginnt der Aufstieg der D.A.S.

Abb. 108, 109
Preysing Palais (links) und Arcisstraße 13 (unten) – Sitz der D.A.S. in den vierziger Jahren.

1951

In die Rechtsschutz-Bedingungen wird zusätzlich der „Allgemeine Rechtsschutz“ aufgenommen, der die Kosten zur Verfolgung von Haftpflichtansprüchen und Strafverteidigungen aus dem Bereich des Privatlebens deckt.

Die Einnahmen klettern auf rund 3,17 Millionen DM, die Zahl der Schäden wächst auf 18 241.

1953

Die maschinelle Datenverarbeitung wird eingeführt.

1954

Durch die Schaffung neuer Versicherungsbedingungen mit einem breiteren Leistungsangebot entwickelt sich die D.A.S. von der reinen Kfz-Rechtsschutzversicherung zur allgemeinen Rechtsschutzversicherung für viele Lebensbereiche.

Dr. Karl Geller tritt als Vorstandsvorsitzender der D.A.S. in die Gesellschaft ein.

1955

Mit dem „deutschen Wirtschaftswunder“ gelingt der D.A.S. der entscheidende Durchbruch. Die D.A.S. hat mittlerweile 176 Innendienstangestellte und 1095 haupt- und nebenberufliche Mitarbeiter im Außendienst.

Die Beitragseinnahmen steigen auf 12,40 Millionen DM, die Zahl der Schäden auf 57 817.

Mit der D.A.S. Österreich wird die erste Tochtergesellschaft im Ausland gegründet.

1958

Die D.A.S. erweitert ihre ursprüngliche Firmierung um den Zusatz „Allgemeine Rechtsschutz-Versicherungs-AG“.

Die D.A.S. Spanien wird als zweite Auslands-Gesellschaft gegründet.

Die drei Buchstaben „D.A.S.“ und die Plakette sind aus dem Straßenbild nicht mehr wegzudenken. Die Einnahmen wachsen auf fast 25 Millionen DM, die Schadenzahl liegt bei 86 000.

1959

Die D.A.S. Italien wird die dritte ausländische Tochtergesellschaft der D.A.S.

1961

Die Aktienmehrheit (74 Prozent) der D.A.S. geht auf die VICTORIA Gruppe über.

Die Prämieneinnahmen überschreiten die 50-Millionen-Mark-Grenze.

1963

Die D.A.S. Niederlande wird gegründet.

1966

Ein Grund zum Feiern: Die Prämieneinnahmen überschreiten die 100-Millionen- DM-Bestandsgrenze.

1967

Die D.A.S. erreicht einen Marktanteil von 43,7 Prozent innerhalb der deutschen Rechtsschutzversicherer.

1971

Die D.A.S. Belgien wird übernommen, dazu kommt die Gründung von Zweigniederlassungen der D.A.S. in Griechenland und in Luxemburg.

Die Prämieneinnahmen überschreiten die 200-Millionen-Mark-Grenze. 392 680 Schäden werden gezählt.

81 Prozent der bundesdeutschen Erwachsenen kennen das Zeichen der D.A.S.

1975

Die D.A.S. England wird gegründet.

Die Beitragseinnahmen in der D.A.S. belaufen sich im Inland auf 318 Mio. DM.

1977

Der ADAC und die D.A.S. beenden ihre langjährige Kooperation.

1978

Die D.A.S. Rechtsschutz gründet die D.A.I. Versicherungs AG. Als erstes Produkt wird der Schutzbrief, D.A.S. Sicherheitsbrief, angeboten.

Die D.A.S. Versicherungs-AG avanciert sogleich zum Marktführer der Verkehrs-Service-Versicherung unter den im Gesamtverband der Versicherungswirtschaft gelisteten Unternehmen.

Rudolf de Coster wird Unternehmenschef der D.A.S.

1979

Der Sicherheitsbrief ist weiter auf Erfolgskurs: Er erreicht 4,2 Millionen DM Einnahmen in nur eineinhalb Jahren.

1980

Stetes Wachstum: Die Beitragseinnahmen im Rechtsschutz überschreiten die 500 Millionen-Mark-Grenze.

Die Beitragseinnahmen der D.A.S. Versicherung liegen bei über 7 Millionen DM.

1983

Die D.A.S. ist die erste Versicherungsgesellschaft, die für ihre Kunden einen 24-Stunden-Notruf-Service einrichtet.

Die D.A.S. verzeichnet bereits 250000 Schutzbrief-Kunden in fünf Jahren.

In Düsseldorf fällt der Startschuss für eine intensive Vertriebskooperation mit den VICTORIA Versicherungsgesellschaften.

1985

Die VICTORIA erwirbt weitere 16 Prozent der D.A.S. Aktien und besitzt damit rund 90 Prozent, die restlichen zehn Prozent hält die Münchner Rückversicherung.

1986

Die Kraftfahrtversicherung wird aufgenommen.

Die D.A.S. Versicherungs-AG erzielt Beitragseinnahmen in Höhe von 30 Millionen DM.

1988

Zehn Jahre Schutzbrief: Mittlerweile sind 450 000 Schutzbrief-Kunden verzeichnet.

1989

Die D.A.S. erweitert ihr Leistungsangebot um zwei weitere Sparten: die private Unfall- und die private Haftpflichtversicherung.

1990

Die D.A.S. rundet ihr Angebot durch die Aufnahme der allgemeinen Sachsparten sowie der Hausrat- und Wohngebäudeversicherungen ab: Seit 1. 1. 1990 bietet die D.A.S. alle Versicherungssparten außer Lebens- und Krankenversicherungen unter eigenem Namen an.

Die D.A.S. International Rückversicherungs- und Beteiligungs-AG nimmt als Steuerungsorgan der ausländischen Tochtergesellschaften den Geschäftsbetrieb auf.

Abb. 110 D.A.S. Direktionsgebäude in der Prinzregentenstraße 14, München.

Die D.A.S. erzielt 726 Millionen DM Rechtsschutz-Einnahmen.

Mit der Wiedervereinigung Deutschlands engagiert sich die D.A.S. von Beginn an erfolgreich in den neuen Bundesländern.

In der ehemaligen DDR beginnt die D.A.S. mit dem Aufbau eines Vertriebs- und Servicenetzes, die erste Bezirksdirektion wird am 5. Juni 1990 in Erfurt eröffnet.

1993

Gründung der InterAssistance GmbH und Ausbau der Call-Center-Funktionen.

1994

Die D.A.S. übernimmt den Bestand der „alten" Schweizer D.A.S. Gesellschaft und überführt diesen in die neu gegründete D.A.S. Schweiz.

Eröffnung: Am 5. Juli übergibt Vorstandsvorsitzender Rudolf de Coster der Belegschaft das neue Hauptverwaltungsgebäude in München-Neuperlach.

1995

Das Geschäft wird auf Osteuropa ausgeweitet: Die D.A.S. Tschechien wird gegründet.

Die D.A.S. erreicht im Inland 770 Millionen DM Rechtsschutz-Einnahmen, die D.A.S. Versicherungs-AG verzeichnet 458 Millionen DM. Die Auslandsbeitragseinnahmen belaufen sich auf 329,9 Millionen DM.

1996

Eröffnung einer Zweigniederlassung der D.A.S.-Großbritannien in Irland.

1997

VICTORIA, DKV, Hamburg-Mannheimer und D.A.S. schließen sich zur ERGO Versicherungsgruppe AG, der zweitgrößten Erstversicherung in Deutschland, zusammen.

Die D.A.S. gründet in der Slowakei eine Rechtsschutz-Gesellschaft.

Abb. 111
Das Direktionsgebäude der D.A.S. in München in der Thomas-Dehler-Straße (Innenansicht).

1998

Die D.A.S. erhält die Mehrheitsbeteiligung an der Hamburg-Mannheimer Rechtsschutz AG.

2000

Die D.A.S. Polen wird als zwölfte Auslandstochter gegründet.

Mit der Gründung der D.A.S. ProFi AG erfolgt die Aufnahme des Geschäftsbetriebes in der Prozessfinanzierung.

Wulf Nibbe wird Vorstandsvorsitzender der D.A.S.

2001

Im Jahr 2001 erzielt die D.A.S. Gruppe rund 995,7 Millionen EUR an Beitragseinnahmen: 425,2 Millionen EUR im Rechtsschutz Inland, 315,7 Millionen EUR im Rechtsschutz im Ausland; auf Schaden- und Unfallversicherungen entfielen 254,8 Millionen EUR.

2002

Die jüngste Tochter der D.A.S, die D.A.S. Ungarn nimmt ihr Geschäft auf. Die D.A.S. ist in mittlerweile insgesamt 15 europäischen Ländern vertreten.

Zum Jahresende 2002 sind bei der D.A.S. in Deutschland insgesamt 2079 Personen beschäftigt; davon im Innendienst 1336, im Außendienst 536 und 207 Auszubildende. 2137 Außendienst-Partner der D.A.S. sorgen für Beratung und Service vor Ort.

Bei den D.A.S. Auslandsgesellschaften sind zum gleichen Zeitpunkt über 1900 Personen beschäftigt.

Die D.A.S. hat über drei Millionen Kunden im Inland und über fünf Millionen Kunden im Ausland.

Exportschlager Rechtsschutz

Rechtsschutz ist Spezialistensache. Mit dieser Grundüberzeugung hat die D.A.S. Rechtsschutz in Europa verbreitet. Das Unternehmen war nach dem Zweiten Weltkrieg eines der ersten im europäischen Ausland und ist heute die erfolgreichste und größte Rechtsschutz-Organisation in Europa.

In die meisten ihrer 15 Märkte ist die D.A.S. als Pionier ihrer Sparte eingetreten. Die notwendige Flexibilität und Anpassungsfähigkeit rührten jedoch nirgends an der Grundidee des Produktes: Chancengleichheit vor dem Gesetz. Ein starker Partner an der Seite der Bürger. In anderen Märkten wird dies für Kunden unmittelbar spürbar kraft der Rechtsberatung und -verfolgung durch die D.A.S. selbst. Die drei Buchstaben „D.A.S." sind zum Synonym für Rechtsschutz geworden. In Deutschland und Europa.

Literaturnachweis

I. Weimarer Republik

Das Stinnes-Legien-Abkommen, der Rat der Volksbeauftragten und die Vereinbarung Ebert-Groener

Zum Stinnes-Legien-Abkommen: *Jacob Reichert*, Entstehung, Bedeutung und Ziel der „Arbeitsgemeinschaft", 1919 (ein Augenzeuge); *Rolf Siebert*, Das Abkommen vom 15. November 1918 und die Zentral-Arbeitsgemeinschaft der industriellen und gewerblichen Arbeitgeber und Arbeitnehmer Deutschlands, Diss. Jena 1932; *Ernst Rudolf Huber*, Deutsche Verfassungsgeschichte, 5. Band (1978) 768–776, der Text des Abkommens in: *ders.*, Dokumente zur deutschen Verfassungsgeschichte, 4. Band (3. Aufl. 1991) 22–24; *Gerald D. Feldman*, *Irmgard Steinisch*, Industrie und Gewerkschaften 1918–1924. Die überforderte Zentralarbeitsgemeinschaft, 1985. Zu Hugo Stinnes: *Peter Wulf*, Hugo Stinnes, Wirtschaft und Politik 1918–1924 (1979), besser und kürzer: *Edmund Stinnes*, Ein Genie in chaotischer Zeit, 1979. Zu Carl Legien: *Theodor Leipart*, Carl Legien, 1929, Ndr. 1981. Zum Bündnis Ebert-Groener: *E. R. Huber*, Verfassungsgeschichte a.a.O. 751–759, Dokumente a.a.O. 11f. Die historischen Zusammenhänge: *Hagen Schulze*, Weimar, Deutschland 1917–1933 (1982) 62, 155–171; *Heinrich August Winkler*, Weimar 1918–1933 (1993) 33–50.

Rätesystem oder demokratische Republik: die Weimarer Verfassung

Allgemein: *Ernst Rudolf Huber*, Deutsche Verfassungsgeschichte, 5. Band (1978) 1178–1205; der Wortlaut: *ders.*, Dokumente 4. Band (3. Aufl. 1991) 151–179; *Otto Kimminich*, Deutsche Verfassungsgeschichte (2. Aufl. 1987) 484–505; *Dietmar Willoweit*, Deutsche Verfassungsgeschichte (4. Aufl. 2001) 323–328. Zu Hugo Preuß: *Elmar Matthias Hucko*, Zur Erinnerung an Hugo Preuß, Neue Juristische Wochenschrift 1985. 2309–2311; *Dian Schefold* in: H. Heinrichs, H. Franzki, K. Schmalz, M. Stolleis (Hg.), Deutsche Juristen jüdischer Herkunft (1993) 429–453, dort auch – mit weiteren Nachweisen – zur Frage, ob die Verfassung eine der Ursachen für den Untergang der Weimarer Republik gewesen ist. Der Satz von Carl Schmitt zum Ausnahmezustand: *Carl Schmitt*, Politische Theologie (1922) 1.

Recht, Unrecht und Gerechtigkeit

Kant über die Juristen und die Definition von Recht: *Immanuel Kant*, Metaphysik der Sitten (1787) 759 in der Anmerkung. *Gustav Radbruch*, Gesetzliches Unrecht und übergesetzliches Recht, in: Süddeutsche Juristenzeitung 1 (1946) 105–108, wieder abgedruckt in *ders.*, Rechtsphilosophie (8. Aufl. 1975) 339–350, die Formel auf S. 345. Hippias nach *Wilhelm Capelle*, Die Vorsokratiker (1968) 370. Alkidamas bei *Aristoteles*, Rhetorik 1373 b 18. *Fritz Bauer*, Eine Grenze hat Tyrannenmacht, Plädoyer im Remer-Prozeß, in: Geist und Tat, 7. Jahrgang Heft 7 (1952) 199; wieder abgedruckt in: *ders.*, Die Humanität der Rechtsordnung. Ausgewählte Schriften (1998) 169–179, das Wort auf S. 175, 177. Zur Entstehungsgeschichte des Begriffs Unrechtsstaat noch: *Horst Sendler*, Die DDR ein Unrechtsstaat – ja oder nein? in:

Zeitschrift für Rechtspolitik 1993.3. Kant über Gerechtigkeit: *Immanuel Kant*, Metaphysik der Sitten (1787) Rechtslehre, 1. Teil, 3. Hauptstück § 41.

Rudolf Stammler und Gustav Radbruch: Rechtsphilosophie in der Weimarer Zeit

Zu Stammler: *Gerd Kleinheyer, Jan Schröder* (Hg.), Deutsche und Europäische Juristen aus neun Jahrhunderten (4. Aufl. 1996) 386–390, seine Harmonie: *Rudolf Stammler*, Lehrbuch der Rechtsphilosophie (3. Aufl. 1928) 203–206, 213–215. Zu Radbruch: *Michael Stolleis* (Hg.), Juristen. Ein biographisches Lexikon von der Antike bis zum 20. Jahrhundert (1995) 510f. Seine Rechtsphilosophie zuletzt: *Gustav Radbruch*, Rechtsphilosophie, 8. Aufl. 1973. Zu Kelsen: *Stolleis* a. a. O., 344–346. Die Artikel zu Stammler, Radbruch und Kelsen jeweils mit weiteren Literaturnachweisen.

Arbeitsrecht und soziales Mietrecht

Knut Wolfgang Nörr, Zwischen den Mühlsteinen. Eine Privatrechtsgeschichte der Weimarer Zeit (1988) 89–93, 177–221. *U. W.*, Geschichte des Rechts (2. Aufl. 2001) Rdz. 287 mit weiteren Nachweisen. Die Verordnungen des Rats der Volksbeauftragten über den Achtstundentag vom 23. 11. 1918 und ihre Durchlöcherung in der Verordnung vom 21. 12. 1923 in: *Thomas Blanke, Rainer Erd, Ulrich Mückenberger, Ulrich Stascheit* (Hg.) Kollektives Arbeitsrecht, Quellentexte zur Geschichte des Arbeitsrechts in Deutschland 1 (1975) 235. Die Kündigung der Zentralarbeitsgemeinschaft durch den Deutschen Gewerkschaftsbund vom 16. Januar 1924: *Rolf Siebert*, Das Abkommen vom 15. November 1918 und die Zentral-Arbeitsgemeinschaft der industriellen Arbeitgeber und Arbeitnehmer Deutschlands (Diss. Jena 1932) 84ff. Zum Ruhreisenstreik: *Eberhard Kolb*, Die Weimarer Republik (2. Aufl. 1988) 88 f., 177.

Männer und Frauen

U. W., Geschichte des Rechts (2. Aufl. 2001) Rdz. 115, 143, 224, 251, 285. Zum Streit über den Ausschluss des Züchtigungsrechts im Ehevertrag: *Samuel Stryk*, Usus Modernus Pandectarum (1. Aufl. 1690/92, viele spätere Auflagen) D. 23.2 § 54. Zu Olympe de Gouges: *Paul Noack*, Olympe de Gouges, 1992. Die Verordnung vom 12. 11. 1918: Reichsgesetzblatt 1918 Seite 1303. Frauen als Juristinnen: *U. W.* a. a. O. Rdz. 273, sehr viel ausführlicher: *Deutscher Juristinnenbund* (Hg.), Juristinnen in Deutschland, 2. Aufl. 1989, 3. Aufl. 1998; dort S. 20 zu Marie Munk, vgl. aber *Heino Schödel*, Frauen in der bayerischen Justiz – Der Weg zum Richteramt, in: Bayerische Verwaltungsblätter 1998, 107f.

Strafrecht

Zum Abbau des Strafrechts: *Wolfgang Sellert, Hinrich Rüping*, Studien- und Quellenbuch zur Geschichte der deutschen Strafrechtspflege (2. Band, 1994) 177. Zur Knochenerweichung (Adolf Baumbach): *U. W.* Geschichte des Rechts (2. Aufl. 2001) Rdz. 291 a. E. Die Zahlen über das Verhältnis von Freiheits- und Geldstrafen bei *Eberhard Schmidt*, Einführung in die Geschichte der deutschen Strafrechtspflege (3. Aufl. 1983) 403, 411. Der Text des Geldstrafengesetzes bei *Sellert, Rüping* a. a. O. 197, des Jugendgerichtsgesetzes 197–199. Zum Reformentwurf Radbruchs: *Schmidt*

a. a. O., 410. Zu den Schwurgerichten: *U. W.* a. a. O. Rdz. 290. Der Text der lex Emminger: *Sellert, Rüping* a. a. O., 202–204, zu der Verordnung noch die Bemerkungen von *Erich Eyck*, Geschichte der Weimarer Republik (1. Band 1956) 379 f. Zum politischen Strafrecht: *U. W.* a. a. O. Rdz. 292 mit weiteren Nachweisen.

Hitlers Richter

Lothar Gruchmann, Reinhard Weber, Der Hitler-Prozeß 1924, 4 Bände, 1997/99. *Otto Gritschneder*, Bewährungsfrist für den Terroristen Adolf H. Der Hitler-Putsch und die bayerische Justiz, 1990. *Ders.*, Der Hitler-Prozeß und sein Richter Georg Neithardt, 2001.

Zivilrecht

Zur Vertragsfreiheit und zum BGB: *U. W.*, Geschichte des Rechts (2. Aufl. 2001) Rdz. 282, 285.

Der Dampfpreisfall

Knut Wolfgang Nörr, Zwischen den Mühlsteinen. Eine Privatrechtsgeschichte der Weimarer Republik (1988) 55–71 (= § 10 Die Aufwertung, zum Dampfpreisfall S. 62 f.). *U. W.*, Geschichte des Rechts (2. Aufl. 2001) Rdz. 286.

Der Preußenschlag

Ernst Rudolf Huber, Deutsche Verfassungsgeschichte, Band 7 (1984) 1015–1038, 1120–1135. *Dieter Kolbe*, Reichsgerichtspräsident Dr. Erwin Bumke (1975) 159–186, dort S. 185 das Zitat aus Goebbels' Tagebuch. Der Wortlaut der Notverordnung: *Ernst Rudolf Huber*, Dokumente zur deutschen Verfassungsgeschichte, Band 4 (3. Aufl. 1991) 560, dort S. 592–596 das Urteil des Staatsgerichtshofs, das Zitat daraus auf S. 593. Zum historischen Hintergrund: *Erich Eyck*, Geschichte der Weimarer Republik, 2. Band (3. Aufl. 1962) 507–521; *Heinrich August Winkler*, Weimar 1918–1933 (1993) 490–504, 529–532. Zum Streit über die Widerstandsmöglichkeiten der Sozialdemokraten: *Eberhard Kolb*, Die Weimarer Republik (2. Aufl. 1988) 205–207. Das Gedicht Kurt Tucholskys: Deutsche Richtergeneration 1940, geschrieben 1921, in: *Kurt Tucholsky*, Gesammelte Werke, Band 3, 1921–1924 (1975) 30 f.

II. Der Staat Adolf Hitlers

Die Machtübergabe

Ernst Rudolf Huber, Deutsche Verfassungsgeschichte, Band 7 (1984) 1136–1266; *Otto Kimminich*, Deutsche Verfassungsgeschichte (2. Aufl. 1987) 553–567; *Dietmar Willoweit*, Deutsche Verfassungsgeschichte (4. Aufl. 2001) 341–344; *Hagen Schulze*, Weimar (1982) 382–410. Zuletzt: *Irene Strenge*, Machtübernahme 1933 – Alles auf legalem Weg?, 2002.

Die Machtexpansion

Die Gesetze und die Rede Hitlers im Reichstag findet man bei *Martin Hirsch, Diemut Majer, Jürgen Meinck* (Hg.), Recht, Verwaltung und Justiz im Nationalsozialismus (2. Aufl. 1997) oft mit kurzen Kommentaren, und zwar die Notverordnung „Zum Schutz von Volk und Staat" vom 28. 2. 1933 auf S. 89 f., das „Ermächtigungsgesetz" vom 23. 3. 1933 auf s. 92 f. und dazu weitere ausführliche Materialien, Protokolle, Kommentare von damals und heute bis S. 125; zur Auflösung der Parteien und dem „Gesetz gegen die Neubildung von Parteien" vom 14. 7. 1933 auf S. 136; das „Gesetz über den Neuaufbau des Reiches" vom 30. 1. 1934 – mit dem die Selbstständigkeit der Länder aufgehoben wurde – auf S. 132, das „Gesetz über Maßnahmen der Staatsnotwehr" vom 3. 7. 1934 (Röhm-Putsch) auf S. 136 f., das „Gesetz über das Staatsoberhaupt des Deutschen Reiches" vom 1. 8. 1934 zur Vereinigung der Ämter des Reichskanzlers und des Reichspräsidenten auf S. 142 f., das „Gesetz über die Geheime Staatspolizei" vom 10. 2. 1936 (§ 7) auf S. 329 f. und die Rede Hitlers mit seiner Selbsternennung zum „Obersten Gerichtsherrn" vor dem Reichstag – mit Akklamation – am 26. 4. 1942 auf S. 507–510, der entscheidende Satz auf S. 510 und der Anlass bei *U. W.*, Geschichte des Rechts (2. Aufl. 2001) Rdz. 305 und 307. Zur Vorbereitung und zum Ablauf der Abstimmung im Reichstag über das Ermächtigungsgesetz sehr gut: *Hans-Ulrich Thamer*, Verführung und Gewalt – Deutschland 1933–1945 (2. Aufl. 1986) 272–281.

Der Reichstagsbrandprozess

Georgi Dimitroff, Reichstagsbrandprozeß, 1946, 4. Aufl. 1960, dort S. 126–129 das zitierte Protokoll des Duells mit Göring; *Hans-Ulrich Thamer*, Brandstifter und Ordnungshüter – Der Reichstagsbrand und die Folgen, in: Uwe Schulz (Hg.), Große Prozesse (1996) 313–321; das Gesetz über die Rückwirkung vom 29. 3. 1933: *Martin Hirsch, Diemut Majer, Jürgen Meinck* (Hg.), Recht, Verwaltung und Justiz im Nationalsozialismus (2. Aufl. 1997) 451 f. Zu den Skrupeln über dieses Gesetz im Reichsjustizministerium: *Lothar Gruchmann*, Justiz im Dritten Reich 1933–1940 (1988) 826–831. Die Begründung des Reichsgerichts für die Todesstrafe gegen van der Lubbe bei *Friedrich Karl Kaul*, Geschichte des Reichsgerichts, Band 4 (1971) 343–347. Zum Streit über die Urheberschaft am Brand: *Thamer* a.a.O. 321 f. mit weiteren Nachweisen. Die beste Beschreibung der Vorgänge damals ist immer noch *Fritz Tobias*, Der Reichstagsbrand. Legende und Wirklichkeit, 1962 (723 Seiten).

Gleichschaltung und Anpassung: die Justiz

R. Schraut (Hg.), Deutscher Juristentag 1933, Berlin 1933. Der Bericht am Anfang: Oberlandesgerichtsrat Aubele, Zeitschrift für Rechtspflege in Bayern 1933, Seite 336. Der „Rütli-Schwur": bei Schraut Seite 45. Zu Hans Frank: *Christoph Kleßmann*, Hans Frank – Parteijurist und Generalgouverneur in Polen, in: Ronald Smelser, Enrico Syring, Rainer Zitelmann (Hg.), Die Braune Elite I (4. Aufl. 1999) 41–51.

Eine Zweizimmerwohnung in Schöneberg

Zu diesem Urteil und anderen im Mietrecht: *Bernd Rüthers*, Die unbegrenzte Auslegung. Zum Wandel der Privatrechtsordnung im Nationalsozialismus (5. Aufl. 1997) 167 f. Vgl. *U. W.*, Juristische Weltkunde (8. Aufl. 2000) 147–154.

Recht und Rechtswissenschaft

U. W., Geschichte des Rechts (2. Aufl. 2001) Rdz. 300, 302, 303, 306, 298, 299. Zum Wirtschaftsrecht: *Daniela Kahn*, Steuerung der Wirtschaft durch Recht im Nationalsozialismus, Diss. Berlin 2002.

Carl Schmitt zum Beispiel

Bernd Rüthers, Carl Schmitt im Dritten Reich, 2. Aufl. 1990; *Paul Noack*, Carl Schmitt – Eine Biographie, 1993; *Dirk van Laak*, Gespräche in der Sicherheit des Schweigens – Carl Schmitt in der politischen Geistesgeschichte der Bundesrepublik, 1993; *Bernd Rüthers*, Die unbegrenzte Auslegung. Zum Wandel der Privatrechtsordnung im Nationalsozialismus, 1968, 5. Aufl. 1997; *Carl Schmitt*, Der Begriff des Politischen, 1927 (zitiert nach der Ausgabe Hamburg 1933, Seite 7); *Carl Schmitt*, Über die drei Arten des rechtswissenschaftlichen Denkens, 1934, das Zitat auf Seite 52. *Carl Schmitt*, Der Führer schützt das Recht, in: Deutsche Juristen-Zeitung 1934, Seite 948 f. (zitiert S. 948 f.).

Die Strafrechtsexplosion

Karl Kroeschell, Rechtsgeschichte Deutschlands im 20. Jahrhundert (1992) 105–117; *Hinrich Rüping* in: Wolfgang Sellert, Hinrich Rüping, Studien- und Quellenbuch zur Geschichte der deutschen Strafrechtspflege (1994) 231–288; *Hinrich Rüping*, Grundriß der Strafrechtsgeschichte (3. Aufl. 1998) 94–106; *U. W.*, Geschichte des Rechts (2. Aufl. 2001) Rdz. 304.

Der Fall Leo Katzenberger

Das vollständige Urteil gegen Leo Katzenberger: *Ilse Staff*, Justiz im Dritten Reich (2. Aufl. 1978) 178–191. Zum Verfahren damals und den späteren Prozessen um dieses Urteil: *Jörg Friedrich*, Freispruch für die Nazi-Justiz (1983) 269–301. Das Urteil gegen Oswald Rothaug im Nürnberger Juristenprozeß: *P. A. Steiniger*, *K. Leszczyński*, Fall 3, Das Urteil im Juristenprozeß (1969) 263–273, das Zitat auf S. 273. Vgl. noch *Hans Wüllenweber*, Sondergerichte im Dritten Reich (1990) 202–210.

Die Pflicht, für das Recht einzutreten – Lothar Kreyssig

Zur Aktion T 4: *Michael Förster*, Jurist im Dienst des Unrechts. Leben und Werk des ehemaligen Staatssekretärs im Reichsjustizministerium, Franz Schlegelberger (1995) 103–123 mit weiteren Nachweisen. Zu Philipp Bouhler: *Hans-Walter Schmuhl*, Philipp Bouhler – Ein Vorreiter des Massenmordes, in: Ronald Smelser, Enrico Syring, Rainer Zitelmann, Die braune Elite, Band 2 (2. Aufl. 1999) 39–50. Zu Lothar Kreyssig: *Helmut Kramer*, Lothar Kreyssig. Richter und Christ im Widerstand, in: Kritische Justiz (Hg.), Streitbare Juristen (1985) 342–353; *Susanne Willems*, Lothar Kreyssig, o. J.; *Konrad Weiß*, Lothar Kreyssig, Prophet der Versöhnung, 1998.

Der Unrechtsstaat

Hitlers Juristenverachtung z. B. bei *Henry Picker*, Hitlers Tischgespräche im Führerhauptquartier 1941–1942 (1963) 224 f. *Ernst Fraenkel*, The Dual State, 1940, deutsch: Der Doppelstaat, 1974. Der Begriff Unrechtsstaat wohl zuerst bei *Fritz Bauer*, Eine Grenze hat Tyrannenmacht, Plädoyer im Remer-Prozess, in: Geist und Tat, 7. Jahrg. 7. Heft (1952) 199, wieder abgedruckt in *ders.*, Die Humanität der Rechtsordnung (1998) 175, 177.

III. Recht im besetzten Deutschland

Die Stunde Null

Bernhard Diestelkamp, Rechts- und verfassungsgeschichtliche Probleme zur Frühgeschichte der Bundesrepublik, in: Juristische Schulung 1980. 401–405, 481–485; *Hans Kelsen*, The International Legal Status of Germany according to the Declaration of Berlin, in: American Journal of International Law 39 (1945) 518–526. *Michael Stolleis*, Besatzungsherrschaft und Wiederaufbau deutscher Staatlichkeit, in: Isensee/Kirchhof (Hg.) Handbuch des Staatsrechts der Bundesrepublik Deutschland 1. Band (1987) § 5.

Besatzungsrecht und deutsches Recht

Michael Stolleis, Rechtsordnung und Justizpolitik 1945–1949, in: Festschrift Coing Band 1 (1982) 383–407. Zu den Verwaltungsgerichtsgesetzen: *Ernst Forsthoff*, Lehrbuch des Verwaltungsrechts (3. Aufl. 1953) 434f.

Der Nürnberger Prozess

Das Urteil von Nürnberg 1946 (dtv Nr. 2902, 5. Aufl. 1996); *Reinhard Merkel*, Nürnberg 1945, Militärtribunal. Grundlagen, Probleme, Folgen, in: Rechtshistorisches Journal 14 (1995) 491–525; *U. W.*, Geschichte des Rechts (2. Aufl. 2001) 533–535.

Fall 3

P. A. Steiniger, *K. Leszczyñski*, Fall 3, Das Urteil im Juristenprozeß (1969), das Zitat aus dem Urteil auf S. 127. *H. Ostendorf*, *H. ter Veen*, Das „Nürnberger Juristenurteil“, 1985. *Michael Förster*, Jurist im Dienst des Unrechts. Leben und Werk des ehemaligen Staatssekretärs im Reichsjustizministerium, Franz Schlegelberger (1876–1970), 1995. Das Zitat aus der Süddeutschen Juristenzeitung: SJZ 1947. 215.

Entnazifizierung

Lutz Niethammer, Die Mitläuferfabrik, 1982 (zuerst erschienen 1972 unter dem Titel „Entnazifizierung in Bayern“). *Bernhard Diestelkamp*, Rechts- und verfassungsgeschichtliche Probleme zur Frühgeschichte der Bundesrepublik Deutschland, in: Juristische Schulung 1981. 488–492. *Clemens Vollnhals*, Entnazifizierung, 1991, dort S. 251 die Zahlen der Häftlinge in den Internierungslagern, die für Diestelkamp S. 489 noch sehr unsicher waren.

Richter in Ost und West

Joachim Reinhold Wenzkus, Der Wiederaufbau der Justiz in Nordwestdeutschland 1945 bis 1949, 1979. Zu Wilhelm Kiesselbach und Hamburg speziell: *Wulf D. Hund, Christian Seegert*, Bürgerliche Hegemonie und konservative Kontinuität der Justiz, in: Jahrbuch für Sozialökonomie und Gesellschaftstheorie, Restauration im Recht, hg. v. d. Hochschule für Wirtschaft und Politik (1988) 7–72, dort der zitierte Vermerk v. Juli 1945 auf S. 37. Zu den Volksrichtern: *Otto Hartwig*, Die Ausbildung der Volksrichter, in: Neue Justiz 1947. 157–159; *Andrea Feth*, Die Volksrichter, in: Hubert Rottleuthner (Hg.), Steuerung der Justiz in der DDR (1994) 351–377; *Andrea Feth*, Hilde Benjamin – Eine Biographie (1997) 60–76; *Marianne Brentzel*, Die Machtfrau. Hilde Benjamin 1902–1989 (1997) 143–147, dort S. 147 das Zitat vom „archäologischen Weg". Die Verse am Schluss sind der Anfang von: *Joachim Ringelnatz*, Überall, zuerst erschienen in: Reisebriefe eines Artisten, 1927, jetzt in: *ders.*, Das Gesamtwerk in sieben Bänden, 1. Band (1984) 245 f.

Die Teilung Deutschlands

Manfred Görtemaker, Geschichte der Bundesrepublik Deutschland (1999) 34–44.

IV. Deutsche Demokratische Republik

Gruppe Ulbricht

Gruppe Ulbricht: *Walter Leonhard*, Die Revolution entläßt ihre Kinder (1955) 334–405, dort Ulbrichts Parole auf S. 358. *Gerhard Keiderling* (Hg.), „Gruppe Ulbricht" in Berlin, 1993. Die beiden anderen Gruppen: *Hermann Weber*, Geschichte der DDR (1999) 26–29. Herkunft und soziale Stellung der DDR-Machtelite: nach den entsprechenden Artikeln in: *Jochen Černy* (Hg.), Wer war wer – DDR. Ein biographisches Lexikon, 2. Aufl. 1992.

Karl Polak und die Verfassung der DDR

Marcus Howe, Karl Polak, Parteijurist unter Ulbricht, 2002. *Siegfried Mampel*, Die sozialistische Verfassung der Deutschen Demokratischen Republik, 2. Aufl. 1996. *U. W.*, Geschichte des Rechts (2. Aufl. 2001) Rdz. 310. *Hermann Weber*, Geschichte der DDR (1999) 123–133, dort S. 132 f. zu den Einheitslisten. Zum Verfahren bei den angeblich geheimen Wahlen: *Peter J. Lapp*, Wahlen in der DDR (1982) 85–90 und *Gerhard A. Ritter, Merith Niehusz*, Wahlen in Deutschland (1991) 183.

Die neue Justiz

Hilde Benjamin u. a., Zur Geschichte der Rechtspflege der DDR 1949–1961 (1980), 1961–1971 (1986). *Inga Markovits*, Die Abwicklung. Ein Tagebuch zur Abwicklung der DDR-Justiz, 1993. Zahlen zur Justizdichte in: *Bundesministerium der Justiz* (Hg.), Im Namen des Volkes? Über die Justiz im Staat der SED, Ausstellung, Katalog (1994) 144. *Holger Haerendel*, Gesellschaftliche Gerichtsbarkeit in der DDR, 1997. *Malgorzata Liwinska*, Die juristische Ausbildung in der DDR, Diss. Berlin 1996. *Thomas Lorenz*, Die Rechtsanwaltschaft in der DDR, 1998 (nur bis 1961) und

Torsten Reich, Die Entwicklung der Rechtsanwaltschaft in der DDR, in: Rainer Schröder (Hg.), Zivilrechtskultur der DDR 1 (1999) 315–366. *Hubert Rottleuthner* (Hg.), Steuerung der Justiz in der DDR, 1994. *U. W.*, Geschichte des Rechts (2. Aufl. 2001) Rdz. 312.

Der Hund der Familie S.

Bundesministerium der Justiz (Hg.), Im Namen des Volkes? Über die Justiz im Staat der SED, Ausstellung, Katalog (1994) Tafel 29.3, Seite 141 f.

Sozialistisches Strafrecht

Friedrich Christian Schroeder, Das Strafrecht des realen Sozialismus. Eine Einführung am Beispiel der DDR, 1983. *Wolfgang Sellert*, *Hinrich Rüping*, Studien- und Quellenbuch zur Geschichte der deutschen Strafrechtspflege, 2. Band (1994) 385–411. Die Gefangenenziffern: *Ulrich Eisenberg*, Kriminologie (4. Aufl. 1995) § 43, Rdz. 14, 15 und Tabelle 35. Politisches Strafrecht: *Karl Wilhelm Fricke*, Politik und Justiz in der DDR, 2. Aufl. 1990; *Falco Werkentin*, Politische Strafjustiz in der Ära Ulbricht, 1995. Das Urteil des Obersten Gerichts von 1950 zur Boykotthetze: Entscheidungen des Obersten Gerichts Band 1, S. 33–44, dazu *Rudi Beckert*, Die erste und letzte Instanz (1995) 223–226.

Waldheimer Prozesse

Falco Werkentin, Scheinjustiz in der frühen DDR, in: Kritische Justiz 1991. 332–350. *Wolfgang Eisert*, Die Waldheimer Prozesse, 1993.

Werdauer Oberschüler

Carl Wilhelm Fricke, Politik und Justiz in der DDR (2. Aufl. 1990) 250–254; *Bundesministerium der Justiz* (Hg.), Im Namen des Volkes? Ausstellung, Katalog (1994) 99–104; *Rudi Beckert*, Die erste und die letzte Instanz (1995) 60–62; *Falco Werkentin*, Recht und Justiz im SED-Staat (1998) 20–23; *Achim Beyer* (einer der Oberschüler), Prozeß gegen die „Werdauer Oberschüler“ 1951, in: DeutschlandArchiv 1998. 86–96.

Die Auflösung des Zivilrechts

U. W., Geschichte des Rechts (2. Aufl. 2001) Rdz. 316, 318.

Die Babelsberger Konferenz und das Verwaltungsrecht

Jörn Eckert (Hg.), Die Babelsberger Konferenz vom 2./3. April 1958, 1993. *Inga Markovits*, Die Abwicklung (1993) 229–235, zum Schicksal von Klenner und Bönninger S. 160, zu Klenner S. 124–128, zu Bönninger S. 259–264. Zum Verwaltungsrecht: *Walter Suermann*, Verwaltungsrechtsschutz in der DDR, Diss. Göttingen 1971, auch zu den Eingaben; Schätzungen zu ihrer Erfolgsquote bei *Markovits*, Rechtsstaat oder Beschwerdestaat, in: Recht in Ost und West (1987) 265–281 (S. 271). Das Zitat von Walter Ulbricht bei: *Karl Bönninger*, Die Babelsberger Konferenz und das Schicksal der Verwaltungsrechtswissenschaft, in: *Jörn Eckert*, s. o., S. 205.

Zur Radbruch'schen Formel oben S. 11ff., S. 204f. Zu §§ 213 StGB DDR, 27 GrenzG z. B. BGH Neue Juristische Wochenschrift 1994. 2703 und BVerfG Neue Juristische Wochenschrift 1997. 929. Zur Gerechtigkeit bei Karl Marx: *Hermann Klenner*, Gerechtigkeit – eine rechtsphilosophische Kategorie? in: Deutsche Zeitschrift für Philosophie (Ost) 1979. 792–802, dort S. 797–802 auch zur Gerechtigkeit als historische Kategorie. Ähnlich zum Recht: *U. W.*, Geschichte des Rechts (2. Aufl. 2001) Rdz. 32–36. Kant über Gerechtigkeit als Eigenschaft einer bürgerlichen Gesellschaft: *Immanuel Kant*, Metaphysik der Sitten (1797) Allgemeine Rechtslehre, 1. Teil, 3. Hauptstück, § 41. Das Zitat aus dem DDR-Lehrbuch: Marxistisch-leninistische Rechts- und Staatstheorie (1975) 392. Zu Recht und Moral bei Kant: *U. W.*, Juristische Weltkunde (8. Aufl. 2000) 194–196. Zur Einheit von Recht, Moral und Gerechtigkeit in der Rechtsgeschichte: *U. W.*, Geschichte des Rechts Rdz. 32–40. „Recht und Justiz im SED-Staat" ist der Titel eines Buches von *Falco Werkentin*, 1998. Zum Unrechtsstaat: *Inga Markovits*, Die Abwicklung (1993) 17–26 und *Horst Sendler*, Die DDR, ein Unrechtsstaat? – ja oder nein? in: Zeitschrift für Rechtspolitik 1993. 1.–5. Die Diskussion der Historiker nach einem Bericht von *Hermann Rudolph* im Berliner „Tagesspiegel" vom 16. 12. 1997 auf S. 27. „Weiblich" und „männlich" als – mögliche und wieder leicht zurückgenommene – Unterscheidung von sozialistischem Recht der DDR und westlichem Recht: *Inga Markovits*, a. a. O., S. 69–67.

IV. Bundesrepublik

Bonn ist nicht Weimar: das Grundgesetz

Reinhard Mußgnug, Zustandekommen des Grundgesetzes und Entstehen der Bundesrepublik Deutschland, in: Josef Isensee, Paul Kirchhof (Hg.), Handbuch des Staatsrechts 1. Band (1987) 219–258. *U. W.*, Geschichte des Rechts (2. Aufl. 2001) Rdz. 327. Das Zitat von Theodor Heuß: Parlamentarischer Rat, Stenographischer Bericht, 3. Sitzung, 9. September 1948, S. 43.

„Männer und Frauen sind gleichberechtigt"

Heike Mundzeck, Elisabeth Selbert, in: Deutscher Juristinnenbund (Hg.), Juristinnen in Deutschland (3. Aufl. 1998) 189–194. *Birgit Meyer*, Elisabeth Selbert (1896–1986) „Gleichberechtigung ohne Wenn und Aber", in: Kritische Justiz (Hg.), Streitbare Juristen. Eine andere Tradition (1988) 427–438. In beiden kurzen Biographien auch die Darstellung der Vorgänge im Parlamentarischen Rat. Oberlandesgericht Frankfurt 3. 4. 1953 in: Neue Juristische Wochenschrift 1953. 746. Bundesverfassungsgericht am 18. 12. 1953 zu Art. 117 Grundgesetz: Entscheidungen des Bundesverfassungsgerichts (BVerfGE) Band 3, Seite 255. Zur Ordnungsfunktion z. B. *Josef Esser* Juristenzeitung 1953. 521. Bundesverfassungsgericht 1959 zum Stichentscheid des Vaters: BVerfGE 10. 59. Bundesverfassungsgericht zum Namensrecht des § 1355: Neue Juristische Wochenschrift 1991. 1602. Die Geschichte der Vorstellung Thomas Manns und Richard Thomas durch den Dekan Otto Gradenwitz in Heidelberg ist mir erzählt worden als einer der vielen „Gradenwitze" von meinem alten Lehrer an der Juristischen Fakultät München, Wolfgang Kunkel, der kurze Zeit Assistent bei ihm gewesen ist.

Die Hüter der Verfassung

U. W., Geschichte des Rechts (2. Aufl. 2001) Rdz. 329 mit weiteren Nachweisen.

Das Lüth-Urteil

U. W.; Geschichte des Rechts (2. Aufl. 2001) Rdz. 330 mit weiteren Nachweisen. Das Urteil: BVerfGE Neue Juristische Wochenschrift 1958. 257.

Justiz und Anwaltschaft

Karl Kroeschell, Rechtsgeschichte Deutschlands im 20. Jahrhundert (1992) 241 f. *U. W.*, Geschichte des Rechts (2. Aufl. 2001) Rdz. 334. *U. W.* Risiko Rechtsanwalt (2001) 127–132. Zur Prozesskostenhilfe von 1980: *Wolfgang Grunsky*, Die neuen Gesetze über die Prozeßkosten- und Beratungshilfe, Neue Juristische Wochenschrift 1980. 2041–2048. Das Urteil des Bundesverfassungsgerichts dazu Neue Juristische Wochenschrift 1988. 2331. Zu den Rechtsschutzversicherungen: *Hans Buschbell, Manfred Hering*, Der Rechtsschutzfall in der Praxis, 1997.

Entwicklungen im Zivilrecht

Karl Kroeschell, Rechtsgeschichte Deutschlands im 20. Jahrhundert (1992) 208–225, S. 208–210 zur richterlichen Rechtsfortbildung. *U. W.*, Geschichte des Rechts (2. Aufl. 2001) Rdz. 335.

Das Kind als Schaden

Die Entscheidung des Bundesgerichtshofs: Neue Juristische Wochenschrift 1980. 1450. Das Urteil des Oberlandesgerichts Bamberg: Neue Juristische Wochenschrift 1978. 1685, das Zitat auf dieser ersten Seite. Zur distinctio als logischer Kunstgriff: *Franz Wieacker*, Privatrechtsgeschichte der Neuzeit (2. Aufl. 1967) 67 f. mit weiteren Nachweisen. Das Bundesverfassungsgericht hat 1973 in seiner Entscheidung zum Schwangerschaftsabbruch die Entscheidung des Bundesgerichtshofs als verfassungswidrig kritisiert, aber nicht aufgehoben, Neue Juristische Wochenschrift 1993. 2361, dazu *Erwin Deutsch*, Neues Verfassungszivilrecht „Neue Juristische Wochenschrift 1993. 2361–2363. Zum Problem zuletzt: *Thomas Winter*, „Bébé préjudice“ und „Kind als Schaden“. Eine rechtsvergleichende Untersuchung zur Haftung für neues Leben in Deutschland und Frankreich, 2002.

Dr. Hjalmar Schacht & Co.

Die Entscheidung des Bundesgerichtshofs: Neue Juristische Wochenschrift 1954. 1404. Zum allgemeinen Persönlichkeitsrecht auch für Nichtjuristen verständlich: *Hein Kötz*, Deliktsrecht (8. Aufl. 1998) Rdz. 626–636, 646–657.

Der Herrenreiter-Fall

Die Entscheidung des Bundesgerichtshofs: Neue Juristische Wochenschrift 1958. 827. Vgl. *Hein Kötz*, Deliktsrecht (8. Aufl. 1998) Rdz. 637–645. Der Widerspruch in der Literatur z. B. bei *Dieter Giesen* Neue Juristische Wochenschrift 1971. 801–802.

mit weiteren Nachweisen. Die Entscheidung des Bundesverfassungsgerichts erging 1973: BVerfGE 34 269 = Neue Juristische Wochenschrift 1973. 1221.

Arbeitsrecht und soziales Mietrecht

Xenia Rajewski, Arbeitskampfrecht in der Bundesrepublik, 2. Aufl. 1972; *Roderich Wahsner*, Das Arbeitsrechtskartell. Die Restauration des kapitalistischen Arbeitsrechts in Westdeutschland nach 1945, in: Kritische Justiz 1974. 369–386. *U. W.*, Arbeitsrecht, in: Fast alles, was Recht ist. Jura für Nichtjuristen (7. Aufl. 2002) 343–383. *U. W.*, Geschichte des Rechts (2. Aufl. 2001) Rdz. 337 (auch zum Mietrecht). Das Urteil des Bundesverfassungsgerichts zum Eigenbedarf des Vermieters: Neue Juristische Wochenschrift 1989. 970.

Entwicklungen im Strafrecht

Hinrich Rüping, Grundriß der Strafrechtsgeschichte (3. Aufl. 1998) 112–114. *U. W.*, Geschichte des Rechts (2. Aufl. 2001) Rdz. 338. Das Zitat am Anfang: *Georg Dahm*, *Friedrich Schaffstein*, Liberales oder autoritäres Strafrecht? (1932) 41. Das Standardwerk Karl Bindings: *Karl Binding*, Grundriß und Lehrbuch des gemeinen deutschen Strafrechts, 3 Bände, 1879 bis 1905. Die Entscheidung des Bundesverfassungsgerichts zu §§ 218, 219 StGB von 1975: Neue Juristische Wochenschrift 1975. 573, die von 1993: Neue Juristische Wochenschrift 1993. 1571. Der Vorlagebeschluß des Landgerichts Verden: Neue Juristische Wochenschrift 1976. 980. Das Urteil des Bundesverfassungsgerichts dazu von 1977: Neue Juristische Wochenschrift 1977. 1525.

Der Brei-Fall

Bundesgerichtshof, Neue Juristische Wochenschrift 1955. 1524.

Der Türkenmord-Fall

Bundesgerichtshof Neue Juristische Wochenschrift 1981. 1965. Die Kritik z. B. bei *Herbert Tröndle, Thomas Fischer*, Strafgesetzbuch (Kommentar, 50. Aufl. 2001) § 211 Rdz. 17 mit weiteren Nachweisen. *U. W.*, Geschichte des Rechts (2. Aufl. 2001) Rdz. 339.

Politische Justiz

Alexander von Brünneck, Politische Justiz gegen Kommunisten in der Bundesrepublik Deutschland 1949–1968 (1978). *Heinrich Hannover*, Die Republik vor Gericht 1954–1974 (1998), 1975–1995 (1999), im zweiten Band Seite 201 das Zitat von Wolf-Dieter Narr. *U. W.*, Geschichte des Rechts (2. Aufl. 2001) Rdz. 340. Die Entscheidung des Bundesverfassungsgerichts von 1961 zur Verurteilung von Kommunisten: Neue Juristische Wochenschrift 1961. 723. Das Laepple-Urteil des Bundesgerichtshofs: Neue Juristische Wochenschrift 1969. 1770. Die Entscheidung des Bundesverfassungsgerichts von 1995 zu dieser Rechtsprechung bei Sitzblockaden: Neue Juristische Wochenschrift 1995. 1141. Zum Stammheimer Prozess 1975–1977: *Ulf Stuberger*, In der Strafsache gegen Andreas Baader, Ulrike Meinhof „1977. *Stefan Aust*, Der Baader Meinhof Komplex (erw. Ausg. 1997) 337–479.

Die kopernikanische Wende im Verwaltungsrecht

Hartmut Maurer, Allgemeines Verwaltungsrecht (13. Aufl. 2000) § 2. *Otto Bachof*, Über einige Entwicklungstendenzen im gegenwärtigen Verwaltungsrecht, in: Külz, Naumann (Hg.) Staatsbürger und Staatsgewalt (1963) 3–18. *Michael Stolleis*, Verwaltungsrechtswissenschaft in der Bundesrepublik Deutschland, in: Dieter Simon (Hg.), Rechtswissenschaft in der Bonner Republik (1994) 227–258. *U. W.*, Geschichte des Rechts (2. Aufl. 2001) Rdz. 331, *U. W.*, Fast alles, was Recht ist (7. Aufl. 2002) 251–318.

Der alte Mann und die Miete

Bundesverwaltungsgericht, Neue Juristische Wochenschrift 1954. 1541.

Das Verwaltungsrecht entwickelt sich weiter

Vgl. die Literaturangaben zum Kapitel über die kopernikanische Wende im Verwaltungsrecht. Im Übrigen: Das Zitat aus dem Alten Testament: Hiob 1. 21. Die Entscheidung des Oberverwaltungsgerichts Berlin: Deutsches Verwaltungsblatt 1957. 503, die des Bundesverwaltungsgerichts: Neue Juristische Wochenschrift 1960. 692, dazu *U. W.*, Fast alles, was Recht ist (7. Aufl. 2002) 276–279. Das Bundesverfassungsgericht zum besonderen Gewaltverhältnis eines Strafgefangenen: Neue Juristische Wochenschrift 1972. 811, dazu auch *U. W.* Geschichte des Rechts (2. Aufl. 2001) Rdz. 333 und *U. W.*, Fast alles, was Recht ist (7. Aufl. 2002) 266–270.

Freiheitsrechte und Sicherheitsrechte

Die Zahlen der Telefonüberwachungen nach dem G-10-Gesetz bei *Heribert Prantl*, Verdächtig. Der starke Staat und die innere Unsicherheit (2002) 79. Zu den V-Leuten: *Norbert Pütter*, *Otto Diederichs*, V-Personen, Verdeckte Ermittler, NoePs, qualifizierte Scheinaufkäufer und andere, in: Bürgerrechte & Polizei 49 (1994) 24–33. Zur Rasterfahndung: *Heribert Prantl* a. a. O., 36–39, 52–54; *Heiner Busch*, Nichts zu verbergen? Datenschutz, Sicherheitsgesetze, Rasterfahndung, in: Bürgerrechte & Polizei 70 (2001) 28–34. Zur Rasterfahndung nach dem 11. 9. 2001: Oberlandesgericht Frankfurt am Main: Betrifft Justiz 2002. 280 einerseits und Kammergericht Berlin: Betrifft Justiz 2002. 332 andererseits. Berufsverbote: *U. W.*, Die verspielte Revolution. 68 und die Folgen (2002) 220–231 mit weiteren Nachweisen S. 338, das Urteil des Bundesverfassungsgerichts: Neue Juristische Wochenschrift 1975. 1641. Lauschangriff: *Klaus Traube*, Lehrstück Abhöraffäre, in: Wolf-Dieter Narr (Hg.), Wir Bürger als Sicherheitsrisiko (1977) 61–78; *Martin Kutscha*, Der Lauschangriff im Polizeirecht der Länder, in: Neue Juristische Wochenschrift 1994.85–88; *Burkhardt Hirsch*, *Hans Lisken*, *Ilse Bechthold*, Die Wohnung ist unverletzlich, in: *Till Müller-Heidelberg*, *Ulrich Finckh u. a.*, Grundrechtereport (1997) 134–146, dort S. 141 f. die Feststellung des Bundesgerichtshofs von 1983 = Neue Juristische Wochenschrift 1983. 1569; *Heribert Prantl* a. a. O., 81–86. Zur Schleierfahndung: *Fredrick Roggan*, Auf legalem Weg in einen Polizeistaat (2000) 105–127, vgl. i. Ü. §§ 22, 23 des Bundesgrenzschutzgesetzes. Zum „Staubsauger im Äther“: *Jürgen Seifert*, BND: Der unkontrollierbare Mithörer, in: *Till Müller-Heidelberg*, *Ulrich Finckh u. a.*, Grundrechtereport (1997) 113–119; *Heribert Prantl* a. a. O., 73–78. Die Entscheidung des Bundesverfassungsgerichts von 1999: Neue Juristische Wochenschrift 2000. 55. Zum 2. Terrorismusbekämpfungsgesetz: *Erhard Denninger*, Freiheit durch

Sicherheit – Anmerkungen zum Terrorismusbekämpfungsgesetz, in: Strafverteidiger 2002. 96–102.

Die Öffnung nach außen: Europarecht

Helmut Lecheler, Einführung in das Europarecht (2000) 3–17 (bis zur Konferenz von Amsterdam). *Samuel Pufendorf* als „*Severinus de Monzambano*", De Statu Imperii Germanici (1667) 6. Kapitel § 9, deutsche Übersetzung von Horst Denzer: *Samuel Pufendorf*, Die Verfassung des deutschen Reiches, hg. u. übers. v. Horst Denzer (1994) 199 f. *Karl Theodor von Dalberg*, Von der Erhaltung der Staatsverfassungen (1799) 14. Die Entscheidung des Bundesverfassungsgerichts von 1986 zum Grundrechtsschutz durch den Europäischen Gerichtshof („Solange II"): Neue Juristische Wochenschrift 1987. 577, die von 1993 zum Vertrag von Maastricht mit dem „Kooperationsverhältnis": Neue Juristische Wochenschrift 1993. 3047, die von 1995 zur möglichen eigenen Überprüfung von Gemeinschaftsrecht: Neue Juristische Wochenschrift 1995. 90. Zum Verhältnis von Reichskammergericht und Reichshofrat im Alten Reich: *U. W.*, Geschichte des Rechts (2. Aufl. 2001) Rdz. 242, dort Rdz. 342 auch zur Aufwertung des Europaparlaments im Hinblick auf das Demokratiedefizit (Artt. 201 Abs. 2, 214 Abs. 4, 251 EGVertrag).

Gerechtigkeit und Recht und Unrecht

Zu Gustav Radbruch: *Erik Wolf*, Gustav Radbruchs Leben und Werk, in: Gustav Radbruch, Rechtsphilosophie (5. Aufl. 1956) 17–77, dort S. 347–357 der Artikel von 1946, Gesetzliches Unrecht und Übergesetzliches Recht, die Radbruch'sche Formel auf S. 353. Zum Naturrecht des 17. und 18. Jahrhunderts: *U. W.*, Geschichte des Rechts (2. Aufl. 2001) Rdz. 249, dort Rdz. 272 zu den Menschenrechten. *Hermann Weinkauff*, Der Naturrechtsgedanke in der Rechtsprechung des Bundesgerichtshofes, in: Neue Juristische Wochenschrift 1960. 1689–1696. *Hans Welzel*, Naturrecht und materiale Gerechtigkeit, 4. Aufl. 1962 (Nachdruck 1990). *Hans Kelsen*, Reine Rechtslehre, 2. Aufl. 1960. *John Rawls*, Eine Theorie der Gerechtigkeit, 1975; *ders.*, Gerechtigkeit als Fairneß, 2003. Das Zitat aus *Jürgen Habermas*, Faktizität und Geltung (1992) 138.

VI. Wiedervereinigung

Die friedliche Revolution

Hermann Weber, DDR-Grundriß der Geschichte 1945–1990 (1991) 211–233. *Wilfried Fiedler*, Die deutsche Revolution von 1989, in: Josef Isensee, Paul Kirchhof (Hg.), Handbuch des Staatsrechts der Bundesrepublik Deutschland Band VIII, Die Einheit Deutschlands, Entwicklungen und Grundlagen (1995) 3–33.

Die Einheit Deutschlands

Hermann Weber, DDR-Grundriß der Geschichte 1945–1990 (1991) 233–240. *Michael Kilian*, Wiederentstehen und Aufbau der Länder im Gebiet der vormaligen DDR, *Peter Badura*, Die innerdeutschen Verträge, insbesondere der Einigungsvertrag, *Michael Schweitzer*, Die Verträge Deutschlands mit den Siegermächten, alle in:

Josef Isensee, Paul Kirchhof (Hg.), Handbuch des Staatsrechts der Bundesrepublik Deutschland Band VIII, Die Einheit Deutschlands, Entwicklung und Grundlagen (1995) 55–100, 171–224. *Manfred Görtemaker*, Geschichte der Bundesrepublik Deutschland (1999) 733–767. Die Entscheidung des Bundesverfassungsgerichts zum Gesetz für die Wahl 1990: Neue Juristische Wochenschrift 1990 3001.

Die Rechtseinheit

Julius Hermann von Kirchmann, Von der Wertlosigkeit der Jurisprudenz als Wissenschaft, 1848, neu herausgegeben mit Erklärungen 1990 von Hermann Klenner. Der berühmte Satz auf Seite 23 (auch bei Klenner), zu ihm: *Franz Wieacker*, Privatrechtsgeschichte der Neuzeit (2. Aufl. 1967) 415 f. Zum Schwangerschaftsabbruch gab es ein besonderes Gesetz der DDR. Seinen Inhalt findet man im Kommentar zum Strafgesetzbuch der DDR (4. Aufl. 1984) in Anm. 1 zu § 153. Das Nutzungsrecht mit dem Sondereigentum an Gebäuden war zuletzt geregelt in §§ 287–290 des Zivilgesetzbuches von 1975, die Fortgeltung des Sondereigentums nach dem Einigungsvertrag in Artikel 233 § 4 des Einführungsgesetzes zum BGB (EGBGB). Die Regelung des Sachenrechtsbereinigungsgesetzes wird genauer beschrieben (auch ein Erbbaurecht war möglich) von *Beate Grün*, das Sachenrechtsänderungsgesetz, in: Neue Juristische Wochenschrift 1994. 2641–2648. Zu Abwicklung und Überführung im öffentlichen Dienst: *Wolfgang Loschelder*, Verwaltung, Armee, Gerichte, und *Markus Heintzen*, Erziehung, Wissenschaft, Kultur, Sport, beide in Josef Isensee, Paul Kirchhof (Hg.), Handbuch des Staatsrechts der Bundesrepublik Deutschland Band IX (1997) 745–855. Hans Hubertus von Roenne, „Politisch untragbar?" Die Überprüfung von Richtern und Staatsanwälten im Zuge der Vereinigung Deutschlands, 1997.

Treuhandgesetz und Vermögensgesetz

Zur Treuhandanstalt eine kenntnisreiche Analyse und Darstellung der Geschichte: *Christa Luft*, Die Lust am Eigentum. Auf den Spuren der deutschen Treuhand, 1996. Kurz und gut: *Christa Müller*, Sanierung und Aufbau der ostdeutschen Industrie: Die Verantwortung der Treuhandanstalt, 1992 (Wirtschaftspolitische Diskurse der Friedrich-Ebert-Stiftung). Zur Landwirtschaft sehr gut: *Hanns C. Löhr*, Der Kampf um das Volkseigentum. Eine Studie zur Privatisierung der Landwirtschaft in den neuen Bundesländern durch die Treuhandanstalt (1990–1994) 2002. Die z. T. sehr überzogene Kritik als Beispiele von vielen: *Hein Suhr* (Hg.), Der Treuhandskandal. Wie Ostdeutschland geschlachtet wurde, 1991; *Rüdiger Liedtke*, Die Treuhand und die zweite Enteignung der Ostdeutschen, 1993; *Otto Köhler*, Die große Enteignung. Wie die Treuhand eine Volkswirtschaft liquidierte, 1994. Zur Kritik am Vermögensgesetz: *Daniela Dahn*, Wir bleiben hier oder wem gehört der Osten, 1994. Eine gute Analyse des Gesetzes und seiner Folgen gibt es bisher nicht. Die juristische Literatur zum Gesetz ohne Analyse oder Kritik füllt Regale, z. B. *Robert Weimar*, Treuhandgesetz, Kommentar, 1993. Mit etwas mehr Butter bei die Fische: *Fritz Ossenbühl*, Eigentumsfragen, in: Josef Isensee, Paul Kirchhof (Hg.) Handbuch des Staatsrechts der Bundesrepublik Deutschland, Band IX (1997) 521–585. Das Urteil des Bundesverfassungsgerichts zur Ausnahme der Zeit 1945–1949, auf deutsch: Bodenreform: Neue Juristische Wochenschrift 1991. 1597.

Der Honecker-Prozess: ein Staat vor Gericht

Der Prozess und das Urteil: *U. W.*, Der Honecker-Prozeß, 1994. Christoph Schaefgen, Der Honecker-Prozeß, in: Jürgen Weber, Michael Piazolo (Hg.), Eine Diktatur vor Gericht (1995) 89–100. Der Beschluß des Verfassungsgerichtshofes von Berlin: Neue Juristische Wochenschrift 1993. 515. Das Urteil gegen Keßler, Streletz und Albrecht: Neue Justiz 1994. 210, die Bestätigung des Urteils: Bundesgerichtshof, Neue Juristische Wochenschrift 1994. 2703. Die Entscheidung des Bundesverfassungsgerichts: Neue Juristische Wochenschrift 1997. 929. Die schwer wiegenden Bedenken z. B. in dem kleinen Band von *Ulrich Battis*, *Günther*, *Jakobs*, *Eckhard Jesse*, *hg. v. Josef Isensee*, Vergangenheitsbewältigung durch Recht. Drei Abhandlungen zu einem deutschen Problem. Dagegen z. B. – kein Rückwirkungsverbot bei staatlichem Unrecht – *Wolfgang Naucke*, Die strafjuristische Privilegierung staatsverstärkter Kriminalität, 1996.

Vergangenheitsbewältigung durch Recht und Akten

Das Wort Vergangenheitsbewältigung Mitte der sechziger Jahre z.B. bei *Fritz Bauer*, Im Namen des Volkes – die strafrechtliche Bewältigung der Vergangenheit, in: Hartmut Hammerschmidt (Hg.), Zwanzig Jahre danach – eine deutsche Bilanz (1965) 301. Zur Verfolgung von NS-Unrecht: *Adalbert Rückerl*, NS-Verbrechen vor Gericht, 2. Aufl. 1984. Zum Auschwitz-Prozeß: *Gerhard Werle*, *Thomas Wandres*, Auschwitz vor Gericht, 1995. Zum Rehse-Urteil: *Ingo Müller*, Furchtbare Juristen (1987) 281–284. Zur Verfolgung von DDR-Unrecht: *Klaus Marxen*, *Gregor Werle*, Die strafrechtliche Aufarbeitung von DDR-Unrecht – Eine Bilanz, 1999. Die Urteile des Berliner Verwaltungsgerichts und des Bundesverwaltungsgerichts zu Helmut Kohls Widerspruch gegen die Herausgabe von Stasi-Akten mit Informationen über seine politische Tätigkeit: Neue Juristische Wochenschrift 2001. 2987 und 2002. 1815. Vorsichtige Zweifel zum Datenschutz im Stasi-Unterlagen-Gesetz schon bei *Hans-Ulrich Gallwas*, Grundrechtsschutz und Stasi-Unterlagen-Gesetz (StUG) in: Dagmar Unverhau (Hg.), Das Stasi-Unterlagen-Gesetz im Lichte von Datenschutz und Archivgesetzgebung (1998) 105–114. Die Tabellen über Verurteilungen nach *Rückerl* a.a.O., S. 329 und *Marxen*, *Werle* a.a.O., S. 210.

Abbildungsnachweis

1 akg-images – **2** ullstein bild archiv/Haeckel-Archiv – **3** Bildarchiv Preußischer Kulturbesitz, Berlin – **4** BArch, R43/ 2494j – **5** akg-images, Zeichnung von Felix Schwormstädt (1919) – **6** akg-images – **7** ullstein bild archiv – **8** akg-images, VG Bild-Kunst, Bonn 2003 – **9** Bildarchiv Preußischer Kulturbesitz, Berlin – **10** ullstein bild archiv – **11** ullstein bild archiv – **12** ullstein bild archiv – **13** akg-images, VG Bild-Kunst, Bonn 2003 – **14** Bayerisches Hauptstaatsarchiv München, 1483/02 – **15** Bildarchiv Preußischer Kulturbesitz, Berlin – **16** ullstein bild archiv – **17** Bildarchiv Preußischer Kulturbesitz, Berlin – **18** Bildarchiv Preußischer Kulturbesitz, Berlin – **19** ullstein bild archiv – **20** Bildarchiv Preußischer Kulturbesitz, Berlin – **21** Bildarchiv Preußischer Kulturbesitz, Berlin – **22** Bildarchiv Preußischer Kulturbesitz, Berlin – **23** ullstein bild archiv – **24** Bildarchiv Preußischer Kulturbesitz, Berlin – **25** ullstein bild archiv – **26** Inst. f. Zeitgeschichte – **27** akg-images – **28** akg-images – **29** akg-images – **30** ullstein bild archiv – **31** Mit freundlicher Genehmigung der Haude & Spenerschen Verlagsbuchhandlung GmbH Berlin entnommen aus Volker Kähne: Gerichtsgebäude in Berlin, 1988. – **32** Bildarchiv Preußischer Kulturbesitz, Berlin – **33** Bildarchiv Preußischer Kulturbesitz, Berlin – **34** Frithjof Meussling, Gnadau – **35** BArch, R3001/4209 – **36** Bildarchiv Preußischer Kulturbesitz, Berlin – **37** ullstein bild archiv – **38** ullstein bild archiv – **39** ullstein bild archiv/ Ray d'Addario – **40** ullstein bild archiv /dpa (85) – **41** Bildarchiv Preußischer Kulturbesitz, Berlin – **42** ullstein bild archiv/dpa (85) – **43** ullstein bild archiv/dpa (85) – **44** Bildarchiv Preußischer Kulturbesitz, Berlin – **45** ullstein bild archiv – **46** Bildarchiv Preußischer Kulturbesitz, Berlin – **47** Bildarchiv Preußischer Kulturbesitz, Berlin – **48** akg-images – **49** ullstein bild archiv/Camera Press Ltd. – **50** Deutsches Historisches Museum, Berlin – **51** ullstein bild archiv/dpa (85) – **52** ullstein bild archiv/dpa – **53** Bundesarchiv Bild 18/S98 280 – **54** Privatarchiv Achim Beyer – **55** SAPMO – Barch/DY 30/IV 2/13/411 – **56** Bildarchiv Preußischer Kulturbesitz, Berlin – **57** Archiv Universität Potsdam – **58** ullstein bild archiv/ Wolfgang Bero – **59** ullstein bild archiv/Sylvia Chybiak – 60 Roland Beier, Berlin – **61** ullstein bild archiv /Jürgen Ritter – **62** Bildarchiv Preußischer Kulturbesitz, Berlin – **63** Bildarchiv Preußischer Kulturbesitz, Berlin – **64** ullstein bild archiv/Haus der Geschichte, Bonn – **65** ullstein bild archiv – **66** ullstein bild archiv – **67** akg-images – **68** Bildarchiv Preußischer Kulturbesitz, Berlin – **69** akg-images, © VG Bild-Kunst, Bonn 2003 – **70** ullstein bild archiv/dpa (85) – **71** Bildarchiv Preußischer Kulturbesitz, Berlin – **72** ullstein bild archiv – **73** ullstein bild archiv/Fritz Eschen – **74** akg-images/ Jost Schilgen – **75** Mit freundlicher Unterstützung des Hauses der Geschichte der Bundesrepublik Deutschland, Bonn, und Genehmigung des ZDF, Mainz; veröffentlicht in dem Buch von Erich Dittmann „Nieder mit den schwarzen Paragrafenhengsten!“ Zeichnungen aus deutschen Gerichten 1963–1999, Verlag C. H. Beck 2002 – **76** akg-images – **77** ullstein bild archiv/ddp Nachrichtenagentur GmbH – **78** ullstein bild archiv/Becker & Bredel – **79** Bildarchiv Preußischer Kulturbesitz, Berlin – **80** ullstein bild archiv/Sabine Simon – **81** ullstein bild archiv – **82** ullstein bild archiv/BPA – **83** ullstein bild archiv/Jose Giribas – **84** ullstein bild archiv/AP – 85 akg-images – **86** ullstein bild archiv/Zenit Bildagentur – **87** ullstein bild archiv/P/F/H – **88** ullstein bild archiv/FTASS – **89** ullstein bild archiv ADN-Zentralbild – **90** akg-images – **91** ullstein bild archiv/Roland Weihrauch – **92** ullstein bild archiv /Kai-Balduin Kertscher – **93** dpa – **94** Bildarchiv Preußischer Kulturbesitz, Berlin – **95** Daimler Chrysler AG/Konzernarchiv – **96** D.A.S., München – **97** D.A.S., München – **98** ARAG Versicherung – **99** Bildarchiv Preußischer Kulturbesitz, Berlin – **100** D.A.S., München – **101** D.A.S., München – **102** Bundesarchiv Bild 183/H 1578 – **103** D.A.S., München – **104** D.A.S., München – **105** D.A.S., München – **106** D.A.S., München – **107** D.A.S., München – **108** Stadtarchiv München – **109** Stadtarchiv München – **110** D.A.S., München – **111** D.A.S., München

Sollten trotz intensiver Recherchen Rechteinhaber übersehen worden sein, bitten wir um Hinweis an den Verlag.

Zu den Verfassern

Prof. Dr. Dr. h.c. mult. Jutta Limbach *(hier Seite 145)*

Jutta Limbach, geboren am 27. März 1934 in Berlin, studierte Rechtswissenschaft in Berlin und Freiburg. 1963 bis 1966 wissenschaftliche Assistentin am Fachbereich Rechtswissenschaft der Freien Universität Berlin. 1966 Promotion zur Dr. Jur., 1966 bis 1969 Habilitantenstipendium der Deutschen Forschungsgemeinschaft. 1971 Habilitation. Seit 1971 Professorin für Bürgerliches Recht, Handels- und Wirtschaftsrecht und Rechtssoziologie an der Freien Universität Berlin, seit 1989 als Professorin beurlaubt. 1989 bis 1994 Senatorin für Justiz des Landes Berlin. 24. März bis 13. September 1994 Vizepräsidentin des Bundesverfassungsgerichts. Präsidentin des Verfassungsgerichts vom 14. September 1994 bis zum 10. April 2002. Am 17. Januar 2002 Wahl zur Präsidentin des Goethe-Instituts Inter Nationes.

Prof. Dr. h.c. Marcel Reich-Ranicki *(hier Seite 161)*

Marcel Reich-Ranicki, geboren 1920, war von 1960 bis 1973 ständiger Literaturkritiker der „Zeit" und leitete von 1973 bis 1988 den Literaturteil der „Frankfurter Allgemeinen Zeitung". Er ist dort auch heute noch als Kritiker und Redakteur der „Frankfurter Anthologie" tätig. Von 1971 bis 1975 war er Gastprofessor in Stockholm und Uppsala, seit 1974 ist er Honorarprofessor an der Universität Tübingen. Er erhielt zahlreiche akademische und literarische Preise und Auszeichnungen, zuletzt den Ehrendoktor der Ludwig-Maximilians-Universität München und den Goethepreis.

Arno Surminski *(hier Seite 62)*

Arno Surminski, geboren 1934 in Jäglack (Ostpreußen), heute wohnhaft in Hamburg, war lange Zeit in der Rechtsabteilung eines Versicherungsunternehmens tätig. Seit 1972 ist er freiberuflicher Wirtschaftsjournalist und Schriftsteller. Seit dem 1.10.2001 Ombudsmann der privaten Krankenversicherung. Von 1987 bis 2000 war er Mitglied im Beirat des Bundesaufsichtsamtes für das Versicherungswesen. Als Schriftsteller hat er 18 Romane und Erzählbände sowie zwei Kinderbücher veröffentlicht. Sein 1974 erschienener Roman *Jokehnen oder Wie lange fährt man von Ostpreußen nach Deutschland* ist zum Klassiker der Kriegs- und Vertreibungsliteratur geworden.

Dr. Wolfgang Ullmann *(hier Seite 121)*

Geboren am 18. August 1929 in Sachsen. Studium der Theologie und Philosophie in Westberlin und Göttingen, Promotion zum Dr. theol. und erstes theologisches Examen 1954. 1956 bis 1963 Pfarrer, 1963 bis 1990 Dozent des kirchlichen Lehramts an Kirchlichen Hochschulen in Naumburg und Berlin. Dezember 1990 Demokratiepreis der „Blätter für deutsche und internationale Politik." Januar 1994 Verleihung des Theodor-Heuss-Preises. November 1996 Verleihung des Arnold-Freymuth-Preises.

September 1989 Mitbegründer und Mitglied von Demokratie Jetzt, Dezember 1989 bis März 1990 Teilnehmer des Zentralen Runden Tisches; März bis Oktober 1990 Mitglied der Volkskammer, Vizepräsident. Mitglied des Bundestages 1990 bis 1994; während der 12. Wahlperiode Mitglied und Obmann im Rechtsausschuss, 1991 bis 1993 Mitglied der Gemeinsamen Verfassungskommission.

Mitglied des Europäischen Parlaments von 1994 bis 1999; Mitglied im Ausschuss für Recht und Bürgerrecht und stellvertretender Vorsitzender im Petitionsausschuss bis 1999. Derzeit Mitherausgeber der Wochenzeitung „Freitag".

Prof. Dr. Uwe Wesel *(hier Seite 1–237)*

Uwe Wesel, geboren 1933 in Hamburg, dort Abitur und Studium der Klassischen Philologie, danach Rechtswissenschaft in München, wo er von 1961 bis 1968 Assistent bei Wolfgang Kunkel an der Juristischen Fakultät gewesen ist. 1965 Promotion zum Dr. jur., 1966 legte er in München sein Assessorexamen ab. 1968 habilitierte er sich für die Fächer Römisches Recht, Bürgerliches Recht und Zivilprozessrecht. Von 1969 an war er Professor für Römisches Recht und Bürgerliches Recht an der Freien Universität Berlin, deren 1. Vizepräsident er von 1969–1973 war. Seit 2001 Eremitus. Mitglied des P.E.N.-Zentrums Bundesrepublik Deutschland. Wichtigste Veröffentlichungen: *Der Mythos vom Matriarchat* (1980), *Juristische Weltkunde* (8. Aufl. 2000), *Frühformen des Rechts in vorstaatlichen Gesellschaften* (1985), *Fast alles was Recht ist* (7. Aufl. 2002), *Der Honecker-Prozeß* (1994), *Die Hüter der Verfassung* (1996) und *Geschichte des Rechts* (2. Aufl. 2001).

Mitarbeit in den Zeitschriften „Kritische Justiz", „Kursbuch" und „Die Zeit".

Namen- und Sachverzeichnis

Die Zahlen verweisenauf die Seiten; das Verzeichnis erstreckt sich nur auf denHauptteil des Buches von Uwe Wesel.

Abzahlungsgesetz 168
Achtstundentag 4, 17, 20
Adenauer, Konrad 143, 156
Aktion T4 77ff.
Albrecht, Hans 223ff.
Alkidamas 12
Allemann, Fritz René 114
allgemeines Persönlichkeitsrecht 171
Alliierter Kontrollrat 82f.
Altonaer Blutsonntag 41
Anschütz, Georg 43, 151
Anwaltschaft (DDR) 113
Anwaltschaft (Bundesrepublik) 163ff.
Anwartschaftsrecht 169
Arbeitsförderungsgesetz 1986 175
Arbeitsgerichtsbarkeit (Weimar) 17
Arbeitsgerichtsbarkeit (DDR) 111
Arbeitsrecht (Weimar) 17 f, 34f.
Arbeitsrecht („Drittes Reich") 62ff., 65
Arbeitsrecht (DDR) 132
Arbeitsrecht (Bundesrepublik) 173ff.
Aristoteles 13f.
Artikel 131 des Grundgesetzes 96
Augspurg, Anita 22
Aussperrung 175

Babelsberger Konferenz 123f., 132ff.
Bachof, Otto 188, 233
Bach-Zelewski, Erwin von dem 87
Bauer, Fritz 13
Baumgarten, Hans-Dieter 230
Beccaria, Cesare 176
Benjamin, Hilde 96f., 104, 118, 131
Berliner Blockade 100
Berufsverbote 194
besonderes Gewaltverhältnis 192
Bewährungsstrafen (DDR) 118
Binding, Karl 177
Blomberg, Werner von 48
Bohley, Bärbel 222
Bodenrecht (DDR) 130
Bodenreform 1945/46 130, 221f.
Bönninger, Karl 133f.
Bouhler, Philipp 77ff.
Braun, Otto 41f.
Brei-Fall (Mord) 180
Bretton Woods, Konferenz 235
Bumke, Erwin 42, 89
Bundesverfassungsgericht 156ff.
Bundesverfassungsgericht und Europäischer Gerichtshof 202f.
Byrnes, James 84f., 98f.

Dahm, Georg 66, 176
Dalberg, Karl Theodor von 201
Dampfpreisfall 35ff.
Dehler, Thomas 156
Dimitroff, Georgi 54ff.
Dönitz, Karl 81, 86
Doppelstaat 79f.
„doppelte Unterstellung" der Verwaltung (DDR) 107f.
Drittwirkung von Grundrechten 161

Ebert, Friedrich 4ff., 8, 28
Eingaben (DDR) 135
Emminger, Erich 25
Entnazifizierung 92ff.
Ermächtigungsgesetz 50
Euro 198
Europäische Union 199ff., 235f.
Europäische Wirtschaftsgemeinschaft 198
Europäischer Gerichtshof und Bundesverfassungsgericht 202f.
Europarecht 197ff.

Fall 3 89ff.
Familienrecht (DDR) 131

Familienrecht (Bundesrepublik) 170
Forsthoff, Ernst 188f., 234f.
Fraenkel, Ernst 79f.
Frank, Hans 58f.
Frankfurter Dokumente 141
Frauen als Juristinnen 23f.
Frauenwahlrecht 22f.
Freiheitsstrafen und Geldstrafen 24f.
Freisler, Roland 89
Frick, Wilhelm 49

Galen, Clemens August Graf von 79
GATT 236
„Gauck-Behörde“ 218f., 231
Gerechtigkeit 13ff.
Gerechtigkeit (Weimar) 15ff.
Gerechtigkeit (DDR) 136ff.
Gerechtigkeit (Bundesrepublik) 203ff.
Geschäftsgrundlage 35ff.
Geschworenengerichte 25
gesellschaftliche Gerichte (DDR) 112, 117f.
Gestapo 73f.
Gestapo-Gesetz 51
Gleichberechtigung (Weimar) 21ff.
Gleichberechtigung (DDR) 131
Gleichberechtigung (Bundesrepublik) 150ff., 233f.
Globalisierung 235f.
Goebbels, Joseph 44
Göring, Hermann 53ff., 86
Gorbatschow, Michail 210ff.
Gouges, Olympe de 21
Grimm, Dieter 202
Groener, Wilhelm 5f.
Grundgesetz (Bundesrepublik) 141ff.
Gruppe Ulbricht 101ff.
Gürtner, Franz 77ff., 89
Gumbel, Otto Julius 26
Gysi, Gregor 210
G10-Gesetz 193, 195

Habermas, Jürgen 206f.
Harlan, Veit 159ff.
Haustürwiderrufsgesetz 169
Heimtückegesetz 1934 72f.
Herold, Horst 194
Herrenchiemsee, Verfassungskonvent 142f.
Herrenreiter-Fall 172f.
Heuß, Theodor 143f.
Heymann, Helene 230
Hindenburg, Paul von 41ff., 47ff., 51
Hindenburg, Oskar von 48
Hippias 12
Hitler, Adolf 47ff.
Hitler-Prozeß 29ff.
Höss, Rudolf 87
Hoffmann, Heinz 104
Honecker, Erich 104, 109, 210, 222ff.
Honecker-Prozeß 222ff.
Huber, Ernst Rudolf 66
Hueck, Alfred 174
Hugenberg, Alfred 48

Internationaler Währungsfonds 235f.

Jackson, Robert 86, 88
Jarausch, Konrad 140
Jelzin, Boris 212
Jendritzky, Irmgard 230
Judenverfolgung („Drittes Reich“) 60ff., 65ff., 71
Jugendstrafrecht 25
Juristenprozeß, Nürnberg 89ff.
Juristentag 1933 57ff.
Justizreformer 162f.

Kant, Immanuel 11, 13, 137ff.
Kaskel, Walter 17
Kassation 111
Katzenberger, Leo 74ff., 89, 92
Kelsen, Hans 16f., 83f., 204
Kessler, Heinz 104, 223ff. 230
Keynes, John Maynard 235
Kieler Schule 66
Kiesselbach, Wilhelm 95f.
Kind als Schaden 167f.
Kirchmann, Julius Hermann von 216
Klessmann, Christoph 140
Klemm, Hubert 89
Klenner, Hermann 133f.
Kohl, Helmut 211ff., 231
Kocka, Jürgen 140
König, Pierre 142
Konfliktkommissionen (DDR) 111f.
Kontinuitätstheorie 84f.
Kontrollrat, Alliierter 82f.
Krause, Günther 214
Krenz, Egon 104, 210

Kreyssig, Lothar 76 ff.
Kriegssonderstrafverordnung 72
Kronzeugenregelung 186, 188
Kruzifix-Beschluß 158

Laeken, Konferenz 199
Länderauflösung (Drittes Reich) 50
Länderauflösung (DDR) 107, 111
Laepple-Urteil 185
Lahousen, Erwin 87
Larenz, Karl 66
Lauschangriff 194 f.
Lautz, Erwin 89
Lebenslange Freiheitsstrafe 179 ff.
Lebenspartnerschaftsgesetz 170
Legien, Carl 2 ff., 20
Leipziger Kriegsverbrecherprozesse 28
Lekschas, John 117
Lenkung der Rechtsprechung (DDR) 113
lex Emminger 25
Liebermann, Max 49
Lippmann, Walter 99
Liszt, Franz von 177 f.
Lubbe, Marinus van der 49, 53 ff.
Locke, John 204
Ludendorff, Erich 29 ff.
Lüth-Urteil 159 ff.
Luhmann, Niklas 204 f.

Maastricht, Vertrag 198
Maizière, Lothar de 104, 212, 221
Marbury gegen Madison 156
Markovits, Inga 109 f.
Maron, Karl 103
Marshall-Plan 98 f.
„Mauerschützenprozesse" 224, 230
Mayer, Otto 191 f.
Max von Baden, Prinz 4
Melsheimer, Ernst 96
Mielke, Erich 104, 183, 223, 226
Mietrecht (Weimar) 20 f., 35
Mietrecht (Bundesrepublik) 176
Ministerrat (DDR) 108
Montanunion 197 f.
Modrow, Hans 104, 210
Munk, Marie 23

Nationaler Verteidigungsrat (DDR) 108, 223
Nationalstaat, Zukunft 236 f.
Naturrecht 12 f.
Naturrecht (Bundesrepublik) 204
Nawiasky, Hans 43
Neithardt, Georg 29 ff.
nichteheliche Kinder 170
nichteheliche Lebensgemeinschaften 170
Niethammer, Lutz 94
Nipperdey, Hans Carl 174 f.
Notstandsrecht (Weimar) 10
Notstandsgesetze (Bundesrepublik) 193
Nürnberger Folgeprozesse 89
Nürnberger Gesetze 1935 65 f.
Nürnberger Juristenprozeß 89 ff.
Nürnberger Prozeß 86 ff.
Nutzungsrecht (DDR) 217 f.

Oberstes Gericht (DDR) 111
Öffentlicher Dienst der DDR, Überführung, Abwicklung 218 f.
Oertmann, Paul 36 ff.
Ohlendorf, Otto 87
Ossenbühl, Fritz 189

Papen, Franz von 39 ff., 47 ff., 51, 86 f.
Parlamentarischer Rat 142 ff., 150 ff.
Polak, Karl 104 ff., 132 ff.
politische Justiz (Weimar) 26 ff.
politische Justiz („Drittes Reich") 72 ff.
politische Justiz (DDR) 116 f., 118, 121 ff.
politische Justiz (Bundesrepublik) 183 ff.
Potsdamer Konferenz 82
Preuß, Hugo 8 ff., 104
Preußenschlag 38 ff.
Prozeß des Reichspräsidenten 28
Prozeßkostenhilfe 163
Pufendorf, Samuel 200 f., 204

Radbruch, Gustav 11 f., 15 f., 24 f., 135, 178, 203 f.
Radbruchsche Formel 11 f., 135 f., 224
Rasehorn, Theo 162
Rasterfahndung 194
Rathenau, Walter 4

Rawls, John 205
Recht und Moral 139
Rechtsanwälte (DDR) 113
Rechtsanwälte (Bundesrepublik) 163ff.
Rechtslage Deutschlands 1945 83f.
Rechtsschutzversicherungen 163
Rechtswissenschaft („Drittes Reich") 66f.
Rechtswissenschaft (DDR) 132ff.
Rechtszweige (DDR) 130
Rehse, Hans-Joachim 228
Reichskriegsgericht („Drittes Reich") 73f.
Reichspräsident (Weimar) 9f.
Reichstagsbrand 49
Reichstagsbrandprozeß 53ff.
Renneberg, Joachim 117
Reuter, Ernst 83
„Röhm-Putsch" 51, 70f.
Rothaug, Oswald 75f., 89ff.
Rothenberger, Curt 89
Rottleuthner, Hubert 113
Rückwirkungsverbot im Strafrecht („Drittes Reich") 72
Rückwirkungsverbot im Strafrecht („Bewältigung von Vergangenheit") 227ff.
Ruhreisenstreik 1928 20

Sachenrechtsbereinigungsgesetz 218
Savigny, Friedrich Carl von 15
Schabowski, Günter 209f.
Schacht, Hjalmar 86f., 170ff.
Schäuble, Wolfgang 214
Schaffstein, Friedrich 66, 176
Schalck-Golodkowski, Alexander 229
Scheffler, Erna 154
Scheidemann, Philipp 4, 8
Schengen, Abkommen 195f., 198
Schiedskommissionen (DDR) 112, 114ff., 117
Schleicher, Kurt von 39ff., 47ff., 51
Schleierfahndung 195
Schlegelberger, Franz 89ff.
Schmitt, Carl 10, 43, 67ff., 156, 234
Schuldrechtsreformgesetz 169
Schuman-Plan 198
Schumacher, Kurt 144
Schwangerschaftsabbruch (DDR) 118
Schwangerschaftsabbruch (Bundesrepublik) 179, 217
Schwurgerichte 25f.
Seiler, Irene 74ff.
Selbert, Elisabeth 24, 150ff.
Severing, Carl 41f.
Sicherheitsrecht (Bundesrepublik) 193ff.
Siebert, Wolfgang 67
Sinzheimer, Hugo 17
Sitzblockaden 185
Smend, Rudolf 69
Sondergerichte („Drittes Reich") 73
Staatsrat der DDR 108f.
Stammheimer Prozeß 186f.
Stammler, Rudolf 15
Staatlichkeit, Abbau 234ff.
Stinnes, Hugo 2ff., 20
Stinnes-Legien-Abkommen 1ff., 20
Stoop, Jürgen 87
Stoph, Willi 104, 210, 223, 226
Strafrechtsreform (DDR) 117f.
Strafrechtsreform (Bundesrepublik) 178f.
Strafvollzugsgesetz 192
Strasser, Gregor 47, 51
Streikrecht (Weimar) 174
Streikrecht (Bundesrepublik) 174f.
Streletz, Fritz 223ff.
Subjektivierung im Verhältnis von Bürger und Staat 188, 233
Suffragetten 22

Tarifverträge 17
Telefonüberwachung 193, 195f.
Terrorismusbekämpfungsgesetz 196
Teufel, Fritz 163
Thierack, Otto 89
Thoma, Richard 151f.
Tobias, Fritz 53
Todesstrafe (DDR) 118
Todesstrafe (Bundesrepublik) 176f.
Torgler, Ernst 54ff.
Traube, Klaus 194
Treuhandgesetz 220ff.
Tucholsky, Kurt 44f.
Türkenmord-Fall 181ff.

Unrecht 11ff.
Unrechtsstaat 13, 80, 135ff.

Ulbricht, Walter 101 ff., 109, 128 ff.
Ullmann, Hans 221

Verbraucherkreditgesetz 169
Verbraucherschutz 168 f., 233
Verfassung der DDR 104 ff.
Verfassungsgerichtsbarkeit 156
Verfassungskonvent von Herrenchiemsee 142 f.
Vermögensgesetz 220 ff.
„Verreichlichung" der Justiz 50
Verwaltungsakt, Widerruf 191 f.
Verwaltungsrecht („Drittes Reich") 65
Verwaltungsrecht (DDR) 134 f.
Verwaltungsrecht (Besatzungszeit) 85 f.
Verwaltungsrecht (Bundesrepublik) 188 ff.
V-Leute 193
Völkerstrafrecht 89
Vogel, Wolfgang 229 f.
Volksabstimmungen (Bundesrepublik) 144
Volkseigentum (DDR) 130, 217 f.
Volksgerichtshof 57, 72, 73 f.
Volkskongressbewegung (DDR) 106 ff.
Volksrichter (DDR) 96 f., 119

Währungsreform 1948 100
Waldheimer Prozesse 119 ff., 230
Wassermann, Rudolf 162
Wehner, Herbert 157
Weimarer Reichsverfassung 6 ff.
Weinkauff, Hermann 204
Weltbank 235
Welthandelsorganisation 236
Welzel, Hans 204
Werdauer Oberschüler 125 ff.
Wertesystem (Grundrechte) 159 ff.
Wertrelativismus 16
Wiebach, Joachim 127 ff., 230
Winzer, Otto 103
Wohnungseigentumsgesetz 169
Wolf, Markus 229 f.
Wollweber, Ernst 104

Zaisser, Wilhelm 104
Zentralarbeitsgemeinschaft (1918) 4
Zivilgesetzbuch (DDR) 131 f.